新潮文庫112

意志與表象的世界

叔本華／著
劉大悲／譯

年輕時代的 叔本華(A. Schopenhauer, 1788—1860)

德國悲觀哲學家叔本華。

目錄

卷三　表象世界

卷四　意志世界

譯者的話

觀自在菩薩，行深般若波羅蜜多時，照見五蘊皆空，度一切苦厄。

——心經

「叔本華哲學是十九世紀思想的悲愴交響曲。」這是「意志與表象的世界」英譯者在其序言中對叔本華哲學的評語。從這句話我們可以想見叔本華哲學所代表的意義。我們都知道叔本華是個偉大的悲觀主義者，每個時代都有悲觀主義思想家，但像叔本華那樣以形上的檢討作爲悲觀主義傾向的註脚者，可說絕無僅有。要想了解叔本華思想，先要了解叔本華那個時代德國形上學所探討的問題，以及叔華本人的生活經驗和背景，尤其是從這位哲學家個人人格中發展而來的決定性因素。「意志與表象的世界」並不是稀奇古怪的東西，還是舊瓶裝新酒。眞正新的東西還是他的人格與形上探討間的關係。表面上看來，叔本華所關心的對象是形上的問題，可是，我們發現，經過深思熟慮而產生的形上體系，竟然不是爲了形上學本身，而是爲了別的東西。他創造了一種新的形上學體系並建構一種新的世界模式，只是要了解和證明自己的悲觀主義傾向，來表示生命是不幸的，意志是邪惡的，必須加以否定寂滅。那麼，什麼樣的生活使他產生如此悲觀的反應呢？

叔本華一家本是荷蘭人，他的父親亨利・佛羅里斯・叔本華可以算是一個典型的荷蘭人，一個喜歡文化和時尚生活的商人。他母親是個完全不同典型的人，她的興趣與她生活圈子裏的人完全不同。她的性格相當隨和，喜歡參加集會，有點附庸風雅，也可以說有點「藝術」傾向，而且有點文化上勢利小人的味道；但整個說起來，却是一個比較令人喜愛的人。她丈夫亨利叔本華之死，對她來說，算是一種解放。她結束在叔本華一家的生活後，與自己唯一的女兒移居魏瑪；魏瑪是當時德國古典文學之都。在魏瑪，她從事文學生涯並經營一家沙龍，歌德和其他許多知名之士時常出現在她的沙龍裏。

叔本華於一七八八年二月廿二日在但澤出生，他出生時雙親感情不睦，叔本華便這樣繼承兩個幾乎不能相容的性格。她的早年生活相當幸福。亨利・叔本華打算讓叔本華繼承自己的家業，所以，叔本華便是在他父親這種想法下培植長大的。可是，叔本華却對文學表現出强烈的傾向，最後甚至整個支配了他。他父親也知道，這與經營家業是不相容的。於是，他必須在兩種情形之下選擇其一：或是繼續追求文學生涯，或是決定從事商業買賣。他選擇了後者，便被送到一個名叫詹尼斯克的商人那裏當辦事員。

父親去世後，他家的房子賣掉了，母親和妹妹搬到魏瑪，他則留在詹尼斯克公司裏。在這時他內心開始感到絕望。他痛恨辦事員的工作，開始憎恨整個商業界，資本主義世界，尤其是資本主義世界的中心。商業世界，對年青人的需要來說，可說一無所助，年青人的天性與商業需要背道而馳，尤其與辦事員工作的需要背道而馳。那個年輕人肯向財富低頭？那個年輕人願意獻身於自己覺得厭惡的事業呢？可是，對大多數人而言，爲了活下去，便不得不忍受這種痛苦和厭煩。當時，叔本華心中充滿的就是這種感覺。當生命不能爲我們帶來希望，當生命失盡了光輝而未來似乎也是一片灰黯時，這種感覺便會出現。這兩年實際的生活經驗與事務所的痛苦體驗所造成對生命的態度，成爲他性格中永恒不變的部份，成爲對生命的永久態度。那時，他所缺乏的，是如何表達這種態度；所以一旦讓他得到方法，他便會立刻抓住而加以充分運用的。

一八〇九年，他進入哥廷根大學求學，開始研究醫學和科學。一年之後轉攻哲學，立刻發現了眞正的自己。這時，他開始醞釀表達「意志與表象的世界」一書的哲學思想；半世紀後，「意志與表象的世界」乃成爲現代人所崇拜的哲學經典。

「意志與表象的世界」於一八四四年問世，此書分爲四部份：第一部份討論表象世界，所謂「表象」是受充足理由原則所支配的，亦即經驗與科學的對象。第二部份討論意志世界，論述意志的客觀化。第三部份討論表象世界的另一面，這個世界不受充足理由原則的支配，是柏拉圖式的理念，亦卽藝術的對象。第四部份討論意志世界的另一面，論述吾人達到自覺階段時對意志的肯定和否定。

前面我們說過，要想了解叔本華哲學，必先了解德國傳統形上學問題，若能了解德國傳統形上學問題，就可以抓住叔本華哲學的來龍去脈。若能把握康德哲學以後本體世界和現象世界問題，以及康德批判哲學中所謂物自體和現象的說法，便可以點出叔本華思想的中心觀念。因爲叔本華自認承繼了康德思想，爲康德哲學中未曾解決的問題找到了答案。原來康德在「純粹理性批判」中發現人類理性能力有限，只能解決現象世界的問題，無法解決本體世界問題，也就是說知性能力無法接觸到本體世界。於是康德另闢蹊徑，轉而從意志世界探索現象世界之本源，乃開啓了道德形上學之路；也許從道德意志世界可以敲開本體世界之門。而黑格爾仍循理性之光繼續探索康德所開啓的哲學路線；在叔本華看來，這簡直是一套廢話。所以叔本華極端看不起黑格爾。於是叔本華從意志方面着手解決康德的形上學問題。他的「意志與表象的世界」一書，就是在討論這個問題。所謂「表象世界」相當於康德所謂的「現象世界」，所謂「意志世界」則相當於康德所謂的「本體世界」或「物自體」。

在哲學產生以前，在一切合理思想產生以前，便有了實體世界和現象世界分裂的說法。公元前六世紀左右，兩個世界的觀念，卽已深深牢固在人類意識之中，卽使崇尙經世致用的孔夫子，也假定兩個世界的存在。印度的佛陀、波斯的查那圖士特拉以及巴勒斯垣的以賽亞也都不斷地宣揚這種看法。初期希臘哲學家大都認爲世界是由某種根本元素構成，如泰利斯認爲「一切東西實際上都是水」；赫拉克里圖斯說：「實體」是「永遠燃燒的火」等。這種說法的根本意義表示：知覺世界的特性是雜多性的，但雜多性不可能是根本的；從根本上看，世界是統一體。於是，在哲學開始萌芽時期，卽認爲有兩個世界的存在，卽「現象世界」和「實體世界」；前者是感覺所及的世界，後者則神秘不可知。只有從這個觀點才能解釋柏拉圖哲學。大家都知道柏拉圖洞窟的寓言，這寓言告訴我們，人類好像坐在黑暗的洞穴中，背朝洞口看洞內牆上影子活動的囚徒。影子就是「世界」，而光線來自「實體」。因此，在柏拉圖思想中，物質宇宙被降爲牆上的影子。

近代哲學起於笛卡兒，笛卡兒同復這種最初的二元世界觀，認爲宇宙間只有兩種實體性的東西：心靈或物質。這兩種實體就是人類的兩個世界。可是斯賓諾莎認爲心靈與物質都不是實體，宇宙間只有一個實體卽上帝（非基督教所指的上帝，而是泛神論的，非人格化的上帝），心靈與物質乃是實體的兩個樣態，笛卡兒與斯賓諾莎之間的關係，卽是洛克與柏克萊之間的關係；透過這個思想路線，那偉大的問題最後才被叔本華所解決。

以上我們說過，叔本華自認繼承康德思想。康德發現英國經驗主義者休謨的錯誤時，他的解決方法遂成爲德國形上學基礎，並爲叔本華形上學的直接背景。康德的哲學事業是對人類心靈作一新的描述。他說人類心靈分爲兩部份：知覺活動與思想活動。知覺活動接受從感官而來的印象，康德稱這種印象爲「殊相」；思想活動是悟性機關，康德稱悟性的對象爲「共相」即「概念」。將概念應用到殊相，便構成「綜合判斷」。什麼是綜合判斷呢？他先將判斷分爲兩種，亦卽分析判斷和綜合判斷。所謂分析判斷是指賓辭包含在主辭中的判斷，如果否定賓辭，便會自相矛盾。所謂綜合判斷是指賓辭不包含在主辭中的判斷，如果否定賓辭，並不自相矛盾。綜合判斷也有兩種：後天的和先天的。後天綜合判斷是眞假決定於經驗的一種判斷，先天綜合判斷是獨立於經驗之外的一種判斷。先天綜合判斷如何可能呢？他的答案是：先天綜合判斷乃心靈加在客觀世界上的結構。

但是，如果心靈將某種結構加在客觀世界上以認識客觀世界，必須先假定客觀世界獨立於心靈之外，一定有某種東西存在於心靈之外才能讓我們把結構加上去，康德稱這東西爲「物自體」。而心靈知覺的對象，康德則稱爲「現象」或「外觀」。最後康德歸結到兩個世界的存在：「實體世界」（物自體）和「表象」世界（現象世界）。

叔本華認爲，只有他才眞正了解康德思想。他先用柏克萊的意義解釋康德，認爲康德所謂的現象等於柏克萊所謂心中的觀念；就其被知覺而言，世界是知覺者創造的。這像佛家所謂的「萬法唯識」。他認爲康德證明了這一點，因此，他在「意志與表象的世界」裏，斷然認爲「世界是我的表象」。所謂「我的」兩字怎麼解釋呢？具有這觀念的「我」又是怎樣的呢？叔本華認爲，這個「我」的存在是絕對必要的；事實上，這個「我」就是實在世界，就是現象世界的基礎。如果我們對自身有所知，如果我們具有關於這個「我」的知識，那麼，這種知識與其他任何知識都不同。其他各種知識都是人與表象之間建立的關係，可是，對自身的認識則是直接實在的知識。我們可以客觀地認識自己，把自己看作時空中展現的對象，也可以主觀地認識自己。我們對自己的存在具有內在的意識，同時我們還具有感情和欲望。叔本華稱這個內在世界爲「意志」。他說：「我的身體和我的意志是一個東西」。我的身體是我的意志的現象型態，而我的意志則是身體的本體型態；我的身體是「現象」，我的意志是「物自體」。

對我的身體可以這樣說，對其他一切身體也可以這樣說，對一切現象都可以這樣說。人類知道自己是意志和表象，草木則不知道，這是我和草木之間唯一不同的地方；草木的軀體和意志也是一個東西，只是草木的意志還沒有自覺的程度。我與草木的軀體都是意志的客觀化現象。我的手指靈敏，因爲我有抓東西的意志，我的牙齒堅硬，因爲我有吃東西的意志……。時間空間以及世界在時空方面的分化，只屬現象層次，本體或物自體的「實在世界」則是單一而不可分的；因此，草木的意志和我的意志乃是同一意志。於是，世界便成二元並存：「表象世界」是外在的物質世界，是時間、空間、因果和「外相」世界，也就是康德的現象世界；「意志世界」是內在的主觀世界，是不受時空支配的世界，是統一體，也就是康德所謂的本體世界或物自體。

每個人都是意志的化身，而意志的本性是力求生活——意志即是生活意志。從根本上看，每個人都是一個以自己為中心的自我。這種自我結果是帶來普遍的衝突。衝突爭鬪的結果，人間便成為殺伐的戰場。因此，受苦是生命中無可避免的現象。同時，意志的本性是惡性循環的，欲望得不到滿足，便會感到痛苦，而偏偏不如意事又十常八九，所以人生大多是痛苦的。其次，縱使欲望得到滿足，滿足之感也無法長久維持，其結果不是產生新的欲望而帶來新的痛苦，便是造成厭煩之感。所以，人生永遠在痛苦和厭煩之間徘徊，所謂快樂只是暫時之現象，只是痛苦的間歇；因此，快樂是消極性的。

如何解脫人生的痛苦呢？叔本華提出兩種解脫之道：一為暫時的解脫，一為永久的解脫。藝術的創造和欣賞可以達到忘我之境，忘我的結果便可以擺脫意志的束縛。但藝術的忘我之境只是暫時的，人終必再回到現實世界來；一旦回到現實世界，便又為意志所束縛。唯有根本否定意志才是永久解脫之道。自覺的智慧能夠使我們獲得這種解脫力量，因為智慧能夠了解意志的本質和結果，因而也能奮力掙脫意志的束縛。從根本上說，唯一眞正有效的方法是寂滅：了解知覺世界——「表象世界」——是空幻的，自覺地承認寂滅為生命之病的唯一箴砭，承認寂滅的價值，徹底熄滅意志的火花。

般若波羅密多心經有言：「觀自在菩薩，行深般若波羅密多時，照見五蘊皆空，度一切苦厄。」佛家以無上智慧照破邪魔的障幕，窺見萬法皆空，破我法二執，達到究竟涅槃，與叔本華哲學實有異曲同工之妙。

叔本華哲學雖是十九世紀的產物，但對廿世紀的人們，却有如暮鼓晨鐘，發人深省。廿世紀的人類，身受兩大刼難：外來的威脅和恐怖，內心的空虛與苦悶。十九世紀拿破崙戰爭使歐洲成爲人間的屠場，戰後黑死病流行，又使成千累萬的人們失去生命。叔本華身處戰亂之際，眼看意志的惡魔蹂躪人類，怎不敎他對意欲的橫流痛加撻伐呢？然而二十世紀的情形，較之十九世紀有過之而無不及。今天，權力意志和生活意志已到氾濫之境，隨時有潰決的危險，我們今天身處核子武器威脅之下，遲早會遭受無情的毀滅。

然而，內心的空虛較之外來的恐怖更爲可怕。機械文明發展到今天爲人類創造了大量的財富，帶來了極大的物質享受，然而是禍是福，不難想見。資本主義，商業文明帶來了極度的功利主義思想，今天的人們只知追求財富、追求物質的享受，已不知過去的美德爲何物。今天的人們似乎對眞、善、美的價值不屑一顧。什麼生活的情調，什麼高貴的情操差不多成了歷史名詞。我並不主張復古，可是，我總覺得十八九世紀的人們，過的比較像人的生活。儘管那時候沒有電影、沒有飛機……我想他們的生活不會比現代人過得更不幸。住在現代化的建築物裏，我常常憧憬着小時候故鄉的矮小平房，憧憬夕陽西下時二三朋友在田野間漫步的情景，甚至憧憬着犯錯時被母親責罰時的情景。然而，今天，我們的物質享受雖比以往好得多了，我們內心的厭煩空虛却較任何時代爲甚。

難道我們不該反省一下？如果我們重估叔本華哲學的價値，對我們將有莫大的幫助。卽使我們不能像叔本華所說的，以藝術的審美達到忘我之境，然而，在我們的生活中加進一點美感的意味，總會給我們增添一點快樂。這些新的浪漫主義成份，相信會使我們的生活變得更像人的。

最後譯者需要聲明，本書英譯本中將原作第九、十、十一、十三、十四、十五、十六、廿五、四〇、四三、四四、四六、四七、四八、四九、五十、五三、六四、六八等節從略，所以在節次上出現間隔現象。

一九七四年八月　譯者於臺北

英譯者序言

我們很容易解釋叔本華爲什麼獲得那麼大的名聲，爲什麼有那麼多學院以外的讀者。一部份原因是由於他文章的生動和華麗。他是德國偉大散文作家之一，卽使在譯文中，也可以看到他文字的尖刻和強烈的諷刺意味。此外，還有其他原因。一般人都覺得他能觸着內心的本質而發現人生的悲劇。他的哲學不是派別的論辯，他的哲學代表著古雅而引人入勝的生命智慧之意義。一般人都承認，在叔本華哲學中，可以發見自己長久所感到無法表達的東西。他的哲學是客觀觀察的結果，令人警覺，一半是憂傷的，一半是諷刺的。所以，年青人剛從夢中覺醒，發現叔本華哲學很合他們的胃口。叔本華哲學是十九世紀思想的「悲愴交響曲」。不過，像那有名的音樂 weltshmerz 一樣，也有它的限制。任何學哲學的人都可以指出這些，任何批評浪漫氣質的古典批評家也都可以指出這些。叔本華哲學中，有對哲學上受尊敬知名人物的無情攻擊，也充滿了哲學專家和古典主義文學家絕望的悲嘆。但是，除了不重視技巧以及諷刺和憐憫之外，有着高度的、無瑕疵的，無可駁斥的洞察力與卓見。西方世界找不出比此更完滿的哲學，以解釋那些活在欲望中的人們對事物本質的感覺；以及已經認識到欲望必然無法完全滿足，而產生欲望的生命却終歸要幻滅的人們所感到的悲劇。叔本華不像其他哲學家那樣想把這種令人不快的感覺化爲平和而虛幻的和諧，相反的，他面對這種感覺而建立他的哲學思想。那些發現大多數哲學體系都抱持樂觀主義的人們，對這種生動眞實的描述有着非常深刻的印象。

從長遠的觀點看，哲學家的傳記和他的生平沒有多大關係。某人所說的以及這種說法所表示的，只是哲學批評家的成見。從深一層的意義看，爲什麼一個思想家要說出自己所做的事，爲什麼他選擇自己特有的方式來說出自己所做的事，這些都不是他的事情。然而，對叔本華而言，他的生平說明了他的學說，他的哲學就是他本人的表現。悲觀主義、壞脾氣，充滿遠見和實際感覺的警語，對性的困惱，對學院派哲學家的呵罵等，似乎都是叔本華所過的生活以及他本人的表現。叔本華於西元一七八八年二月廿二日生於但澤，他是在富有的商人家庭中長大的。他父親有些神經質，死在漢堡一條水溝中，似乎是自殺的。叔本華的性格容易發怒，非常緊張，也非常喜愛自由，所以，當但澤自由市於一七九三年落在波蘭人手中而失去獨立時，他離開但澤到達漢堡。叔本華母親爲當時一位有名的小說家，在叔本華父親去世之後，遷居魏瑪，她在魏瑪經營一個沙龍，她的沙龍成爲當時知識份子和文人聚會之所。叔本華和母親相處得不太好，在一次口角中母親將兒子推下樓之後，他便離開魏瑪，此後再也沒有見過他的母親。

父親死後，叔本華入高等學校就讀；之後，得母親的津貼，入大學就讀。在他受教育期間，所過的是普通人和小市民階級的生活。他受費希特的影響加入對抗拿破崙的戰爭，可是，却認為「拿破崙只是無限地表現了較柔弱的人所感到却又儘量掩飾的那種對生命更大的肯定和欲求」。

叔本華以「充足理由之四根」一文獲得博士學位，該文於一八一三年問世，是他整個思想體系的基石。是他代表作「意志與表象的世界」的理論根據。是從物理、邏輯和形上學立場分析因果原則。叔本華傑作的第一版，知道的人相當少。一八三六年，「自然界之意志」出版，一八四四年，「意志與表象的世界」問世。他最後的兩部著作為一八四一年出版之「倫理學之基本問題」及兩巨册論文集。

叔本華的學術生涯為期短暫，而且在那時並不太光彩。一八二〇年，他受聘為柏林大學講師。他選擇與當時哲學泰斗黑格爾同一時間授課，因此，他課室中常常沒有學生聽課。他憤而辭職，不久之後，為了逃避柏林發生的霍亂傳染病，便去法蘭克福，其後，便終生定居於此地。七十二歲時在此地去世。他的生活主要靠他父親商業機構的利息收入維持，他曾小遊意大利，可是，一生中的大部份時間都在他寄居的房間中渡過，只有一條小狗為伴。儘管大學不重視他，他的哲學却使他獲得名聲，尤其是得到普通一般人的熱烈讚賞。華格納讚美他的音樂哲學，尼采讚美他的意志哲學。七十歲時，成了世界知名人物。一八六〇年九月廿一日，以七十二歲高齡，靜悄悄孤單單地離開了人世。

在他一生的生活中沒有什麼值得使人欽佩。他過的是尖刻、自負的隱士生活，早年追求的是性，晚年追求的是聲名。而晚年，他更瞧不起當時的學院派人物。他對毒藥和暴亂的恐懼，他對女人的怒罵，他對人生行爲中一切醜惡方面的諷刺，他一生中的孤僻無情，使他成爲一個不太可親的人物。可是，在事業方面，他對形上問題有著眞正的熱情，狂熱地獻身於自己的眞理觀，而且富於浪漫派詩人的感情。

叔本華哲學倣效康德，它的思想方法差不多都是來自康德。康德在哲學上產生「哥白尼式的革命」，因爲他說自然的表面結構是現象的結構：悟性形式構成事物的表面秩序。關於這一點，叔本華同意康德的看法並以自己獨特的方式表現出來。「天地之間的一切器物都是現象，充足理由原則決定現象的形式，充足理由原則有四種形式，悟性卽藉此四種形式理解事物」，悟性理解事物時便構成現象世界。表面穩固的整個物質世界只是時空中物的連結，這個連結只是因果律的另一名稱，其本身是悟性無可避免的形式。我們不必贊同叔本華對充足理由原則種種形式的分析。了解他的理論以探尋他對知覺，概念及兩者間關係的分析，不一定是多餘的。討論這些問題的整個第一卷，雖然對數學問題的分析值得懷疑，其他地方則是明白無疑的。但是，它的目的只是建立一基點。它是討論實在世界的邏輯開端，是對人類心靈的理智結構分析。

它是對由知識所顯現的世界之批判。客觀世界的確如此。客觀世界是主體的對象，其客觀性決定於主體可能具有的知識本質。唯物論者誇示爲物質構成的整個宇宙，的確是物質。但物質本身只是因果的另一名稱：因果是空間和時間的聯結，空間和時間則是悟性的形式；除了成爲主體的知識通路以外，便沒有物質。對每個人來說，世界是他的「表象」。「實在」不應在「表象世界」中尋找。從一般意義上看，「實在」是不可知的，因爲，凡是可知的只是現象秩序。整個外界是理智的結構，而理智只是內在「實在」的工具，我們每個人都體驗這個「實在」是欲望，我們從自己身體，無意識的衝動以及意志中認識這個「實在」。我們唯一直接認識的意志：在自然中也可以發現到。從重力和形成結晶體的勢力看，從星球的運動到人類自覺的意欲看，事物的內在本質不是理智所認識的世界，而是人在自己盲目衝動中所體驗的，以及在自然內在過程中大規模顯示的意志。

康德發現「實在」是不可知的，也許從實踐理性的行爲或信仰中可以把握「實在」。叔本華認爲「實在」是促使知識產生的意志，是盲目衝動的意志，理智爲意志役使時，便造成一個實際且虛幻的世界。意志沒有合理的目標。意志是盲目的生命衝動。在人類身上，意志披上理智和理性的外衣。在動物的不自覺本性上，意志赤裸地顯出它的盲目性。

斯賓諾莎說：「如果拋在空中的石塊有意識的話，它也將會認爲此運動出於自由意志。我想，石塊是對的。給予石塊的衝力相當于人類的動機，石塊的凝聚力、重力和硬性，從本質上看，與人類的意志相同，如果石塊有知識的話，也會覺得是意志。」

在普遍的「實在」意志方面，叔本華認識幾項重大的事實：一是內在目的論，完成某一目的機關的和諧一致；另一爲各種短暫個體身上可知的表徵和一致性。個體因時空而不同，個體是表現普遍一致底意志永久不變客觀化程度的變數和實例。

叔本華從下述事實中發現悲觀主義的兩個存在理由，即盲目衝動的意志是自然的內在「實在」，也是生命的本質。悲觀主義的這兩個理由主要在意志終歸貧乏。意志總是向前衝進的，因爲它未得滿足。其次，即使意志獲得滿足，這滿足又要歸於幻滅。人類意志永遠在痛苦和厭倦之間徘徊，叔本華對此發出憂鬱的悲吟。人生一半是失望的痛苦，另一半是厭倦的痛苦，浪漫主義者諷刺這個世界，對這不能滿足意志需求的世界產生厭惡之情，叔本華神化了浪漫主義者的諷刺。

因此，叔本華認爲，除了尋求解脫之道以外，別無他途。快樂是不可能的，因爲每當人以爲將要得到快樂時，便發現只有不快。人的最高期望只能是寂靜主義的補救，在藝術世界的片刻，這是可能的。因爲，叔本華在本書第三卷中說，藝術世界是柏拉圖式的理念世界。在觀照藝術和天才創作的片刻，人類意志可以發現其本身不變的本質，這些不變的本質是使意志擺脫變化、時間、痛苦和幻滅的原型。專心一志觀照人模刻的本質時，人將可以擺脫自己內心不息的衝動與無窮的幻想。在體會抒情詩中所表達永恒的愛時，人可以擺脫自己短暫的愛與人生悲劇的痛苦和失望。在音樂的旋律中，意志發現本身的生命。如果造型藝術和文藝表現世界的永久形式，那麼在音樂中表現的便是意志本身。因此，叔本華認爲音樂是最完美、最成功的藝術，因爲它直接顯示意志。

但藝術所提供的只是暫時的解脫。可以從變化和紛亂的時間世界暫時逃避到超時間世界，也可以產生藝術觀照的無意志感。科學和實際知識爲部份需要、個人欲求、意志的暫時紛亂所縛。在藝術中，人可以擺脫虛幻世界（即知識世界），也可以擺脫痛苦和幻滅世界（即意志世界）。不過這只是暫時的解脫，又會帶着更大的痛苦回到時空中的現實世界，重受欲望的壓迫。如果人類想要解脫的話，必須有更澈底的解脫方法。叔本華哲學中提出了這樣的方法，不是藝術的暫時解脫，而是禁慾主義者的永久解脫。由於產生一切痛苦和厭倦感的世界本身即是意志的客觀化，所以，如果人否定意志，便是否定世界。澈底的禁欲是到達平和及湼槃的途徑，澈底否定世界，便從世界中解脫出來了。因爲，否定了意志，世界便被毀壞了。印度佛陀的發現，使這種澈底的否定成爲可能的事實。當我們因同情的靈悟而明瞭自己的痛苦即普遍痛苦的一部份，而普遍痛苦則是肯定終歸失望盲目意志的懲罰時，便明白了自己反抗「他人意志」的意志是沒有用的，便明白了肯定意志所帶來的痛苦。靈悟產生同情，而同情產生聖明。藝術家和禁欲主義者擺脫現實世界，進入藝術永恒寂靜短暫的樂土。聖者的解脫則是根本否定自己的盲目意志。以捨棄而成的聖者處在平和之中。一般人可能認爲自殺是最直截了當的方法，可是，叔本華認爲自殺根本不是解脫之道，因爲自殺只是一種更强烈肯定意志的方式。自殺是肉體的崩解，而肉體只是意志的一例：並非痛苦源泉之普遍盲目意志的否定。叔本華告訴我們兩條解脫人生痛苦和幻滅的道路：一條是藝術的短暫道路，一條是聖者的永久道路。

「意志與表象的世界」一書當然是叔本華的傑作，但是，他的「論文集」對很多讀者也有說服力、解釋力和吸引力，普通學院派哲學家是無法做到這些的。有些論文是因特殊的諷刺而得名，如論女人；有些論文是因對知識方法或概念的銳利觀點而有名，如論歷史。不過，最能引起人們興趣的，還是他的主要著作。儘管書中有過份誇大之處，他仍然是那些終生期望幻滅而又明白經驗事實，却希望自己並不是如此者的代言人。作爲形上學家而言，他的地位並不太高，他的唯心論是二手貨，主要來自康德，儘管炫耀邏輯工具，但前後並不一致。他對那永遠無法獲得所望、永遠無法處其所得浪漫意志的特別困境描寫，在思想史上，還沒有人能超越他。他對天才靈悟與美感特質的描述，他對音樂方面的許多提示，他對那構成聖者生活的憐憫和否定意志的生動解釋，使他獲得永恆不朽的地位。

在思想史上，他是第一個强調意志重於理智，强調生活和哲學中心只是工具的人。他所開啓的思想運動，對於詹姆斯、柏格森和杜威的影響不小。他在著作中把三種完全不同的人格因素結合在一起：世俗之人、思想家和文人。結果產生了哲學史上無與倫比的偉大藝術作品：「意志與表象的世界」，這是具有詩人想像力和寫實主義者精密性作家所寫的一部哲學文學作品。由于他的想像力，他能借用康德唯心論材料產生一高度浪漫主義的形上世界；由于他的寫實作風，使他對人生的痛苦、不平和幻滅的感受力很强。這兩種特質合在一起，使他對生命力旺盛的青年人和冷靜的中年寫實主義者都有吸引力。在歐洲思想史上，他是非常偉大的第二流思想家，也是一種產生自我腐蝕心境的闡明者。叔本華內心本是個伊壁鳩魯派犬儒主義者，却竟然成爲美學家和精神上的禁欲主義者，這是一件奇怪可笑的事。不論一部份人們對他的哲學如何不贊同，他散文式的哲學作品永遠是使人信服的。

艾德曼(erwin Edmen)

一九二八年五月于紐約

卷一　表象世界①

第一層面

屬於充足理由原則的表象：卽經驗與科學的對象

一

1

「世界是我的表象」——這句話是一個眞理，雖然只有人類才能在反省和抽象的意識中思考這個眞理，然而，這話却適用于一切有生命和有認識能力者。如果人類能在反省和抽象意識中思考這個眞理，那麽，他便達到了哲學的智慧。因此，人類會瞭解，當自己認知太陽和大地時，所認知的並非太陽和大地本身，而是見到太陽的眼睛和觸摸大地的手而已；

❶自從英國經驗主義大師洛克提出觀念二字以來，柏克萊、休謨、康德皆沿用這兩個字，它的意義係指外物在人心中印上的影像卽外物在心中的代表，例如：色、聲、香、味皆是。所謂觀念世界卽指由色、聲、香、味等現象構成的世界，亦卽佛家所謂的假相世界亦卽表象世界。

他周圍的世界只是表象，只是和意識有關的東西，只是和人類有關的東西❷。假如世上有所謂先天眞理的話，這就是先天眞理：因爲它表現的是一切可能的和可以想像的經驗的最普遍形式，而這種普遍形式比時間、空間或因果關係更普遍，因爲時間、空間或因果關係都以它爲先決條件；我們知道，時間、空間和因果關係只是充足理由原則的各種不同樣態，每種樣態只能適用于某類特殊表象；而客體和主體的對立則是所有這些表象的共同形式，也是產生或想像任何抽象或直覺、純粹或經驗觀念的唯一形式。所以，沒有任何眞理比這個眞理更確實，更獨立于所有其他眞理之外，也沒有任何眞理比這個眞理更毋需證明。凡在知識上存在的東西，即使這整個世界，也只是與主體相關的客體，只是知覺者所具有的知覺；總而言之，只是表象。顯然，對過去、現在、未來都可以這樣說，對最遙遠的東西和眼前的東西，也可以這樣說；因爲時間、空間本身是這樣的，而所謂過去、未來、遙遠、眼前等區別只有在時空中才會產生。凡是屬於或可能屬於這世界❸的東西，必然都以透過主體爲條件，也只對主體存在。因此，世界即是表象。

❷ 例如聲音並非發生于外界，而是外界物體的振動影響物體周圍空氣的振動，震波傳到人類的耳朵，使耳膜的震動，耳膜的震動由耳神經傳至大腦，影響大腦震動，這便產生聲音，所以聲音不是發生于外界，而是產生于人類心裡，這就是佛家所謂的「三界唯心，萬法唯識」。

❸ 指現象世界，卽色、聲、香、味等現象構成的世界。

這個眞理根本不是新的。早在笛卡兒哲學出發點的懷疑思想中就隱含着它。不過，柏克萊却是第一個明白地提出這個眞理的人，這使他對哲學提供了永久的貢獻，儘管他哲學中其餘部份沒有永久性價值。而康德的主要錯誤就是忽視這個原則。威廉瓊斯爵士（Sir William Jones）在他最後一篇論「亞洲哲學」（亞洲研究，卷四，第一六四頁）的論文中指出：好早以前，印度的智者就認識了這個眞理，成爲 vyasa 吠檀多哲學的基本論旨。他在這篇論文中說「吠檀多學派的基本論旨並非否認物質的存在，亦非否認固體性、不可入性和具有外延性形體的存在（否認這些東西的存在，將是不智之舉），而是改正一般人對物質的觀念以及主張物質不具獨立于心靈知覺之外的本質；存在和可知覺性是同義語❹。」這些話充分說明了經驗實在性和超越觀念性的一致。

因此，在本卷中，我們只從表象方面來看世界。如果任何人內心不願把世界只當作自己的表象，他便會了解，不管這觀點如何眞實，也只是片面的，只是因爲任意識抽象作用而採取的；然而，這又是他永遠無法擺脫的概念。這個觀點的不健全，我們將在下一章用另一種眞理來改正，

❹ 這句話和柏克萊所謂的「存在卽被知」相似。

這另一種眞理不像這裡所說的眞理那樣直接確定，只能靠更深一層的研究和更嚴格的抽象作用才能獲得，只能藉分開相異者和結合相同者的方式，才能獲得。這個眞理即使不使所有人類都感到不同尋常，也必然是很重要和使人印象深刻的，因爲這個眞理告訴我們：世界是我的意志。

不過，在本卷中，我們只擬考慮我們當作出發點的那一面；也就是它可知的一面。因而，我們必須毫無保留地把一切顯現出來的對象、甚至我們自己的身體（不久，我們會更詳細地說明這一點），只當作表象。這樣，我們便暫時把意志擺開了，因爲意志形成世界的另一面。正如世界一方面完全是「表象」一樣，另一方面便完全是「意志」。如果一種東西，既不是表象，也不是意志，只是獨立存在的對象（在康德手上，所謂物自體正不幸地漸漸變爲這種東西），這種東西便是夢想，接受這種夢想，在哲學上即是令人走入歧途的原因。

2

能認識一切事物而本身不爲任何東西所認識的是主體。因此，主體是世界的支持者，是一切現象，一切對象的條件；在整個經驗過程中，都必須具備這個條件。因爲，凡是存在的東西，都只能藉主體而存在。每個人都發現自己是主體，不過，只有在從事認識活動的時候，他才是主體；如果成爲知識的對象，便不是主體了。可是，他的身體却是他的對象，因此，我們稱它爲表象。因爲身體是許多對象中的一個對象。同時，儘管它是直接對象，也要受對象法則的限制。像所有知覺對象一樣，它也存在知識的普遍形式卽空間和時間之中；空間和時間是構成雜多現象的兩個條件。相反的，永遠作爲能知而不成爲所知的主體，則不屬於這些形式，而爲這些形式的先決條件。因此，主體既無雜多性，也無統一性。我們從來不認識主體，然而，只要知識可能成立，它就永遠是能知者。

我們現在所考慮的一面卽表象世界，具有根本的、必然的和無法分開的兩半。一半是客體（客體的形式是時間和空間），以及透過空間時間而產生的雜多現象。另一半是主體，主體不在空間和時間中，因爲在所有知覺者中，主體是當下的、完全的和未曾分化的。因此，任何一個知覺者與對象共同構成整個表象世界，就像現存千百萬人類所能做到的那樣完美。但是，如果這個知覺者消失不見了，那麼，整個表象世界也將不存在了。所以，不單在知覺上，卽使在思想上，這兩半也是無法分開的，因爲這兩半中的任何一半只有透過另一半才有意義，才能存在，也只有對另一半才有意義，才能存在；這一半出現，那一半也出現，這一半消失，那一半也消失，兩者互爲限制；在客體開始出現的地方，主體便終止。這限制的普遍性可以從下述事實中看出，卽一切客體對象的主要和普遍形式、空間、時間和因果關係，卽使我們對客體對象沒有認識，也可以由對主體的考慮來發現而完全認識。用康德的話來說，空間、時間和因果關係先天地存在於我們意識之中。康德發現了這一點，成爲他的主要貢獻之一，而且是偉大的貢獻。不過，我更進一步認爲，充足理由原理是我們先天認識對象所有這些形式的普遍表現；並且認爲，純粹先天認識的一切東西，只是這原理的內容及由此而衍生的內容，一切先天確定的知識都是藉此表現出來的。在我討論充足理由原理的論文中，曾經詳細表示過一切可能對象如何歸屬于這原理之下；就是說，如何與其對象發生必然的關係，一方面當作決定者，另一方面又當作被決定者。這個原理應用的範圍非常廣，因此，所有客體對象的存在，就其只爲對象、表象而言，完全可以溯源于它，它們之間的關係也只依賴它，事實上，只是相對；不過，更爲直接。我還表示過，充足理由原理普遍表現的必然關係出現于其他形式中，這些形式，與客體對象按其可能情形分化的種種類別是一致的；正確的分類就是藉這些形式來考驗的。

3

我們所說的表象之間的主要區別，是知覺表象和抽象表象之間的差別，抽象表象只有一種卽概念，世上所有動物中，只有人類才具有抽象概念。使人類和其他動物有所不同的概念活動的能力，通常叫做理性❺。以後，我們會談到這些抽象概念本身，但是，現在，我們只要討論「知覺表象」。知覺表象包括整個可見世界或經驗總體及其可能性的種種條件。我們早已說過，這是康德最重要的發現之一，我們也早已說過，這些條件、這些可見世界的形式，知覺中的絕對普遍要素、所有現象的共同屬性、空間和時間，卽使離開它們的內容而就其本身去了解，也可加以抽象的思考，還可加以直接的知覺；同時，這種知覺或直覺並非產生于經驗中經常出現的幻想，而是完全獨立于經驗之外的，因此，我們應該說後者是基於它的，因爲空間和時間的種種性質，就其在先天知覺或直覺方式下被認知時，對一切可能經驗都是有效的，就像它本身必須遵循的規則一樣。因此，在我討論充足理由原理的論文中，也討論過空間和時間問題，因爲，我們感覺空間和時間是純粹的，是沒有內容的，是一種特殊而獨立的觀念。康德所發現的這種直覺種種普遍形式的性質，卽這種普遍形式可以離開經驗而就其本身加以認識的性質，亦卽這種普遍形式可以視爲表現數學基礎的那些法則的性質，當然是非常重要的。可是，空間和時間的另一種性質也應該說明，卽把經驗限制爲因果法則和動機法則，並被當作判斷基本法則的充足理由原理，這裡是以一種完全特殊的形式出現的，我曾經給這特殊形式一個名稱，卽「存在者的基礎」。在時間方面說，這是時間中片斷的相續，在空間方面說，這是空間各部份的位置，彼此永

⑤ 康德是唯一把這個理性觀念弄混亂的哲學家，在這方面，我希望讀者參考 Append'x 以及我的 "Grundprobleme der Ethik"：Gumdl. dd. Moral。§b, pp.148 154, fist ond second editions。

遠相互決定。

任何人，只要他根據前面的引論而了解在充足理由原則下所有不同形式的內容是完全相同的，一定會相信認識這些形式中的最簡單形式是相當重要的，因爲這使他體驗到自己內在的本性。這個原理的最簡單形式就是時間。在時間中，只有後一刹那排除前一刹那時，這每一刹那才是它的產生者，而它本身也會很快地又爲另一刹那所消滅。過去和未來（離開它們內容的結果去考察）像夢一樣的空幻，現在是唯一不能分開的，也是它們之間的短暫界限。而在充足理由原理的所有其他形式中，我們會發現同樣的空洞性，也會了解，不但是時間只有相對的存在，而且，空間及時空的內容，卽所有從原因和動機產生的東西也只有相對的存在，也只是透過另一和本身相似者而存在。這個看法是古來已有的：當赫拉克里圖斯（Heraclitrs）嘆息萬物永遠流轉時，便是在表現這個看法；當柏拉圖把客體對象貶爲永遠變動不居而永非不變者時，又是在表現這個看法；當斯賓諾莎提出所謂唯一存在、永久實體的偶然性質的說法時，也是在表現這個看法。康德把那當作單純現象的東西和物自體對立。最後，古代印度哲人的智慧告訴我們：「使人類眼睛看不到的，使人類看到一個自己無法說它存在或不存在的世界的，是魔耶（Maya 宇宙幻力），是騙人的障幕：因爲它像夢幻；它像照在沙上的陽光，使遠處的旅人誤以爲水，或像把草繩誤以爲蛇。」（在吠陀經典和富爛那卽印度古史傳中，一再提到這些比喩。）但是所有這些話的意義以及它們所表示的，只是我們剛才所說的即服從充足理由原則的表象世界。

4

充足理由原則表現于純粹時間中，一切計算活動都是建築在充足理由原則上，凡是認識充足理由原則形式的人，就完全把握了時間的本質。時間就是充足理由原則的某些形式，沒有其他意義。相續是充足理由原則在時間上的形式，而它又是時間的整個本質。並且，凡是當充足理由原則透過純粹空間而表現時，能認識此一充足理由原則的人，便完全把握了空間的整個本質，空間的本質不是別的，只是空間各部份彼此相互決定的可能性。這裡所說的各部份，就是平常所說的位置。詳細討論這一點，並用抽象概念來表示由此產生的結果以便於應用的，是幾何學的主題。同樣，凡是認識因果法則的人，認識充實這些形式（空間和時間）使其成爲知覺對象中的充足理由原則的人，也就是說，凡是認識物質的人，就完全把握了物質的本質。因爲，物質不是別的，只是因果關係；只要一個人稍加思考，就可以立刻明瞭這一點。它的眞正本質就是它的活動，我們無法想像它還有其他意義。只有在活動時，它才充塞于空間和時間中；它對直接對象（本身也是物質）的作用，決定了人的知覺，而物質只存在于知覺中。任何物質對象對其他物質對象作用的結果，只有當後者以不同方式對直接對象發生作用時，才被我們認識。

因此，原因和結果構成物質的整個本質，它的眞正存在就是它的活動。（關於這個問題更詳細的討論，可見拙著論充足理由原則論文中第二十一節第七十七頁。）所以，一切物質性東西的本質，在德文中，可以稱爲「眞實」（Wirklichkeit），這兩個字比「實在」（Realität）兩字含意更深。並且，物質總是被動的，因此，物質的存在和本質全在作有秩序的變化，這一部份變化帶來另一部份變化。像時間與空間情形一樣，根據一種只在本身範圍以內才有效的關係來看，物質的存在完全是相對的。

時間和空間，本身都可以離開物質而在心理上表現出來，可是，物質却不同，物質不能離開時空而同樣在心理上表現出來。與物質分不開的形式以空間爲先決條件，作爲物質存在方式的活動，往往含有變化的意義在內，換句話說，也就是往往含有時間因素。但是，時間和空間，兩者不但是物質的先決條件，同時，兩者的結合，還構成物質的本質；因爲，我們知道，這全是活動，亦卽因果關係。凡是可以想像到的一切現象和狀態，都可以同時存在于無限的空間，彼此不相限制，或可相續于無窮的時間，彼此不相妨礙：因此，這些現象彼此間的必然關係以及根據這關係而支配這些現象的法則是根本不需要的，實際上也是不能適用的。所以，我們可以說，空間中的一切共同存在和時間中的變化，如果它們（這些形式）都保持自身的狀態和過程，而與別的形式毫無關聯的話，便不會有因果關係；而由於因果關係構成物質的主要本質，因此，也不會有物質。但是，只有在下述情形下，因果律才有意義，才有必然性，即變化的本質不僅在事物的單純變化，更在下列事實中顯現，即：空間的同一部份，有時候爲某一東西所佔，有時候又爲另一東西所佔；而同一時刻中，此地存在的是這東西，那裡存在的又是另一東西。也只有這種時空相互限制才使定律具有意義和必然性。變化之產生，必然是根據定律的。因此，因果法則所決定的，不僅是時間中事物的相續，而且是關於某一確定空間的同一相續；同時，不僅是某一特定空間中事物的存在，而且也是不同時刻中同一空間中事物的存在。變化乃是根據因果法則而發生的改變，往往同時含有一部份確定的空間和一部份確定的時間，彼此結合在一起。這樣，因果關係便連結空間和時間。但是，我們發現，物質的整個本質在活動，即在進行因果作用；因此，時間和空間也必定結合在物質中，換句話說，物質必須同時具備時空兩種不同性質，不管它們彼此如何不同，也必須把兩者獨立時無法發生的現象，即時間的快速過程和空間的嚴密不可變的持續性結合在本身。物質從兩者獲得無限的可分性。由于這個緣故，我們發現，共存關係不可能只存于時間中，因爲時間沒有連續性，也不可能只存于空間中，因爲空間沒有過去、未來和現在；共存關係最先是由于物質而產生的。但是，事實上，許多物的同時存在，構成實在的本質。因爲，由于它，才能產生永久性；因爲，只能在某種與永久事物同時表現的東西的變化中才可以發現永久性。而在另一方面，也只有透過某種和變化事物同時表現的東西，後者才可以得到變化的特殊性質，即實體永久性中性質和形式的變化，亦即物質中形式和性質的變化❻。如果世界只在空間中，便是僵硬不動的，沒有相續，沒有變化，沒有活動；但是，我們知道，物質觀念最初是和活動連在一起的。再者，如果世界只在時間中，則一切都是變化不居，沒有持續性，沒有共存現象，最後，也沒有永久性；因此，在這種情形下，也不會有物質。只有透過空間與時間的結合，才可以得到物質。物質是共存的可能性，由于這種可能性，才有永久性；由于永久性，物質便是本身各狀態變化中實體持續的可能性❼。由于物質是空間和時間的結合，所以，物質自始至終都具有兩者的痕跡。物質的根源在空間，一部份是由于和它分不開的形式，但特別是由于它的持續性（實體），因此，它的先天確定性完全可以從空間的先天確定性中演譯出來❽（因爲變化只屬於時間，但是，如果只在時間中，如果只對時間存在，則一切東西都不是持續的）。物質顯示，它是由于偶然性質而從時間中產生的，如果沒有這種性質，便永遠無法存在。顯然，這往往是因果關係對其他物質所發生的作用，因此，也是一種變化（一種時間概念）。不過，這個活動

❻ 在 Appendix 中表示，物質和實體是一個東西。

❼ 這表示康德解釋物質的理由，物質是「空間中移動的東西」，因爲運動只是空間和時間的結合。

❽ 如康德所主張的，不是從時間的知識中推演出來，像在 Appendix 將要解釋的一樣。

的法則往往同時基於空間和時間，也只有這樣，才具有意義。因果關係的正常作用完全限于確定什麼東西應佔住這個時間和這個空間。我們先天地認識物質的無法改變的特性，這個事實乃是基於這種從先天認識的知識形式中得來的主要性質。

但是，一般說來，客體像它的表象一樣，只是對主體而言的；同樣，所有特殊種類的表象，也只是對主體中同樣特殊性質而言的。這種特殊性質稱爲知覺能力。時間和空間方面這種和主體相關的東西，本身是空洞的形式，康德稱之爲純粹感性。我們可以保留這種說法，因爲康德是第一個討論這問題的人，不過不太正確，因爲感性必以物質爲先決條件。由於物質方面或因果作用方面和主體相關的東西是相同的，所以兩者都是悟性，也只是悟性。認識因果關係是它的功用，它的唯一能力；同時，它是一種偉大能力，內涵豐富，用途衆多。不過，在它所有的表現中都是相同的。相反的，一切因果作用，也就是所有物質或整個實在，只是悟性的對象，只是透過悟性，也只在悟性之中。悟性的最初、最簡單和永遠存在的例子是實際世界的知覺，這完全是從結果推到原因的知識，因而所有知覺都是理智的。可是，如果不曾直接認識某種結果並以之作出發點的話，悟性是永遠無法達到這個知覺的。但是，這還是動物本身的情識。到現在爲止，動物身體一直是主體的直接對象；所有其他對象的知覺都由于它而存在。每個動物身體所經驗的變化都是直接被知的，換句話說，都是被感覺的，而由于這些結果立刻歸溯到它們的原因，於是便產生對後者（作爲客體對象）的知覺。這個關係不是抽象概念作用的結果，並非來自反省思考，也不是任意的，而是直接的，必然的和確定的。這是純粹悟性的認知方法，如果沒有這個方法，便不可能有知覺，仍然只是對直接對象的變化，仍然只有一種像草木一樣遲鈍的意識，以一種完全沒有意義的方式彼此相續；除非它們對意志具有某種意義，或是痛苦，或是快樂。但是，正如太陽升起，可見的世界便呈現出來一般；同樣，由于它的簡單作用，悟性便一下子把遲鈍無意義的感覺變成知覺。眼睛、耳朵或雙手所感到的，不是知覺，而是知覺材料。由于從結果到原因的悟性，世界便開始表現爲在空間中展開的知覺，在形式方面有變化，可是在物質方面則自始至終沒有變化；因爲，悟性把時間和空間結合于物質觀念之中，即結合于因果活動中。由于表象世界只有透過悟性才存在，因此，也只有對悟性才存在。

5

如果我們認爲，由于知覺產生于對因果關係的認識，因此，主客關係便是因果關係，那麼這就錯了。我們應該預防這種嚴重錯誤。因爲這種關係只存在于直接和間接被知對象之間，因此，往往只存在在對象與對象之間。由于這個錯誤假設，便在外界的實在性方面產生了一種愚笨的爭論；在這爭論中，獨斷論和懷疑論互相對立，而前者有時候表現爲實在論，有時候又表現爲唯心論。實在論把客體看作原因，把主體看作結果。費希特的唯心論則把客體歸之于主體的結果。可是，根據充足理由原則，主客之間絕對沒有關係；因此，這兩種理論都無法證明。所以，懷疑論能够成功地駁斥它們。現在，正如因果律先于知覺和經驗，是知覺和經驗的條件，因而不能從知覺和經驗中得來一般（如休謨主張的）；同樣，客體和主體先于一切知識，因此也先于充足理由原則，是充足理由原則的第一條件。因爲這個原則只是一切客體的形式，只是它們現象存在的整個本性和可能性。但客體往往以主體爲先決條件，因此，兩者之間不可能有任何因和果的關係。我在論充足理由原則的論文中所完成的就只是這一點。這篇論文中，把這個原則的內容解釋爲每一對象的主要形式——就是說，解釋爲：所有客觀存在的普遍本質，乃是屬於那種對象的某種東西。但是，這種對象往往假定主體爲它的必然相關者；所以主體永遠是在適用充足理由原則的範圍之外。關於外界實在性問題的爭論，主要是由於錯把充足理由原則的效力擴及主體方面所致。從這個錯誤出發，它永遠無法了解自身。一方面，由於實在主義的獨斷論把表象看作是客體的結果，因此想把表象和對象分開。其實，兩者是一個東西。同時，實在主義獨斷論還要假定一種和表象完全不同的原因，一種獨立于主體之外的客體本身，一個完全不可思議的東西。因爲，卽使作爲客體，也必須先假定主體；因此，這東西仍然是它的表象。和這個理論相反的是懷疑論。懷疑論也作了同樣的錯誤假設，認爲在表象中只有結果，絕對沒有原因，所以也絕對沒有實際的存在物，我們往往只能認識客體的活動。但是，却假設這個客體和它的結果沒有任何相似之處，實際上，也許還錯把它當作原因；因爲因果律先要從經驗中獲得，然後使經驗的實在性建築在它上面。因此，這兩種觀點都要加以修正。第一，客體和表象是一樣的；第二，知覺對象的眞正內容是它本身的活動。物的實在性就在此，如果要求主體觀念之外有一客體的存在以及與其活動不同的實物的本質，是絕對沒有意義的，也是一種矛盾。關於任何被知對象本質的知識，就其爲對象而言，即就其爲觀念而言，即是闡述這對象本身，因爲除此以外沒有其他東西可以被知。到現在爲止，空間和時間中的被知世界（這個世界只以因果作用表現于我們面前）是完全實在的，也完全像它所表現出來的那個樣子；並且，它以表象方式毫無保留地表現出來，根據因果律而結合在一起。這是它的經驗實在。另一方面，一切因果關係只在悟性中，也只對悟性存在。整個實際世界都是由于悟性活動而促成的；除此以外，便一無所有。不過，這不是徹底否定獨斷論者對外界實在性的看法的唯一理由。如獨斷論者認爲外界實在性獨立于主體之外。我們也否定這種看法，因爲，離開主體就無法想像客體，否則便會產生矛盾。整個客體世界都是表象，也永遠是表象，因此，完全爲主體決定，也永遠爲主體決定。換句話說，客體世界具有超越的觀念性。但是，它並不因此而成爲幻想或純粹外相；它表現爲自身本來相狀，即表象，其實是一系列的表象，這些表象間的共同連繫便是充足理由原則。它是根據悟性完全無法了解的最內在的意義，並以一種爲悟性完全不了解的方式表達出來。只有因過份精細而反常的人，才會爭論外界的實在性問題，而這種討論往往起于對充足理由原則的錯誤應用。充足理由原則本是連結所有各種觀念的，根本不連接表象和主體，也不把表象和一種既非主體也非客體只爲客體之基礎者聯在一起；這是一種荒謬不合理的說法，因爲只有客體本身才可能是客體的基礎，只有客體本身才永遠是客體的基礎。如果我們更進一步考查關於外界實在性問題的起源，便會發現，除了把充足理由原則錯誤地用到它本身有效範圍之外，還包括它的種種形式的特別混亂，因爲它只存在概念或與抽象的表象上有關的那個形式裡頭，它爲人用到被知覺的表象與實在的客體方面來了。認知的基礎需要客體對象——而它們除了存在物的基礎以外不可能再有其他基礎了。在抽象表象間，聯結于判斷中的概念間，充足理由原則以下述方式出現，卽每個抽象表象或概念都有它的價值、效用和存在（這裡稱爲眞理），完全由于判斷和判斷之外某種東西的關係，亦卽它的知識基礎，最後往往要回到這個基礎的。另一方面，在實際客體對象間、在知覺觀念間，充足理由原則並非表現爲認知基礎的原則，只表現爲存在物基礎的原則，爲因果律：一切實際客體對象，如果要想存在的話，都是由于充足理由原則的關係，換句話說，都表現爲某種原因的結果。因此，這裡對認知基礎的需要便用不上，也沒有意義，只屬於完全不同的另一類東西。於是，如果觀察者仍然與知覺世界保持接觸的話，那麼，對這觀察者而言，知覺世界便不會產生任何問題或懷疑。這裡既沒有錯誤也沒有眞理，因爲，所謂錯誤和眞理只屬於抽象表象範圍——卽思想範圍。但這裡，世界擺在我們感官和悟性之前，世界以本來面目呈現出來——卽以知覺表象的方式呈現出來，而知覺表象則是根據因果律展開的。

6

不過，在本卷中，我們把一切東西都看作表象，都看作主體的對象。在我們對世界的知覺中，自己的身體是每個人的出發點；像對其他客體對象一樣，我們也是從身體的可知性方面來看身體。從這方面看，身體也只是表象。現在每個人的意識都和客體的解釋相反，尤其是和自己身體的解釋相反；因爲就其表現爲自己的身體來說，每個人都是直接認識物的本身；就其客觀化對其他知覺對象中來說，它只是間接地被認識。這種抽象作用，這種片面討論，只是拿來滿足我們論證的需要；因此，我們要壓制和除去對這種抽象作用和片面討論的厭惡感。只希望以後的討論會改正目前這種片面性，而使我們對世界本質的認識達到完滿的地步。

所以，目前對我們來說，身體是直接對象，換句話說，是形成主體知識出發點的表象；因爲身體及其直接被知的變化先于因果律的應用，並對因果律提供最初材料。我們已經知道物質的整個本質在它的因果活動，但是，原因和結果只對悟性存在，這只是他們主體的相關者。不過，如果沒有別的東西讓悟性得以起始，悟性就無法活動。這是單純的感覺——對身體變化的直接意識；由于這種意識，它便成爲直接對象。因此，認識知覺世界之可能性基於兩個條件。客觀地說，第一個條件是物質間彼此作用的力量，是彼此間產生變化的力量，如果所有身體間沒有共同性質，則知覺便不可能，甚至藉動物身體的感性能力也不可能。如果用主觀方式來表達這個條件，我們可以說：悟性首先使知覺存在。因爲因果律中因果的可能性只來自悟性，也只適用于悟性；所以，知覺世界只對悟性而存在，也只因于悟性而存在。第二個條件是動物身體的感性能力，或某些身體所具有的成爲主體對象的性質。感覺器官透過它們的特殊情識而受到外界的改變。這裡可以稱爲表象，如果這些情識既不產生痛苦也不產生快樂的話，就是說，對意志沒有直接意義，然而又被知覺到，因而只對知識存在的話，那麼，我們可以說，身體是直接被知的，是直接對象。但是，此時我們不要從對象的整個意義上去了解對象的概念，因爲，透過這種先于悟性作用而僅爲單純感覺的對身體的直接知識，我們的身體並非以對象的方式存在。最初是影響它的物質：因爲，對某一對象的一切知識，對空間中被知覺的某一表象的一切知識，只由于悟性而存在，也只對悟性存在；所以，不是存在于悟性活動之前，而只存在于悟性活動之後。所以，像其他所有對象一樣，由于因果律應用到身體各部份間彼此的影響，我們最先直接認識的是身體，亦卽在空間中感覺到的觀念。例如，當我們的眼睛看到身體或者手摸觸身體時的感受就是如此。

由此可知，透過單純感覺不能認識身體的形狀，除非是透過知識，透過表象；換句話說，只能透過我們的大腦，才能認識自己身體所呈的外延，關節相連的和有機的。一個天生目盲的人，只能透過由觸覺得來的資料，一點一滴地瞭解這個表象。一個沒有手的盲人永遠無法知道自己的形相，充其量只能一點一滴地從別人身體和自己身體接觸的結果中推想它是什麼樣子。由上所說，可知如果我們稱身體為直接對象，讀者應該了解有這些保留。

那麼，在其他方面，根據我們所說的，一切動物的身體都是直接對象，卽經常從事認知活動，因而其對世界的知覺乃是以從不被知的主體做為出發點。因此，動物生活的顯明特徵是知識以及因動機而產生的活動，這種活動為知識所決定，正如因刺激而來的活動是植物生命的顯明特徵一樣。不過，無機的物質，除了由那狹義下所謂原因所產生的活動以外，沒有任何其他活動。關於這點，我在討論充足理由原則的論文第二十節，「倫理學」中第一篇論文第三段，有過徹底的討論，同時，在我討論「光線和顏色」的著作第一節中，也提到過。

基於上面所說的，我們可以知道，所有動物，甚至最低等的動物都有悟性，因為它們都認識對象。而這種知識決定着它們的活動，成為它們活動的動因。所有動物身上和人類身上的悟性都是一樣的，到處是同樣的簡單形式，是關於因果關係的知識，從果推到因，以及從因到果，此外便沒有別的了。但是，它的正確程度、它的知識所及的範圍，却變化很大，從最低的算起，有無數等級，這只是對直接對象和影響它的對象之間的因果關係的認識——換句話說，由于把某個因透過身體所獲得的感覺轉爲我們知覺間接認識的對象，因而感覺這因乃是空間的對象，這是一種屬於因果關係中的較高知識。上面所說的是因果關聯擴展到自然界中最複雜因果系統的悟性。因爲，甚至這種高等知識仍然是悟性的工作，不是理性的工作。理性的抽象觀念只能幫助我們接受悟性直接認識的客觀關聯，只能使它們永遠對思想存在，只能使它們彼此關聯；但理性永遠不能給我們直接知識。所有的自然力量和法則以及這種力量和法則的所有實例，最先必須爲悟性直接認識，在變爲理性的抽象意識之前，必須透過知覺來把握。胡克（Hooke）的發現引力定律以及許多重大現象與這個定律的關聯，是悟性直接把握的工作；而牛頓以數學計算的證明，拉瓦西的發現酸性及其在自然界的主要作用，以及歌德的發現物質顏色的緣由等，也都是如此。所有這些發現都只是從結果追溯原因的適當過程。同時，接着便是承認在所有同樣原因中所表現的自然力量的觀念性。而這個完整的知見只是悟性簡單作用的一個例子。由于悟性作用，動物感覺到影響自己身體的原因是空間的一個對象，而這種知覺只有程度上的不同。因此，正如知覺一樣，這些偉大的發現，都是悟性的作用，都是當下的直覺，因此，都是刹那間的工作，都是最初的觀察（appercu），都是知見上的閃光。

7

關於我們上述所作的解釋，現在我們應該說，我們既不是從對象出發，也不是從主體出發，而是從表象出發。表象是包括主客兩者的，也以兩者爲先決條件，因爲主客相對是它主要的、普遍的和根本的形式。所以我們首先考慮這個形式，然後（雖然在這方面，大部份都已在介紹性的論文中提到）考慮時間、空間和因果關係的次要形式。後者只屬於對象；然而，由于它們是上述對象所必需的，由于對象也是這種主體所必需的，所以，可以從主體去發現它們，換句話說，可以先天地認識它們，到目前爲止，我們可以把它們視爲兩者的共同限制。但是，所有這些形式都可以歸于一個普遍的表現，卽充足理由原則，正如我們在引論中所說的。

這種方式使我們的哲學方法和所有以往的哲學系統都不同。因爲以往所有哲學系統不是從對象出發，就是從主體出發，所以都想用這個來解釋那個，用那個來解釋這個，而且這種解釋是根據充足理由原則的。相反的，在主客關係方面，我們却否認這原則的有效性，只把它限于客體對象方面。人們可能認爲我們這個時代大家都知道的「同一哲學」（philosophy of identity）不屬於這裡所謂的兩種思想方式之一，因爲它既不從主體出發，也不從客體出發，而是從透過「理智直覺」所認識的「絕對」出發。這個「絕對」既不是客體，也不是主體，而是兩者的「同一」。我不敢談論這個可貴的「同一」和「絕對」，因爲我發現自己根本沒有這裡所謂的「理智直覺」。但是由于我只贊同大家都瞭解，甚至像我這樣凡俗的人也瞭解的「理智直覺者」的宣示，所以，我還要說，這個哲學仍然難避免上述兩種錯誤之一。因爲，儘管它認爲主客同一，却沒有避免這兩個對立的錯誤，這是不可思議的，只是可在「理智上直覺的」。相反的，它把兩者結合在一起，因爲它分爲兩部份。第一是超越唯心論，這就是費希特關於自我的學說，這學說告訴我們，客體是由主體產生的，或是根據充足理由原則從主體演化而出的。第二是自然哲學，這種哲學告訴我們，主體是由客體一步一步慢慢產生的，產生的方法叫做「結構」(constructon)，它是根據充足理由原則不同形式而產生的一個過程。我否認那「結構」所包含的深刻智慧，由于我完全缺乏「理智的直覺」，所以，對我來說，以它爲先決條件的一切解釋永遠是莫名其妙的。說也奇怪，這種情形非常確實，因此，在這種深刻智慧的學說中，除了惡劣而令人討厭的大話以外，是無法發現別的東西。

從客體出發的思想系統，總是把整個知覺世界及其構造當作問題；然而，它們當作出發點的客體往往並非這整個知覺世界，也不是它的基本要素——物質。相反的，基於我們在引論中所說的四種可能對象，我們可以把這些思想系統分爲幾類。這樣一來，泰利斯（Thales）和愛奧尼克學派（Ionic school）、德模克里圖斯（Democritus）、伊壁鳩魯•白魯諾（Giordano

Bruno）和法國唯物論派，可以說是從第一類對象出發，卽從實在世界出發。斯賓諾莎（由于他對實體的看法，這種看法完全是抽象的，而且只存在他的定義中）和早期的伊里亞學派❾則從第二類對象出發，卽從抽象概念出發；畢達哥拉斯學派和中國哲學是從第三類對象出發，卽從時間出發，因而也是從「數」的觀念出發；最後，經院派則從第四類對象出發，經院派告訴我們一個無所不在的人格的意志活動，一種無中生有的創造，意志活動則爲知識所引導。

在所有從對象出發的哲學系統中，最能保持前後一貫的，最有發展的是唯物論哲學。唯物論認爲物質以及和物質分不開的時空是絕對存在的，並忽視所有物質、時間和空間唯一賴以存在的主體關係。然後，它把因果律當作指導原則或線索，認爲它是物的自存秩序（或排列），認爲它是永恆的眞理（veritas aeterna），因此沒有把悟性包括進去。其實因果關係只存在悟性之中，也只對悟性存在。它尋求物質最原始和最簡單的狀態，然後想從這種最簡單的物質狀態發展出其他一切；從單純的機械作用到化學活動、兩極性、植物和動物世界。如果我們假定這方面已完成了，那麼，這連鎖中的最後一環將是動物的感性——卽知識——因此，感性將表現爲由因果關係

❾ 伊里亞學派（Eleatics）係指色諾芬、巴門尼底斯及其他居住該地的哲學思想派別。

所產生的物質的一種變化或狀態。現在，如果我們已明白地看清唯物論思想的話，那麼當我們接觸到它的最高點時，將會突然感到無法抑制的好笑。好像從夢中醒來一樣，我們會立刻瞭解，它的最後結果——即它辛勤所獲得的知識，被假設爲它的出發點，爲物質不可或缺的條件。而當我們認爲自己在思想物質的時候，其實我們所想的只是知覺物質的主體；見到物質的眼睛，摸觸物質的手，認識物質的悟性。於是，「以待決問題爲論據」（petitio principii）的情形便不知不覺地表現出來了。因爲，突然間發現這最後的一環是出發點，這連鎖是循環的，而唯物論者，則像冒險家孟橋生⑩。當孟橋生騎在馬背上在水中游泳時，把馬腿倒伸在空中，他自己也用髮辮倒掛在空中。唯物論荒謬不合理的地方是它從客觀出發，並把客觀的東西當作解釋的最後根據，不管這客觀的東西是抽象的物質（當它被思想時）或是經驗所與（在它採取具體形相以後）——換句話說，或是實體即化學元素及其種種關係；它認爲這種東西絕對存在、獨立存在，以便從這種東西中演化出有機自然及認知的主體，並用這種東西來充分解釋有機自然和認知的主體。其實所有客觀的東西，早就透過各種認知方式以種種形式爲認知主體所決定，並以這些認知方式爲先決條件。最後，如果我們在思想中把主體拋棄，唯物論就會完全消失不見了。於是我們可以說，唯

⑩ 孟橋生（Karl Fridich Hieronymus Baron von Manchausen, 1720—1797），德國軍人及冒險家。

物論是想用我們間接所得的來解釋直接所得的。一切客觀、外延和活動的東西——換句話說即一切物質性的東西——唯物論認爲它的解釋提供了一堅固的基礎，因此它認爲把一切東西歸因于物的解釋，是不可能有何缺陷的（尤其是在最後分析中，這種簡化居然變爲活動和反應時爲然）。但是，我們曾說過，所有這些是間接得來的，是被決定的；因此，也只是相對表現的對象。因爲它經過大腦組織和結構，因而屬於空間、時間和因果關係的形式。由于大腦組織的關係，它首先表現爲空間中的外延和時間中的永遠活動。唯物論想根據這個間接所得的對象，來解釋直接所得的對象、表象（唯物論所根據的對象，只存在于這種表象中），甚至意志，所有在原因支配之下根據法則表現出來的基本力量，其實都要用意志來解釋的。對所謂思想乃物質變化的說法，我們也同樣可以提出相反的說法，即所有物質只是認知主體的變化，只是認知主體的觀念。然而，所有自然科學的目標和理想，根本都是唯物論。這裡，我們明白認爲這種思想系統的不可能。這產生了另一種眞理，這個眞理在我們解釋的過程中出現，告訴我們，通常所謂的科學，即我所謂充足理由原則支配之下的系統化知識，永遠無法達到它的目標，也不能提供一完整充分的解釋。因爲，它沒有涉及世界的內在本質，它無法超越表象之外。的確，它所告訴我們的，實際上不出某一表象和另一表象之間的關係。

「沒有主體時便有客體」，這句話是使一切唯物論永遠成爲不可能的原理。行星和恆星，如果沒有人類的眼睛去看它們，如果沒有悟性去認識它們，固可用文字去描述它們，但是對表象來說，這些文字是絕對沒有意義的。另一方面，因果律以及基於因果律對自然所作的討論和探索必然使我們得到一種結論，即認爲在時間過程中，每種比較高等的物質有機狀態都是從較低等的狀態而來。所以，低等動物先於人類存在，魚類先於陸上動物存在，植物先於魚類存在，無機物先於一切有機物而存在。因此，混沌的大塊必須經過一連串長久的變化，才能打破最初的渾沌。然而，整個世界的存在却永遠有賴于這最初打開的眼睛，即使是一隻昆蟲的眼睛。因爲這隻眼睛是產生知識的必需條件；整個世界只存在知識中，也只對知識存在。如果沒有知識，甚至連想像都不可能。世界完全是表象，因爲是表象，所以它的存在需要認知的主體作爲它的支持者。這個長遠的時間過程，充滿着無數的變化，在這個過程中，物質經過種種形式上的變化，直到最後，才產生第一個有知覺能力的動物——而這整個時間，也只有透過意識體才能想像。時間就是意識觀念的相續，就是意識認知的方式；離開意識體，時間的意義就全部失去，就根本不存在了。因此，一方面，我們看到世界的存在必然有賴于最初的意識體，不管這意識體如何低等；另方面，這意識體又必然地有賴于先它存在而本身僅是小小一環的長遠因果連鎖。這兩個相反的觀點，我們也可以說它是人類能力中的一種矛盾現象。客觀世界、表象世界，並不是世界唯一的一面，只是世界外在的一面；世界還有完全不同的另一面——內在本質的一面，它的中心：物自體。我們將在下卷中討論這一點，我們根據它最直接的客觀表現，稱它爲意志。但是，我們在本卷中唯一涉及的表象世界，只隨着第一隻眼睛的打開而出現。如果沒有這個知識的媒介，表象世界便不可能存在，因此，表象世界並非存在知識之先。但是，如果沒有那隻眼睛，換句話說，如果離開知識之外，也就沒有所謂「以前」，沒有所謂時間。因此，時間沒有起始，但所有起始都在時間之中。可是，由于它是可知者的最普遍形式，而一切現象都是透過因果關係連結在普遍形式中，所以時間及其無限的過去和未來出現在知識的起始中。我們必須認爲，「第一個現在」中充滿着的現象在因果關係上是和一連串現象聯在一起的，也是基於這一連串現象的，這一連串現象則無限地延伸到過去，而這過去本身也確是爲這第一個現在所限定，正如相反情形下這現在爲過去所限定一樣。因此，產生第一個現在的過去，也像它一樣，有賴于認知的主體；如果沒有認知主體，便沒有過去。不過，這第一個現在必定不會自己表現爲第一，只是表現爲時間的起始。相反的，根據時間中的存在原則，却表現爲過去的結果。同樣，根據因果律，這第一個現在中的現象則常顯示成爲過去時間中較早現象的一個結果。喜歡作神話式解釋的人可能把那最年輕的泰坦巨人柯羅諾斯（Kronos）的出生當作這裡所說的瞬間象徵，時間就出現于這一瞬間，雖然實際上並沒有起始；因爲，柯羅諾斯殺死了他的父親，所以，由于他，天地之間的原始產物沒有了，諸神和人類遂出現在世界舞臺上。

根據以對象爲出發點的哲學思想中最一貫的哲學思想，唯物論所得到的這個解釋，使我們明白了主體和客體的不可分離及相互倚恃，同時，也明白了兩者之間的必然對立性。這種認識使我們尋求世界的內在本質，尋求物自體，它不是構成表象的兩個要素之一，而是另一種與此完全不同的東西，這個東西不會受到上面所說那種根本而無法解決的矛盾所阻撓。

從客體出發的哲學思想，想從客體中引出主體，我們已經解釋過這種思想體系。和這種思想體系相反的，是從主體出發的思想體系，這種思想體系想從主體中引出客體。第一種體系在哲學史上經常出現，可是第二種體系，我們只發現一個例子，而且是最近的，那就是費希特的「現象哲學」（Philsoophy of apparance）。所以，在這方面，我們應該對它加以研究。這個學說並沒有多大眞實的價值或內在的意義；其實，大部份還是謬見，只是這個學說是以最熱誠的姿態提出來的，提出的人帶着昂揚的語調和昭烈的情懷，同時以最高的辯論技巧攻擊反對的人，以維護這個學說的立場，所以能够表現出光輝的外表，看起來好像有點內容。但是，維護眞理的眞正熱情永遠是不變的，是永遠不變的目標，也不受任何外來的影響，這種熱情費希特是完全沒有的，他像所有關心當時實際問題的哲學家一樣，關心着當時的問題。在他的處境下，的確也不得不如此。一個人之所以成爲哲學家，是因爲他爲某種問題所困擾，而他復能從這問題中擺脫出來。這就是柏拉圖所謂的驚奇，他稱這個爲一種很有思想性的情緒。但是，區別假哲學家和眞哲學家的標準卻在：後者的困擾起于對世界本身的觀感，而前者的困擾則來自擺在他面前的某一著作或某一哲學體系。費希特屬於假哲學家一類。他之所以成爲哲學家，是因爲康德關於物自體的學說；如果不是這個緣故，他很可能從事其他事業，也可能更有成就，因爲他的確具有修辭方面的才能。只要他稍微深入一點去了解那使他成爲哲學家的著作，卽「純粹理性批判」的意義，就會知道，關於人心方面，它的主要意旨就是這點。正如經院哲學所主張的，充足理由原則不是永恆的眞理——換句話說，充足理由原則，在這世界之前，在這世界之外，在這世界之上，並非有絕對的效力。充足理由原則是相對的和有限的，只適用于現象範圍，因此，可能是空間和時間的必需連結，或是因果法則，或是知識基礎的法則。在這個原則的支配之下，永遠不能發現世界的內在本質，永遠不能發現物自體；因爲，充足理由原則引導我們到達的，都不是獨立存在的，都是相對的，只是現象，不是物自體。並且，它與主體無關，只是客體的形式。因此，這些客體也不是物自體。主體必須與客體同時存在，客體也必須和主體同時存在；因此，主體和客體彼此之間不可能立于一種因果的關係中。但是，費希特根本沒有接受這一點。關於這個問題方面，使他發生興趣的是這個體系的從主體出發。現在康德選擇這個方法來顯示前此從客體出發的許多哲學體系的謬誤，這些哲學體系不但從客體出發，而且透過這些體系來看，還必須把客體當作自體。可是，費希特卻把這種從主體出發的情形看作眞正重要的事情，並且，自以爲比康德更進一步而凌駕康德之上。費希特的這個哲學思想，只有當作古老唯物論的反面表現，才能使我們對它發生興趣，否則便沒有一提的價值。因爲唯物論是從客體出發的所有哲學體系中最一貫的思想體系，而費希特思想則是從主體出發的一切思想體系中最一貫的思想體系。唯物論忽略了一個事實，就是，由于肯定了客體，便也假定了主體的存在。費希特也忽略了一個事實，就是，由于肯定主體的存在（不管他如何稱呼它）便也假定了客體的存在。因爲，離開客體，主體是無法相像的。此外，他忘記了，所有先天的演繹，即所有普遍性的證明，必定基於某種必然性，而所有必然性則基於充足理由原則；因爲，所謂必然，所謂遵從特定理由，是兩個可以互相調換的概念⓭。但充足理由原則正是這種對象的普遍形式。所以，充足理由原則是在客體中，但在客體之前和之外便不適用；它首先產生客體並使客體符合它的支配原則。我們發現，從主體出發的思想體系，和從上面所說客體出發的思想體系，含有同樣的錯誤，它是從假定它所希望演繹出來的東西開始，即是從它出發點的必然相關者開始。

我們思想體系所用的方法，和這兩個相反的錯誤完全不同，因爲我們既不從客體出發，也不從主體出發，而是從表象出發，把表象看作意識的第一個事實。它的主要基本形式是主客相對。

⓭ 關於這方面，見「論充足理由原則之四報」第四十九節。

客體的形式又是各種不同形式的充足理由原則。我們知道，這些形式中每個形式在其本身同類表象中佔絕對優勢；因此，當我們認識那支配各種表象的充足理由原則的特殊形式時，也認識了整個類的本質。因爲整類表象就是這充足理由原則的形式本身。所以，時間不是別的，就是其中的存在原則，即相續；空間不是別的，也就是其中的存在原則，即位置；物質也不是別的，就是因果關係；概念（立刻就要出現的）不是別的，只是對知識基礎的關係。我們以前說過，根據表象世界的普遍形式（主體和客體）以及根據普遍形式的形式（充足理由原則），表象世界的這種徹底和一貫相對性，使我們知道了，應該在與表象世界完全不同和完全分離的一面去尋求世界的內在本質。在本書第二卷中，我們將在一個事實中發現這一面；這個事實和表象一樣，是所有生物彼此直接接觸的。

但是，我們先要考慮只屬於人類的那一類表象。這些表象的內容是概念，而與主體相關的是理性，正如我們早已討論過的，表象的主體相關者是悟性和感性一樣，不過，悟性和感性也是所有低等動物所共同有的⑫。

8

⑫　補著第一部份的前面四章屬於以上七節。

正

如從太陽的直接光線到月亮的反射光線一樣，我們從直接知覺表象（直接知覺表象是獨立自存的）到反省思維，到理性的抽象演繹概念。理性抽象概念的內容來自知覺知識，也是與知覺知識相關的，只要我們繼續從事知覺活動，則一切都是明顯的、穩固的、確實的；既沒有問題，也沒有疑惑，也沒有錯誤。我們不想再進一步，也不能再進一步；我們依靠知覺活動，也安于現在。知覺是自足的，所以，純粹從知覺來的東西也是自足的，而且是永遠屬於知覺的；例如，眞正藝術永遠不會假，雖然經過長遠的時間，也永遠不可能被懷疑。因爲眞正藝術品所表現的不是意見而是事物本身。但是，對抽象知識來說，對理性來說，則在理論方面會出現懷疑和錯誤，在實際生活方面會出現憂慮和悲哀。在知覺表象中，錯覺時常取代眞相的地位。但是，在抽象思想範圍中，錯誤可能延續千百年之久，可能支配世界上的所有國家，可能擴及於人類最高尚的本能。同時，由于受它役使和欺騙的人所推動，可能束縛那些原先無法欺騙的人們。它是各時代最有智慧的人們所反對的敵人，只有他們戰勝這個敵人而得的結果，才是人類的收獲。所以，當我們一踏上這塊土地，就要立刻留心它。人們常常說，即使眞理中看不到實際效用，也應該遵循眞理，因爲，它可能有間接效用，這種間接效用可能出現在人類最不期待它的時候。我要加上一句話，就是：即使在某種錯誤中看不到任何有害之處，還是應該盡力發現和拔除錯誤。因爲它的害處可能是間接的，可能在我們不注意它的時候突然出現。而所有錯誤都有毒害。如果心靈使人類成為創造的主人，如果知識使人類成為創造的主人，那麼就不可能有無害的錯誤，更不會有值得尊重的錯誤。而對那些無時無刻不在獻身于克服錯誤的神聖戰鬥者的安慰而言，我不禁要說，只要眞理不見，錯誤就會出現，就像貓頭鷹和蝙蝠在夜間出現一樣。但是，我們寧願看到貓頭鷹和蝙蝠驅走東邊天際的太陽，也不願看到曾經為我們所認識和完全表達的眞理再度消失不見，而使過去的錯誤再次支配它的廣大王國。這是眞理的力量，它的征服是緩慢而費力的，但是，如果一旦獲得勝利，就永遠不會再被打倒。

我們現在所討論的表象，根據它們的構成，可以歸之時間、空間和物質，如果我們就客體方面考慮它們，或是就純粹感性和悟性（即因果關係的知識）方面考慮它們，如果我們就主體方面考慮它們，那麼，另一種知識能力便會出現在人類身上，這是一種完全新的意識，這種意識，可以稱為「反省思維」（reflection）。因為，事實上，它是從知覺知識而來，也是知覺知識反映出來的現象。但是，在根本上它却獲得一種完全不同的本質。知覺的種種形式不會影響它，對于它而言，甚至那支配一切客體的充足理由原則，也具有完全不同的一面。人類之所以能够思想而且使人類的意識與低等動物的意識完全不同，使他在這世上的行為與其他沒有理性的動物也完全不同，就是因為這種新意識的緣故，就是因為這種與知覺無關的理性概念中對所有屬於知覺者的抽象反射作用。人類的能力遠優于這些沒有理性作用的低等動物，人類的痛苦也多于它們。

它們只活於現在，但人類除了活在現在之外，還活在過去和未來。它們滿足當下的需要，人類却以最大的智慮爲將來作準備，而且爲那些不可卜知的未來日子作準備。它們完全依賴當前的印象，依賴可以覺察到的動機的結果；人類則常爲與現在無關的抽象概念所決定。所以，人類遵循預先決定的計劃，他的行爲基於某些準則，和他的環境及當前的偶然印象無關。例如，人類可以安詳地爲自己的死亡作準備，他可以隱藏過去，而把秘密帶到墳墓裏去；最後，他在許多動機中選擇某一動機。因爲，同時出現于意識中的這些動機，只有在抽象方式中，才能提供關於它們自身的知識，即其中一個動機排除其他動機並因而在其對意志的支配力方面相互調整。最佔優勢的動機，卽決定待解決問題的動機，是意志深思熟慮的決定因素，也是意志特性的確切表現。相反的，動物則決定于當前的印象，只有眼前威脅的恐懼才能抑制它的欲望；直到最後，這個恐懼習慣了，並且繼續決定它。這稱爲訓練。動物只能感覺和知覺。人除了感覺和知覺外，還能思想和認知；但兩者都有意欲活動。動物以姿態和聲音表達它的感情和傾向，人却用語言向別人傳達自己的思想，或者，如果他願意的話，他還可以隱藏自己的思想。語言是人類理性的第一個產物，也是必需的工具。所以，在希臘文和拉丁文中，語言和理性是用一個字來表示的；理性一字是從vernehmen（相當于一種理性能力的聽覺）引伸來的，它不是動詞「聽」的同義詞，而是對語言傳達的思想所具意義的意識。唯有透過語言的助力，理性才完成它最重要的功能——幾個人的聯合行動、許多人有計劃的合作、文明、國家；還有科學、經驗的儲藏、共同性質聯結于一個概念、眞理的傳達、錯誤的傳播、思想和詩歌、教理和迷信。動物在死的時候才認識死亡，但人類却在活着的時候已經無時無刻不知道自己在接近死亡。這種情形甚至使那不識人生這種不斷消滅的特性的人，也會感到生命並不是完美的。雖然我們不能確定，我們最贊許的人類行爲如自發的眞正行爲和高貴的情操是不是哲學或宗教的結果，然而，主要是由于上述理由，人類才產生哲學和宗教。我們可以說，各派哲學家的偉大驚人看法，與宗教教士的特殊甚至殘酷習慣不同，當然都是它們的結果，都是這方面理性的產物。

每個時代，每個國家，大家都有一個普遍的看法，就是，這些多方面成就都產生於一個普遍原則，都產生於那明顯屬於人類而叫做理性的那種特殊智力。此外，我們不難發現這個能力的種種表現，在理性表現與人類其他能力和性質不同的地方，不難分別什麼是合理的，什麼是不合理的，最後，我們不難指出，卽使最敏感的動物，由于缺乏理性的緣故，有些東西是無法從這些動物身上預期的。我們可以說，所有各時代的哲學家們，在這種一般性的理性知識方面，都是一樣的，同時，他們指出了理性知識一些非常重要的表現；諸如情緒和激情的控制，作結論和形成普遍原則的能力，甚至像一切先驗眞理等等。

悟性只有一個功能——卽因果關係的直接認識。但是，對實在世界的知覺以及一切常識、睿智和創造力，不管它們的應用如何五花八門，然而，很顯然的，都只是這個功能的不同表現。同樣，理性也只有一個功能；我們上述所說的一切使人生和其他動物生命具有別的理性的一切表現，都容易基於這個功能來解釋。運用這個功能或不運用這個功能，就是我時常說的合理或不合理⑬。

雖然概念和知覺表象根本不同，但是，概念却與知覺表象有着必然的關係，如果沒有這種關係，概念便不會存在。因此，這個關係構成概念的整個本質和存在。反省思維是表現最原始知覺世界的摹本或複製品，可是，却是一種內容完全不同的特殊摹本。因此，概念很可以稱爲表象的表象。這裏，充足理由原則也是一種特殊形式。現在我們已經知道，充足理由原則出現于某類表象中的形式，就其包含表表而言，往往構成並綜括了這類表象的整個本質。因此，時間完全是相續，沒有別的；空間完全是位置，沒有別的；物質完全是因果作用，沒有別的。同樣，概念的整個本質，或抽象觀念之類，只是充足理由原則在其中表現的關係。同時，由于這是對知識基礎的關係，所以，抽象觀念的整個本質便只是對另一觀念的關係，這是它的知識基礎。第一，的確，這可能是一個概念，一個抽象觀念，也可能只有一個同樣的抽象知識基礎；但許多知識基礎

⑬ 可將這一節和「論充足理由原則」第三版第26、27兩節比較。

的連鎖並不無限地擴延；最後，它一定會產生一個基於知覺知識的概念。因爲整個反省思維的世界建築在知覺世界之上，以知覺世界爲它認識的基礎。因此，在這方面，抽象觀念的類和其他類是不同的；在後者中，充足理由原則往往只需要一種對同類表象中另一觀念的關係，但在抽象觀念情形中，却需要對另一類中另一表象的關係。

正如我們剛才指出的，和知覺世界沒有直接關係只透過某一概念或幾個概念爲媒介的那些概念，被稱爲抽象概念，而那些直接基於知覺世界的概念，則被稱爲具體概念。但是，後一名稱只是概略地應用于那些用此名稱指謂的概念；因爲它們往往只是抽象概念，而不是知覺表象。第一種概念的例子，卽完全抽象概念的例子，我們可以指出「關係」、「美德」、「研究」、「起始」等等。第二種概念的例子，卽概略地稱爲具體概念的例子，我們可以指出「人」、「石」、「馬」等等。如果不嫌太生動因而太荒謬不合理的話，我們可以稱後者爲反省思維的基層建築，而稱前者爲反省思維的上層建築。

在性質上，理性是女性的，它只在「受」了以後才能「給」。從它本身來看，它一無所有，只是一種作用的空洞形式。除了我所歸屬於邏輯眞理的四個原則之外，沒有絕對的純粹合理知識；同一律，矛盾律，排中律和知識的充分理由。因爲，卽使邏輯的其餘部份也不是絕對的純粹合理知識。它以各種概念的種種關係和結合爲先決條件。但是，一般概念只存在經驗知覺表象之後，同時，由于它們的整個本質完全是它們和知覺表象的關係，所以，顯然的它們需以知覺表象爲先決條件。不過，不必先假設特殊內容，只假設一般內容的存在就够了。所以，從整個看來，邏輯可以看作純粹理性科學。在所有其他科學中，理性從知覺表象中獲得內容，數學從表現于一切經驗之前的直覺或知覺中、空間和時間的種種關係中獲得內容，在純粹自然科學中，即我們所謂先于任何經驗的自然過程中，科學的內容來自純粹悟性，即來自因果法則及其與空間、時間的純粹直覺或知覺之關聯的先天知識。在其他所有科學中，凡不是產生剛才所說那些起源中的一切東西，都屬於經驗。一般說來，所謂合理認識就是藉心靈能力（並能隨意重複產生）產生判斷，而這種判斷的充足知識基礎是本身以外的東西，即眞實的東西。因此，只有抽象的認識才是理性知識，所以，它是理性的結果。因此，我們不能確切地說低等動物也能合理認識任何事物，即使它們能認識知覺中表現出來的東西，即使它們對這東西能有記憶力，即使它們也有想像力。我們說它們有意識，雖然這個字來自動詞的「合理認識」，但意識概念總和任何一種表象符合。因此，我們說植物有生命，但沒有意識。所以，理性知識是抽象意識，是理性概念中永久具有的，是用另一種方式來認知東西的概念中永久具有的。

12

因此，理性知識是一切抽象知識——是理性所特有而與悟性不同的知識。現在，對知識來說，由于理性只複製那以另一方式獲得的東西，所以，實際上，它並沒有擴充我們的知識，只是給予另一種形式而已。它可以使我們以抽象方式概括地認識原先以具體方式在感官知覺中所認識的東西。但是，這一點，比初看時重要得多。因爲它完全基於一個事實，就是，知識已變爲理性或抽象的，它可以保留下來，它可以傳給別人並可加以廣泛的應用於實際事物上。感官知覺形式的知識只適用于特例，只涉及最接近的東西。而到現在爲止，因爲感性和悟性在同一時間內，只能了解一個對象；因此所有持久的，經過安排的和有計劃的活動，必定來自種種原則——即來自抽象知識，也必定依據這些原則而實行。例如，由悟性得到的因果關係的知識，比任何可用抽象方式來思考的東西完整得多、深刻得多，也澈底得多。只有悟性才在知覺中直接而完整地認識槓桿、滑輪或齒輪效果的本質，才認識拱門的固定不移等等。但是，由于我們剛才所說到的知覺知識的特殊性，它只能用到直接表現的東西上面；單純悟性永遠不能使我們建造機器或房子。這裏，理性必須拿抽象概念來代替知覺表象，並把抽象概念作爲活動的指針；如果它們正確無誤的話，預期的結果就會出現。同樣，在對拋物線、雙曲線和螺線的本質及構造的純粹知覺中，我們也具有完整的知識。但是，如果我們想把這個知識加以實際的應用，就必須先變成抽象知識，由此，一定會失去它的直覺或知覺性；但在另一方面，却獲得了作爲抽象知識的確定性和精確性。微積分實際上沒有擴充我們關於曲線的知識，它所包含的都是早已在這曲線的純粹知覺中的。但是，它改變知識的種類，它把直覺改變爲抽象知識；這種抽象知識對應用方面是相當重要的。

概念有一種性質，由于這種性質、概念便好像鑲嵌的石塊；由于這種性質、知覺永遠和它們近似。這種性質就是使概念不能在藝術中創造好作品的理由。如果歌唱家或音樂名家想拿反省的思維來指導自己的表演，他會永遠唱不出來。這種情形對作家、畫家和詩人也一樣。在藝術中，概念永遠得不到結果；概念只能在技術方面指導藝術，這方面是屬於科學的。我們將在第三卷中更詳細地討論爲什麼所有眞正藝術都是從感性知識而決非從概念而來的原因。其實，關於人類行爲方面也是一樣，在壓制自私和獸性的顯著表現方面，概念只有消極的價值；所以，文雅的態度是它良好的產物。但是，行爲方面一切動人的、仁慈的、可愛的表現，一切親切和友誼，必非來自概念；因爲，如果來自概念的話，「我們就覺得是故意的，便不正確了」。所有假裝都是反省思維的結果，但是，它不能經常保持而無間斷。辛尼加（Seneca）在他的著作論美德中說「沒有人可以永遠戴着面具，矯飾總會露出馬脚」。通常，我們也發現如此。當人類爲生活所迫，需要立卽的結論、大膽的行動、迅速和確實的了解時，理性是需要的；但是，如果理性占優勢，便容易破壞其他一切。同時，由于困惑混亂，理性會阻礙直覺的、直接的發現以及藉單純悟性的正確把握；因此，也將引起躊躇不定。

最後，美德和神聖不是從反省思維而來，而是從意志的深處來的，也是從意志對知識的關係來的。關於這方面的說明屬於本書另一部份。不過，這裡我可以說，有關倫理學的信條，在世界所有國家所有人類的理性中，都是一樣的，但每個人的行動則不一樣。反之，亦是如此；我們認爲，行動是受感情支配——換句話說，行動不受概念支配，只受倫理的性格支配。信條佔住無益的理性。但行動最後却循着它自身的路線，與信條毫無關係；一般地說，不是根據抽象的規則，而是根據非言說的格言，這種格言的表現就是整個人本身。所以，不管各個國家宗教信條如何不同，然而，在所有國家中，良善行動總會跟隨着無法形容的滿足；而邪惡行動之後，總是跟隨着無限悔恨。任何嘲笑無法使前者動搖，任何敎士的赦罪也無法從後者解脫。儘管如此，我們必須承認，爲了追求德行的生活，理性的應用還是需要的；理性不是德行生活的淵源，而只有附屬的功用——就是，保持已作的決心，提供支持脆弱的格言，並使行動前後一致。在藝術中，概念所擔任的角色也是一樣，和它的主要內容也沒有多大關係，只有助于藝術品的完成，因爲天才不會隨時產生的，然而必須各部份都完成而成爲一整體。

至於各種科學的內容，事實上，往往是世上種種現象彼此之間的關係，也就是根據充足理由原則在「爲什麼」三個字的意義之下種種現象彼此之間的關係。這種關係只在充足理由原則之下才有意義和效力。平常我們所謂的「解釋」（Explanation）就是建立在這個關係上。所以，除了在充足理由原則（這個原則支配這裡所說的兩個表象所屬的同類表象）特有關係中顯示的兩個表象以外，「解釋」永遠無法有更進一步的表示。如果我們這樣做，就不能再問自己爲什麼。因爲，我們所證明的關係就是那個絕對無法想像爲別的關係的關係；換句話說，它是一切知識的形式。所以，我們不問爲什麼二加二等於四，或爲什麼三角形中三個角的相等決定三個邊的相等，或爲什麼結果隨着既定的原因而來，或爲什麼結論的眞顯然由于前提的眞。凡是沒有達到一種不能再需要任何「理由」（why）的關係的解釋，都只達到一個被認識的 qualitas occulta。但是，這是每一原始自然力量的特性。自然科學中每一解釋的最後結果都是這種 qualitas occulta，因此也是晦澀不明的。它必定不會解釋一塊石頭的內在本性，正如不會解釋人類的本性一樣；它無法說明前者的重量、內聚力、化學性質等，正如無法說明後者的認知能力和行動一樣。例如，重量是一種玄奧的性質，因爲，它是不能用思想來解決的，也不是必然從知識的形式而來。反之，惰性法則的情形便不同，因爲它是隨因果法則而來；因此，根據那個法則，便對它加以充分地解釋了。有兩種東西是完全無法解釋的——換句話說，也就是最後無法達到充足理由原則所表示的關係。這兩種東西是：第一、四種形式的充足理由原則，因爲它本身是所有解釋的原則，只有和這原則有關時，「解釋」才有意義；第二、這原則沒有被涉及到，然而却爲一切現象最初根源的東西；卽物自體有關的知識是不服從充足理由原則的。目前，我們不必了解物自體，因爲，只有透過下卷的討論才能認識物自體是什麼。在下卷中，我們將繼續討論各種科學的可能成就。但是，由于自然科學及其他一切對萬物的解釋不會超越某一界限，甚至這解釋的原則卽充足理由原則也不能超越某一界限，因而自然科學及其他一切科學對許多現象都無法解釋。於是，哲學便接替科學的工作，並且用本身特有的方法來處理它們；這種方法和科學的方法完全不同。我們說過，藉這個線索而得到的每一解釋只是相對的，它在彼此的關係上解釋了許多現象，但是，却永遠沒有解釋某些確爲先決條件的東西。例如，在數學中，這個沒有解釋到的東西是空間和時間；在機械學、物理學和化學中是物質、各種性質、自然的原始力量和法則；在植物學和動物學中，是種屬的差別和生命本身；在歷史學中，是人種及其一切思想和意志的屬性。在所有這些科學中，充足理由原則的形式，是每種科學都可以應用的。只有哲學不以任何所知的東西爲先決條件；把一切東西都看作外在的，把一切東西都當作問題看待。這裡所謂一切東西不但包括現象之間的關係，而且包括現象本身，甚至包括其他科學用來解釋一切東西的充足理由原則。在哲學中，用這種說明是不會得到任何結果的，正如一系列中一份子和另一份子一樣，都和它沒有關係；並且，對哲學來說，那種關聯與它所聯結在一起的東西，都是一種問題，而後者在其聯結被解釋以前和以後，也都是問題。因爲，我們曾經說過，科學所假設的以及當作所作解釋之基礎和限制的，正是哲學的問題，也特別是哲學的問題。所以，我們可以說，在科學停止的地方，便是哲學開始的地方。它不能建立在種種證明上面，因爲它們從旣知的原則達到未知的原則；但是，對哲學來說，一切東西都是未知的和外在的。沒有任何原則可以解釋世界及其所有現象最初產生的原因，所以，不可能像斯賓諾莎所希望的那樣，去建立一種證明「居先肯定原則」的哲學。哲學是最普遍的理性知識，因此，哲學的原則不能從另一更普遍的原則中得來。矛盾原則只建立概念之間的一致，但它本身却不產生概念。充足理由原則解釋現象之間的關聯，但並不解釋現象本身；所以，哲學不能基於這些原則去尋求關於整個世界的「生成因」或「終結因」。至少，我的哲學不以任何方式期望認識這世界存在的原因或理由，只想認識這世界的本相。但是在這裡，理由或原因附屬于實相，卽「爲什麼」附屬于「什麼」，因爲它早已屬於這個世界，只有透過它種種現象的形式，卽只有透過充足理由原則，它才會產生、才有意義和效力。其實，我們可以說，每個人都可以無需幫助而認識世界是什麼，因爲他自已是知識的主體，而世界只是知識的表象。

至此我們可以知道，這是眞實的。但是，那種知識是經驗的，是具體的；哲學的任務是以抽象方式重新產生這種知識，是把不斷變化的知覺和感覺這個廣泛概念下所包含的，以及只消極地解釋爲非抽象，把顯明和合理知識的一切東西，變爲永久的合理知識。所以，它必須含有抽象的陳述，必須含有關於整個世界之本性的解釋，必須包含整體，也必須包含所有各部份。因此，爲了使自身不至消失在特殊判斷的無限雜多性中，它必須運用抽象作用，並用普遍共相來思考一切個別的東西，也用普遍共相來思考一切個別東西之間的區別。所以，它必須一方面是分開的，另方面又是聯合的，以便藉抽象概念，根據自身本性所了解的整個世界的摹本，表現于合理知識之前。哲學以抽象概念決定世界的本性，透過這些概念，必定認識一切個體和普遍共相；所以，關於兩者的知識，必定緊密地連在一起。從事哲學思維的能力就是柏拉圖所謂的能够獲得「多中之一」的知識和「一中之多」的知識。所以，哲學將是普遍判斷的總和，它的知識基礎是整個世界本身，沒有一樣是例外的，也包括將在人類意識中發現的一切東西；它好像是用抽象概念對這世界所作的一種完整的概述，一種反省的思維，而這種反省思維，只有把某一概念之下相同的東西聯結起來，把不同東西歸于另一類時，才可能產生。

正因爲世界各方面和各部份屬於同一整體，所以各部份和各方面彼此之間具有一致性，這種一致性也必定發現于它的抽象的摹本中。所以，在某個範圍以內，這整體系統中的種種判斷，可以從彼此中推演出來，實際上也往往是如此相互推演的。然而，要能產生第一個判斷，它們必須整個地出現于對世界的具體知識中，因而比它先包含在這種具體知識中，正如所有直接證明比間接證明更爲確定一樣；它們彼此之間有着一致性。由于這種一致性，它們共同結合在同一思想之下。這種一致性來自知覺世界本身的一致性和統一性，是它們共同的知識基礎。所以，我們不必運用這種一致性來建立知覺世界的一致性和統一性，不要把它看作先于它們的東西，只是加以用來肯定它們的眞實性。這個問題，只有等到解決時，才會明白。

與低等動物不同的人類，由于理性的關係，其對整個生命所具有的多方面的觀點，可以和他現實生活之幾何的、無趣的、抽象的、簡單的計劃相比。所以，他和低等動物的關係，就像航海者和沒有受過教育的水手之間的關係，前者藉航海圖、羅盤和四分儀之助，可以隨時隨地正確地知道自己的航線和海上的位置，而後者只看到波浪和天際。因此，値得注意的和奇妙的是，除了具體的生活以外，人類如何時常過着另一種抽象生活。在前一種生活中，人是現實生活中暴風雨的犧牲品，也是眼前勢力的犧牲品；他必須奮鬪、受苦，然後像動物一樣死去。然而，他的抽象生命，因爲面對自己的理性自覺，所以是前者靜寂的反省思維；我們所參考的，就是那簡單的圖形或計劃。在這安靜思慮的範圍中，他覺得，過去澈底支配他並强烈影響他的，是冷漠無趣的東西，同時，目前也是和他無關的；他只是旁觀者。關於這種從現實生活退到反省思維中的情形，可以和演員相比；演員曾在舞臺上扮演一個角色，也置身在觀衆之中直到他要重新走上舞臺爲止，他靜靜地觀察，看看有什麼事情要發生，卽使是迎接自己的死亡，但是，後來，他再度走上舞臺，在那裡活動、受苦，就像他所必需做的一樣。從這種雙重生活中，產生了人類所特有的恬靜，和動物的無思無慮完全不同；由于這種恬靜，根據以往的反省思維或旣定的決意或公認的必然性，人在冷漠心情之下遭遇或完成他們認爲最重要或非常重要的東西：自殺、死刑、決鬪、一切危及生命的事業，總之，他的整個動物本性所反抗的東西。在這種環境之下，我們看到理性支配動物性到什麼程度，而我們對强者說：你眞是鐵石心腸（依里亞德II 24, 521）。這裡，我們眞可以說，理性在實際中表現出來，因此，在行動受理性指導的地方，動機便是抽象的概念；在我們不爲特殊知覺表象決定，也不爲支配動物的一時印象決定的地方，實踐理性便表現出來。

斯多噶哲學中所說的理想，是眞正意義下實踐理性的最完美發展，這是人類運用自己理性所能達到的最高峯。這裡，他和動物之間的差別，表現得最明顯。因爲，從根本上說，斯多噶倫理學不是道德學說，只是達到理性生活的指導，它的目的是透過內心的平靜而達到幸福的生活。其中所表現的道德行爲，好像只是偶然的，不是目的，只是手段。所以，斯多噶的道德理論，在其整個本質和觀點上看，與那些直接重視德行本身的倫理體系如吠陀的倫理學說、柏拉圖、基督教和康德的倫理學說，是根本不同的。然而，斯多噶哲學卻告訴我們、只有透過內心的平和與精神的寧靜才能確實達到幸福生活，而內心平和與精神寧靜又只能透過德行才能達到；這是所謂「德行乃最高的善」的眞義。但是，如果目的漸漸消失于手段之中，同時以一種與幸福生活過于矛盾，因而表示對自己幸福生活完全不同的興趣的方式來諄諄教誨德行；那麼，這正是上面所說的那些矛盾之一，即在任何體系中，由于這些矛盾、那直接所知或所謂被感覺的眞理，使我們回到那違反三段論推理的方法。例如，我們在斯賓諾莎倫理學中明顯看到的，斯賓諾莎倫理學用顯明的詭辯從自我中心的功利主義推演出一套純粹道德學說。正如我對斯多噶倫理學的精神所了解的，根據這個說法，它們的根源在下述問題，卽人類的偉大特權亦卽藉有計劃的行動及其結果而使生活及其負擔獲得大大解放的理性，也不能直接使他解除生命中充滿着的種種想像和不幸。換句話說，也不能藉單純知識而完全地或近乎完全地解除生命中充滿着的悲傷和不幸。與理性同來藉理性了解和思想無限事物和環境的本性，由于現在和短暫不定人生中所包含的偶然事故，竟然遭受像來自强烈欲望和憎惡的那種劇痛、那種焦慮和痛苦，他們認爲這和理性的特權不相符；同時，他們認爲，理性的適當應用應該使人類超越它們之上並使他們無懈可擊。所以，雅典哲學家安蒂斯玆尼斯（Antisthenes）說：（如不領悟、便只好上吊）就是說，生命充滿了煩惱。因此，我們必須藉正確的思想來超越生命之上，或是脫離生命。我們知道，需要和痛苦並非必然直接來自缺乏，而是來自希望獲得而沒有獲得；所以，這種希望有所得的欲望、是唯一使「未得」成爲缺陷而產生痛苦的必然條件。人類也從經驗中瞭解，只有對某種需求的東西抱着期望時，才會產生欲望和滋長欲望。所以，人類所共有的許多無法避免的災禍以及無法獲得的幸福，都不會使我們不安或煩惱，只有那些東西中多少屬於無關重要又是我們能够避免或獲得的東西，才會使我們不安或煩惱；其實，不但是絕對無法避免或獲得的東西，完全不會使我們受到困擾，而且那些只相對地無法避免或獲得的東西，也是如此。所以，曾經和我們個性連在一起的不幸或我們必然得不到的幸事，都是等量齊觀的、符合人性特徵的，亦即如果不是因希望而培養，則每一欲望會很快消失，不能再產生痛苦的。從這些話，我們可以知道，幸福快樂往往是和我們的要求與得到的東西之間成比例；不論量的大小如何，都是一樣的；而比例的確立，可以藉減少前者的數量，也可以藉增加後者的數量來決定。同樣，我們也可以說，一切痛苦都是由于我們所要求、所期望的東西和實際得到的東西之間的不成比例。現在，這種不成比例顯然只在知識方面；透過更完滿的識見，是可以完全消除這種缺陷的。所以，克里西帕斯（Chrysippus）說：人活在這個世界上，應該適當了解世上萬物的短暫性。因爲，每當人們失去自制力，受不幸打擊或生氣、膽怯時，他便時常覺得，他所發現的事情和他所期望的不一樣；他陷入錯誤之中，不認識世界和生命，不知道個人的意志到處爲無生命的機遇與目的的敵對以及他人所阻擾。所以，他或是不曾運用自己的理性獲得有關生命這種特徵的一般知識，或是缺乏判斷力。這裏，他沒有在特殊具體事物中認識自己普遍所知的，因此而感到吃驚，而失去自己的自制力。所有深深感到的快樂都是錯誤和幻想。因爲，任何達到的希望，都不能維持長久的滿足；而且，一切所得和快樂都是偶然得來的，能夠維持多久也不一定，可能下個小時又失去了。所有的痛苦都由於這種幻想的消逝；兩者都是來自有缺陷的知識。所以，有智慧的人遠離歡樂和憂愁，任何事情都不能擾亂他的心情。

事實上，從整個看來，斯多噶哲學的倫理體系是一種很有價值而值得重視的規劃，運用人類偉大的特權理性來達到一種重要而有益的目的，藉下述格言使人類超越一切生命所面對的痛苦不幸⑭：

因此，使他充分享有和其他動物不同的理性動物所具有的尊嚴。雖然在其他意義下，我們無法談到這種尊嚴，然而，在這個意義之下是可以談到的。由于我對斯多噶哲學倫理體系的看法，所以，這一點要在本書中討論「理性是什麼以及能做什麼」那部份來加以解釋。但是，在某種範圍以內，透過理性的運用，透過純粹合理的倫理學體系，也許可以達到這個目的；雖然經驗告訴我們，最幸福的人往往是那些所謂實踐哲學家的純粹合乎理性的人們——理論哲學家把生活概念化，而他們却把概念生活化——然而，實際情形並非如此；這種方式無法達到完美之境，而適當運用的理性實際上也無法使我們解脫生活的負擔和憂愁，而達到幸福之境。相反的，如果你想活下去而沒有痛苦的話，這裏面包含絕對的矛盾，而這種矛盾也包含在一般所謂的「幸福生活」

⑭ 如果你想知道怎樣安靜地過日子，不要讓貪慾來騷擾你和刺激你，不要恐懼，也不要希求平常的財富。

這個名詞中。凡是了解下面所解釋的人，就會完全明白這一點。因此，在這個純粹合理的倫理體系中，就顯示出這個矛盾。所以，斯多噶學派哲學家不得不在他們有關達到幸福生活（因爲那是他們倫理體系經常保持的）之道的理論中加上自殺之道（正如東方專制君主的華麗服飾中往往藏着貴重的毒藥瓶子一般）。當那無法藉任何原則或三段式推理而以哲學思想來排遣的肉體痛苦達到極點且無法挽救時，便以自殺來解決。斯多噶學派的唯一目的即追求幸福生活，便終歸無效了；除了死亡以外，沒有其他方法來避免痛苦。在這種情形下，死亡必然是自願接受的；正如我們自願接受任何其他醫治方法一樣。在這裏，我們便在斯多噶哲學的倫理體系和上面所說的那些倫理體系之間，發現了一顯著的對立情形。因爲上面所說的那些倫理體系直接以德行本身爲目的，也不允許人類爲了避免痛苦而結束自己的生命。可是，在這些倫理體系中，沒有一個體系可以提出反對自殺的眞正理由，他們只是盡力從各面搜集虛假的解釋。眞正的理由將在本書第四部份中提出來。雖然斯多噶哲學（只是一種特殊形式的幸福說）和上面所說的其他倫理體系結果是一樣的，顯然也彼此相關，然而，前面所說的兩者之間的對立情形，却顯示並確立兩者在基本原則上的根本不同。上面所提到的那個內在矛盾，即斯多噶哲學倫理體系在基本思想上甚至也受其影響的那個內在矛盾，更在下述情況之下顯示出來，即斯多噶哲學的理想，亦即斯多噶哲學所表示的斯多噶哲學家，永遠無法獲得生命或內在的眞實性（poetri truth），只是呆滯的人體模型，只是無法產生任何東西的人體模型。他不能運用自己的智慧，而他內心的完全平和、滿足和幸福也直接和人性矛盾，並且使我們對他不能形成任何具體明確的觀念。和斯多噶哲學家比起來，那些征服世界的人以及印度哲學中所描寫的和實際產生的自願隱者顯得多麼不同；或者說，基督教的聖者，那種充滿着強烈生命、充滿着最大眞實性和最大意義的特殊者，雖然處在極度痛苦之下，却以完美的德行、神聖和崇高的姿態出現在我們面前。和斯多噶哲學家比起來，這種人顯得多麼的不同！

卷二　意志世界

第一方面

意志的客觀化

二

17

在第一卷中，我們只把表象看作表象，換句話說，就是透過表象的一般形式來看表象本身。的確，雖僅是透過抽象觀念或概念來看，我們在表象的內容方面，也可獲得了與其有關的知識。因爲，只有在知覺表象方面，它本身才具有內容和意義，如果沒有知覺表象，它便是空洞和沒有價值的。因此，我們的注意力集中于知覺表象，目的在於想獲得知覺表象的內容、精確定義以及它所表現出來形式方面的知識。知覺表象會使我們特別想要尋找關於它的特殊意義的解釋。如果不是這樣，這種特殊意義便只能被感覺到，而不能得到解釋。但是，由于它具有這種特殊意義，才不會使人覺得這些印象情景是完全生疏和沒有意義的；像在不同情形下所表現的一樣。相反的，它們會直接顯現在我們面前，同時爲我們所了解。

我們之所以留意數學、自然科學和哲學，因爲這些學問使我們抱有一種希望，希望它們帶給我們如自己所期望的一部份解釋。首先，讓我們看看哲學，則我們會覺得，哲學好像一種多頭怪物，每個頭都說出一種不同的語言。的確，在我們現在所討論的問題方面，亦即在知覺表象的意義方面，它們並不是完全不同的。因爲，除了懷疑主義者和唯心論者以外，其他大部份人們，在構成表象的基礎以及在整個存在和本質上與表象不同的外物方面，看法大多是一致的。但是，這對我們並無幫助，因爲我們根本不能區別這個外物和表象。我們發現，它們是一而二、二而一的；因爲所有外物總是以主體爲先決條件，所以，仍然是表象。因此，我們發現客觀性乃是屬於表象的最普遍形式，即主客的分立。我們拿來支持這個學說的充足理由原則，對我們來說，只是觀念的形式，只是一個表象與另一表象有規則的結合，但不是整個有限或無限表象系列和某種根本非屬表象因而無法在知覺中表現出來的東西的結合。上面我們所說到的懷疑主義者和唯心論者，他們所爭論的只是外在世界的實在性問題。

如果我們轉向數學中去尋求我們對知覺表象所期望的更完備的知識（到現在爲止，我們對數學所了解的，只是一般性的，只是它的形式），便會發現，只有當這些表象佔住時間和空間時，換句話說，只有當這些表象屬於量的範圍時，數學才討論它們。數學會以最大的精確性告訴我們量的多寡，但由于量的多少往往只是相對的，換句話說，只是一個表象和其他許多表象的比較，而且只是在量方面的比較，因此，這也不是我們主要追求的知識。

最後，如果我們轉向廣泛的自然科學範圍（自然科學分爲許多領域），首先，我們可以把自然科學大別爲兩大部份：或是對形式的描述，或是對變化的解釋。前者我稱爲形態論（Marphology），後者我稱爲病源論（Etiology）。前者討論永恒的形式，後者討論變化的物質，亦卽根據物質從一種形式轉變爲另一種形式的法則來討論變化的物質。前者是一般所謂自然史的整個範圍。它告訴我們個體不斷變化中各種永恒的、有機的，以及確定的形式，尤其是植物學和動物學，而這些形式構成知覺表象的大部份內容。在自然史中，根據自然和人爲系統，把它們加以歸類、劃分、結合和安排，並且把它們置于那些對它們作一般性觀察並產生有關它們全體知識的概念之下。而且，在這些形式的全體和部份兩方面建立一個非常完滿的類比以貫穿全體。因此，在一非特定的題目上它們將可以和無數變化作比較。物質變爲這些形式的經過，換句話說，卽個體的原始，並非自然科學中的特別部份；因爲，每一個體都是由于生殖關係從同類產生出來的。這種生殖關係是一普遍的神秘，到現在爲止，還沒有成爲確定的知識。在生理學中，關於這個問題，我們只認識了一少部份，這少部份屬於我們所謂病源論的那一類自然科學。雖然鑛物學主要是屬於形態論方面的，可是，也有趨於病源論的傾向，尤其當鑛物學成爲地質學時爲然。病源論本身包括所有重視原因和知識的自然科學。這些科學，根據不變的法則，告訴我們，物質的某種狀況如何必然地產生其他狀況，某種變化如何必然地限制和產生其他變化；這種學問稱爲「解釋」（explanaton）。這一部份中的主要科學是機械學、物理學、化學和生理學。

可是，如果我們仔細考察一下這門學問，立刻就會知道，病源論無法供給我們所要求的知識；和形態論一樣，不會比形態論更能滿足我們的基本願望。後者告訴我們無數不同的形式，這些形式由于類似關係而彼此相關。對我們來說，這些就是表象，而當我們只以這種方式討論它們時，就永遠無法認識它們，我們會永遠覺得它們像象形文字寫成的文章一樣，無法了解。另一方面，病源論則告訴我們，根據因果法則，物質的某一特殊狀況產生其他特殊狀況，這樣，病源論似已對物質作了某種解釋並已完成了它的任務。其實，它也並沒有做什麼，只是指出一種有規則的排列，物質的種種狀態遂根據這種排列在空間和時間中表現出來，並在一切情形下告訴我們，在特定時間和特定空間中必然會產生什麼現象。於是，它根據某種法則決定現象在時間和空間中的位置，這種法則的特殊內容是從經驗中獲得的，但是，我們覺得它的普遍形式和必然性仍然是獨立于經驗之外的，而它根本沒有提供我們關於這些現象中任一現象內在本質方面的知識。吾人稱此爲自然力，這種自然力是無法用因果關係解釋的，它稱這種經常的一致性（每當它們被知的情況表現出來時，這種自然力便顯現出來）爲自然律。但是，這個自然律，這些情況以及特定空間和時間中的此一現象，都是這樣的：即它在認知或永遠能夠認知。自動顯示出來的勢力，根據這些法則而表現出來的這些現象的內在本質，是它永遠無法知道的，是在最單純情形下完全陌生和未知的東西。到現在爲止，雖然病源論在機械學方面已徹底完成了它的目的，可是，在生理學方面卻完成得最少。然而，解釋石頭落地的力量和某個物體排斥另一物體的情形一樣，在內在本質方面，是和促使動物活動及生長的原因同樣的陌生和不可思議。機械學先要假設物質、重量，不可入性、藉衝力而傳達運動的可能性、隋性等爲基本事實，稱它們爲自然力，在某種情形下它們必然而有規則的出現則稱爲自然律。只有經過這樣之後，它的解釋才開始，才完全是眞實地以數學精確性指出每一力量如何表現出來，在什麼地方、什麼時候表現出來，才完全是把一切表現出來的現象歸之于這些力量當中某一力量的作用。物理學、化學和生理學也以同樣方式在其各自範圍內進行，只是它們的假設比較多而完成的却比較少而已。因此，對整個自然作徹底的病源論解釋，永遠只是列擧那些無法解釋的力量，以及對法則的可靠陳述，而萬有現象就是根據這法則出現于時間和空間中，繼續存在以及彼此相生的。但是，這樣表現出來的力量的內在本質，仍然是沒有得到解釋。因爲這種解釋法只限于現象及現象的排列，它所遵循的法則缺乏了擴充。在這方面，它可以和大理石相比。大理石上有許多紋路，一條傍着一條，但是，却不能從大理石的內部去迹尋出它的紋路。或者，如果可以使用一個荒謬但更顯著的比較的話，我們可以說，哲學的探索者對整個自然的徹底病源論解釋，就有下面所說這人的同樣感覺：這人，不知爲了什麼原因，被帶入一羣自己不認識的人當中，這羣人中每人輪流向他介紹另一人，說是他的朋友和親戚，因此，也都是很熟的。可是，這人自己呢？每當被介紹的時候，都表示出高興的樣子，然而嘴裡總是說：「在這羣人中，我究竟算得上那一號人物呢？」

因此，我們知道，在只當作自己觀念的現象方面，病源論決不能給我們帶來更進一步的知識。因爲，儘管它作了種種解釋，然而，對我們來說，仍然是陌生的，仍然只是表象，我們不了解它們的意義。因果關係只能告訴我們經常發生的慣例以及因果在時空中出現的相對次序，並不能帶給我們有關何以如此出現的更進一步的知識。而且，因果律本身也只能適用于觀念，也只能適用于某類特定客體，只有當它以特定客體爲先條決件時，才有意義。因此，像這些客體一樣，它的存在往往只涉及主體，換句話說，是有條件的，如果我們從主體出發，也可以同樣地認識它，換句話說，如果我們以先天的方式，也可以同樣地認識它，就像從客體或後天的方式一樣。事實上，康德就是教我們這樣做的。

但是，現在促使我們從事探索的原因，是下面所說的情形，我們不甘心只知道自己具有這種觀念，只知道它們是如此如此的一種表象，以及根據某些法則而彼此相關，也不甘心只知道它們的普遍表現即是充足理由原則。我們希望知道這些表象的意義，我們想知道這個世界是否只是表象，在這種情形下，我們會把它看成像空虛的夢幻或無端的幻想一樣，是不值得注意的。我們想知道是否還有別的東西，是否還有表象以外的東西；如果有的話，是什麼？因此，我們可以斷定，我們所追求的這種東西，在整個本質上，必定和表象完全不同，所以，表象的形式和法則必定與它完全無關。並且，我們不能在那些只連結客體、觀念並成爲充足理由原則之形式的種種法則引導之下從表象來了解它。

我們早已知道，我們永遠不能從外面了解萬物的眞正本質。不論我們如何研究，除了名相之外，永遠不能了解其他任何東西。我們好像一個繞着堡壘行走的人，有時候雖能繪出堡壘的正面，却不得其門而入。然而，這却是在我之前所有哲學遵循的方法。

18

事實上，如果探求者本身只是純粹認知主體（有翅膀而無身體的天使）的話，那麼，對那種只表現爲表象世界所尋求的意義，或對認知主體的觀念世界轉變爲表象世界以外其他可能世界所尋求的意義，就將永遠尋求不到。但是，他本身存在這個世界却是根深蒂固，而成爲這個世界中的一個個體，換句話說，他的知識（這是整個觀念的必要支持者）往往是透過某一身體的媒介而獲得的。我們曾經說過，身體的虛飾行爲是對這世界的知覺中的悟性的起點。對純粹認知主體來說，他的身體是一表象，像其他表象一樣，是許多客體中的一個客體。他以其他知覺對象變化的同樣方式認識身體的移動和活動，如果不用一種完全不同的方式對他解釋它們的意義的話，會一樣的對它們感到陌生和無法了解。在其他情況下，他會發現自己的行動像自然律一樣的經常隨着特定的動機而來，正如其他客體隨着原因、刺激或動因而起一樣。但是，他對動機影響力的了解，不會多過對自己所見其他因果關聯的了解。他會隨意稱自己身體方面這些表現和行動的內在本質（他自己並不了解這些表現和行動）爲力量、性質或性格，對于這一點，他不會再有進一步的認識。可是，所有這些都與實際情形不符；的確，這個難謎的解答是給予以個體身份出現的知識之主體的；這個解答便是「意志」。唯有這個解答可以使他認識自己的存在，唯有這個解答對他才有意義，向他顯示自己存在行爲和活動的內在結構。身體以兩種完全不同的方式展示于知識主體之前，知識主體唯有透過自己與身體的合一才成爲一個體。身體有時候表現爲知覺中的表象，表現爲服從客體法則的許多客體中的一個客體。有時候又以完全不同的方式表現出來，爲每個人直接當下所知，而用「意志」兩個字來表示。他意志的一切眞正活動，毫無例外地，也是他身體的活動。意志活動和身體活動，從客觀上看，並不是以因果連鎖結成一體的兩個不同東西，兩者之間的關係不是因果的關係，兩者是一樣的，可是以不同方式表現出來——當下直接的，又表現于悟性的知覺中。身體的活動只是客觀化的意志活動，亦即變爲知覺的意志活動。以後我們會說到，身體的一切活動都是如此，不但那些由動機而起的活動如此，由刺激而起的非意欲活動也如此。其實，整個身體只是客觀化的意志；換句話說，意志變爲觀念。本卷將會證明這一點。所以，從某一方面說，我要稱身體爲意志的客觀表現；正如前一卷以及論充足理由原則論文中一樣，根據我在該處採取的觀點，稱它爲直接對象。於是，從某一意義上看，我們也可以說，意志是身體的先天知識，而身體則是意志的後天知識。

19

在第一卷中，我們把人類身體看作認知它主體的單純表象，像這知覺世界中所有其他客體一樣。但是，現在我們明白，使我們在意識上能夠把自己身體與其他客體加以分別的，乃是我們的身體以另一種與表象出現方式完全不同的方式出現于人類意識之中，我們稱此爲意志；同時，使我們對自己身體有所瞭解的，使我們對身體活動以及身體藉外來印象而經驗的東西有所瞭解的，總而言之，使我們瞭解身體到底是什麼，爲何不是表象而是表象之外的東西？換句話說，使我們瞭解身體的本質到底是什麼的，就是我們對自己身體所具有的這兩方面的認識。在這些瞭解中，沒有一種是從其他實在物體的本質、活動和經驗方面直接得來的。

正因爲這種對某一身體的特殊關係，才使認知主體表現爲個體。因爲，如果不從這個關係上去看，便會覺得自己身體像其他表象一樣，也只是一個表象而已。但是，使認知主體表現爲個體的這種關係，正因爲這個理由，便成爲一種只存在于他和他所具有的表象中某一特殊表象之間的關係。所以，他對這一表象的感覺，不只是當作表象，而是以另一種不同方式，把它當作意志。可是，如果他不曾注意那特殊關係，如果他不曾注意那同一東西的兩方面以及完全不同的知識，那麼，這個表象，卽身體，就只是一個像其他表象一樣的表象。爲了了解這個問題，認知的個體必須假定，使這一表象和其他表象不同的，只是下述事實：卽，在這兩重關係下，他的知識只和它相符；或者必須假設，只有在這知覺對象的情形中，他才可以同時有兩種不同的識見，並且，我們不應以這個客體和其他客體不同之處來解釋這點，應該以他的知識和這個客體之間的關係，以及這個客體和其他客體的關係來解釋這一點。否則，就必須假定，這個客體在本質上與其他客體不同；在所有客體中，只有這個客體一方面是意志，另方面又是表象，而其餘的客體，却只是表象，換句話說，只是幻像。因此，他必須假定，他的身體是這世上的唯一實在的個體，換句話說，是唯一的意志現象和主體的唯一直接對象。只當作表象看待的其他客體和他的身體一樣佔住空間（空間本身也只能以表象的方式表現出來），同時，也像他的身體一樣，在空間活動。從那先天適用于表象而不容任何無因之果的因果法則來看，這個事實的確是可以證實的；但是，如果離開下述事實，即我們只能大概地從某一結果推到某一原因，而不是推到根本的原因，則吾人仍然停在純粹表象範圍內，而因果法則只有在這個範圍內才有效，越過這個範圍，就沒有效了。但是，像我們在第一卷中說過的，只被當作表象的那些客體，是否像自己身體一樣也是某一意志的表現呢？這是關於外界實在性問題的正確意義。否定這一點便是「理論上的自我主義」(theoreticel egoism)。由於這個緣故，這種「理論上的自我主義」把自己意志之外的一切現象都看作幻像，就像「實踐上的自我主義」(Practicel egoism)在實踐上所指的完全一樣。因爲，在這方面，人只把自己當作人看待，而把其他的人只當作表象看待。理論上的自我主義決不能加以明白的駁斥。然而，在哲學上，除了當作懷疑的詭辯卽藉口以外，從來沒把它當作其他用途。在另一方面，若當作重要的信念來說，只能在瘋人院中見到它，因此，它需要治療而不需駁斥。在這方面，我們不必進一步對抗它，只要把它看作只是懷疑主義的最後堡壘，這堡壘永遠是不穩的。因此，永遠和個性連在一起，受這種情形同樣限制的我們的知識，帶來某種必然現象，那就是，我們每個人只能是「單一體」，可是，每個人却能認識一切。由於這種限制，便產生了對哲學的需要。因此，企圖藉哲學來擴充知識的人類，便會像軍隊對付一個前方堡壘那樣對付我們所遇到的這種「理論上自我主義」的懷疑論證。這堡壘無法眞的拿下，但守衞的士兵決不能從裡面出來；由此，我們可以毫無危險地經過它，沒有後顧之憂。

每個人對自己身體的本性和活動所具有的雙重認識（以兩種完全不同的方式而獲得的），現在已經明白了。因此，我們將對它作更進一步的運用，把它看作了解自然界一切現象之本質的主要關鍵所在，並將根據自己身體的類似之處，去判斷非屬自己身體，因而不以雙重方式顯現于我們意識之中而只作爲表象的一切客體。由此，我們將假定，一方面它們都是表象，完全和我們的身體一樣，從這方面說，它們和我們身體類似，在另一方面，當我們把它們當作主體之表象時，除開以往客體所留下來的之外，從它內在的本質上看，必定和我們所謂的「意志」一樣。因爲，對物質世界的其他部份，我們應當賦予它那一種存在或實在呢？我們從什麼地方得到構成這世界的元素呢？除了意志和表象以外，我們一無所知；或者說，除了意志和表象以外，無法想像其他的東西。如果我們想要將最重要的被知實在歸于那只直接存在於我們表象中的物質世界，實則便給予它自己身體所具有的那種實在；因爲那是每個人認爲最實在的東西。但是，現在，如果我們在把它當作表象的這個事實之外，來分析身體的實在及活動，那麼，除了意志以外，便一無所有了；它的實在完全在此。所以，在任何地方，我們都不能發見我們所能賦予物質世界的另一種實在。如果我們認爲物質世界不只是我們的表象，那麼，便須說，除了當作表象之外，換句話說，從它本身以及根據它的內在本質來看，它是我們自己身上直接發現的東西，亦卽意志。這裡，我是根據它的內在本質而說的；但是，我們先要正確地認識意志的眞正本質，這樣，便可以把它與不屬於它本身而只屬於它外在種種表現的東西分別清楚。這種只屬於它種種表現的東西有許多等級，這就是知識所以產生的情形，也是知識所限制的種種動機的決定。以後我們會看到，這不屬於意志的眞正本質，只屬於它作爲動物或人類的明顯具體表現。所以，如果我說——根據它的本質，根據它本身而離開一切表象來看，石頭落地的力量是意志，我並不是認爲石頭根據某種已知動機而自己推動自己，只因爲這是意志表現于人類身上的方式。目前我們僅作暫時性和籠統性的說明，以後會更清楚地和詳細加以證明、確立和充分展開。

20

我們已經說過，意志主要地表現于我們身體的意欲活動中，是身體的內在本質，是那除了常作知覺對象以外還成爲別的東西的表象。因爲這些意欲活動就是個人種種意志活動可見的一面，個人種種意志活動直接符合這可見的一面，也和它相同，只有透過它們外在的變現以及唯一類似被知的知識形式即觀念形式，才有分別。

但是，這些意志活動的基礎或緣由往往存在其本身以外的種種動機中。然而，這些動機除了決定我在「此」時「此」地以及此種情形下所意欲的東西以外，決不能決定其他的東西，決不能決定我普遍意欲的東西，換句話說，決不能決定我的意志作用普遍特性的那些公理。所以，這些動機不能解釋我的意志作用的內在本質，只在某一特定時刻決定我的意志作用的具體表現：只是我的意志表現的時機。但意志本身却在刺激法則的範圍之外，刺激法則所決定的，只是它在每一時刻的外在現象。只有在我的經驗性格的假定之下，動機才是解釋我的行動的充分理由。但是，如果我不注意我的性格，而問自己爲什麼想要這個而不想要那個，便無法回答，因爲，只有意志的具體表現才服從充足理由原則，意志本身並不服從充足理由原則，從這方面看，意志本身應該說是沒有根據的，沒有理由的。

現在，如果我身體的每一活動是意志活動的具體表現，我的整個意志，性格在既定動機下表現于這個具體表現之中，那麼，意志的具體表現一定是每一活動的必然條件和先決條件。因爲，它的具體表現的這一事實，不能建築在下面所說的某種東西上面，卽本身並不直接存在，只透過意志而存在，因而對意志來說只是偶然現象，同時，由于這偶然現象，意志的具體表現也將只是偶然現象。現在，我們知道，那條件正是這整個身體。因此，身體本身必定是意志的具體表現，同時，必然和我的整個意志相關，換句話說，必然和我顯明的性格相關（身體在時間中的現象是我的經驗性格），正如身體的特殊活動和意志的特殊活動相關一樣。整個身體必然只是我的看得見的意志，必然是我的意志本身，如果這是知覺對象的話，如果這是第一類表象的話。我們早已提出這一點來證實下面的觀點，卽加于我身體上的每一印象，也立刻而直接地影響我的意志，從這方面看，每一印象叫做痛苦或快樂，叫做舒服或不舒服感覺；同時，相反的，意志的每一激烈活動，每種情緒或激情，都改變身體並妨礙身體種種活動的正常過程。的確，我們也可以對自己身體的來源作病源論的解釋，雖然這種解釋很不完滿，不過，我們還可以對它的發展和保存作更好的解釋，而這是生理學的內容。但是，生理學只以動機解釋行動的方式來解釋它的主旨。因此，對於身體種種活動作生理學的解釋，對哲學眞理（這個身體的整個存在，及其一切活動作用，只是根據動機而表現于外部行爲中的那種意志的客觀化）的貶損很少，就像透過動機而確立個人行動，以及從動機而來的行動必然結果，與所謂行動，只是本身並無理由之意志的具體表現這一事實相衝突的地方很少一樣。可是，如果生理學想把這些外部活動，卽直接意志活動歸之于有機體中的原因的話——例如，如果生理學把肌肉活動解釋爲流體出現之結果，甚至假定它眞能作這種澈底解釋的話，便決不會否定下述的直接確實眞理，卽，每一自發活動都是某一意志活動的具體表現。現在，不論我們對植物生命的生理學解釋如何進步，這種解釋同樣的永遠無法否定下述眞理，卽如此發展的整個動物生命乃意志的具體表現。那麼，像以前所說的，一般看來，任何病源論的解釋，除了根據某一固定法則必然地決定某一特殊具體表現，卽其必然現象在時間中的位置以外，不能使我們有更多的了解；但是，以這種方式表現的一切東西的內在本質，仍然是無法解釋的，也是所有病源論解釋的先決條件，同時，只爲名稱、勢力或自然法則所顯示，或者，如果說到行動的話，只爲性格或意志所顯示。因此，在確定性格的假設之下，雖然每一特殊活動必然隨着特定動機而來，雖然生長、發育過程以及動物身體的一切變化都是根據必然有效原因（刺激）而發生的，但是，一切活動，都只是意志的具體表現，都只是「意志的客觀化」。人類和動物身體之完全適合于人類和動物意志、就是基於這一點，完成某一目的的工具和製造工具者的意志之間的符合，然後遠超越上面所說的適合性，但兩者相似，換句話說，對身體的目的論的解釋，也是基於這一點。所以，身體的各部份，必定完全符合意志賴以表現的主要慾望；必然是這些欲望的可見的表現。牙齒、咽喉、腸子是客觀化的飢餓；生殖器是客觀化的性欲；抓東西的手和疾走的足符合于它們所表現的較爲間接的欲望。正如人類身體的形狀往往符合人類的意志，同樣，個人身體結構也符合個別有限的意志，符合個人的性格，所以，身體的整體和各部份都是特殊而富于表情的。

21

人類的意志是人類存在現象的眞正內在本質，而存在現象則以表象形式表現于他的種種活動以及這些活動的永久基礎卽身體中，雖然他的意志沒有完全變爲主客賴以相對的表象形式，只以一種並不使他明顯區別主體和客體的直接方式表現出來，而且，並非整個地表現出來，只以種種特殊活動表現出來，然而他的意志却是他意識中最直接的東西。凡是基於上面這種解釋而獲得這種抽象知識的人，凡是因此而明確瞭解每個人直接具體認識的東西如感情的人——我是說，凡是和我一樣獲得這種信念的人，都會發現，意志會給他一把打開那有關整個自然內在本質的知識的鑰匙；因爲，現在他不以吾人用外在直接或間接知識來認識自己的存在現象一般去認知意志。他將認識我們現在所說的這種意志，不但在那些和他自己類似的存在現象，即人類和動物身上，認識這個意志且把它看作是一切存在現象以及人類和動物的內在本質，而且，這個反省思維的過程會使他認識植物中生殖和成長的力量，形成結晶體的力量，使磁針指向北極的力量，兩種不同金屬接觸時所感到的震動力量，物質中電的排拒和吸引力量，分解和結合力量，最後，甚至那遍佈整個物質界的强大萬有引力，那吸引石塊落地以及地球爲太陽吸引的萬有引力——我想，他只會在存在現象方面，把這些力量看成不同的，但是在內在本質方面，會把它們看成相同的，會把它們當作自己親身認識以及比任何東西都認識更清楚的東西，從它最明顯的具體表現方面看，這東西叫做意志。只有運用這種反省思維，才使我們不再停在現象界，而達到物的自體。存在現象只是觀念，沒有別的。一切表象，不論那一種，一切客體都是存在現象，只有意志才是物的自體。就作爲物的自體來說，它根本不是表象，與表象完全不同；一切表象，一切客體只是它外在現象的表現，只是它可見的一面，只是它的客觀化。而它是每一特殊東西的內在本質或中心，也是整個宇宙的內在本質或中心。它出現于每一盲目的自然勢力中，也出現于人類預想的活動中；這兩種表現方式之間的最大區別，只是表現的程度問題，不是所表現的東西本身的性質問題。

22

現在，如果我們想把物自體當作客體看待（我們希望保留康德的說法，因爲它是有名的公式），就必須替它找一個名稱和客體概念，物自體永遠不是對象，因爲所有客體只是它的具體表現。因此，它不可能是客體。但是，爲了要當作悟性的線索，因此，除了成爲它一切具體表現中最完整的表現以外，換句話說，除了成爲最明顯的和直接爲知識所啓發的東西外，不可能成爲別的東西。現在，我們知道，這就是人類的意志。不過這裏我們最好說，無論如何，我們只運用後天的命名，由此，透過這個意志概念獲得了前所未有的更大的擴充。不同現象中相同者的認識，相同現象中不同者的認識，像柏拉圖常常說的，是哲學的先決條件。但是，一直到目前爲止，人們都沒有認識，自然界各種活動的力量在本質上是和意志相同的，所以，不知五花八門的現象只是同種的不同類屬表現，而被當作不同的而已。因此，沒有一個字可以表示這個「種」的概念。所以，我根據「種」的主要類屬替這個「種」定名，這些主要類屬的知識比較接近我們並且使我們獲得有關其他類屬的間接知識。但是，凡是能夠把這個概念加以必要擴充的人，仍將陷入永久的誤解中。因爲，他對「意志」一詞的了解，只是把它當作一向用來表示的類屬，也就是爲知識所指導的意志，而這種意志的具體表現只是隨動機而來，其實只是隨抽象動機而來，因此，也只產生于理性指導之下。我們已經說過，這只是意志具體表現中最明顯的例子。現在，我們要在思想中明白分別我們直接認識的這個具體表現的內在本質，然後把它移到同樣性質的一切比較微弱而不太明顯的具體表現上，這樣，我們將會對意志概念加以必要的擴充。從另一觀點看，任何人，如果他認爲不論我們用「意志」或其他字眼來表示一切現象的這一內在本性，最後都是一樣的，那麼，就同樣地誤解了我的思想。如果我們只是推想物自體的存在而間接地以抽象方式認識物自體，那麼，情形就是如此。這樣，我們便可以隨便說它是什麼；名稱只是某一未知數的象徵。但意志兩字却像魔力一樣的將自然界每樣東西的內在本質展示于我們面前，根本不是一個未知數，根本不是可以只憑推想而認識的東西，它是渾全而直觀的，我們對它非常熟悉，以致我們對意志的了解遠超過對其他任何東西的了解。到現在爲止，一般人都把意志概念附屬于力量概念之下，但是，我却把這種情形完全改變過來，我要將自然界一切力量都視爲意志，我們不要以爲這只是文學上的遁辭。因爲，像其他概念，在力量概念的基礎上，最後都產生有關客觀世界感官知覺的知識，換句話說，最後都產生有關現象或表象的知識；這個力量就是由這種知識構成的。它是從因果支配的範圍中抽象出來的，換句話說，是從知覺表象中抽象出來的結果，只是指由原因構成的因果自然，這時候的因果自然不能更進一步以病源論來解釋，却是一切解釋病源論必要的先決條件。相反的，意志這個概念是一切可能概念中唯一非來自現象界的概念，是唯一非來自知覺表象的概念，是自內而來的概念，是從每個人直接意識中而來的，透過這個概念，每個人都根據自己的本性而直接認識自己的個性，離開一切形式，甚至離開主客形式，同時，意志概念就是這個性，因爲，這裏知識的主體和客體是同一個東西。所以，如果我們將力量概念歸于意志概念，事實上等於把認識不太清楚的東西歸于認識非常清楚的東西；就是歸于我們眞正直接而徹底認識的東西，同時，也大大地擴充了我們的知識。相反的，如果我們把意志概念歸屬于力量概念之下，像人們一向所做的一樣，便拋棄了自己對這世界內在本質所具有的唯一直觀力量，因爲我們讓它消失在一個從現象界抽象出來的概念中，因此，我們永遠無法透過這個概念而超越出現象界之外。

23

當作物自體的意志和它的表面現象完全不同，不具備外在現象的一切形式，當意志表現出來時，首先便變爲這種形式，所以，這種形式只涉及意志的客觀表現，與意志本身毫無關係。甚至所有表象的最普遍形式卽成爲某一主體之客體的形式，也和它無關；附屬于這種形式和充足理由原則中那些普遍表現的形式，更不必說了，我們知道，時間和空間就是屬於這種形式，雜多性也是屬於這種形式，雜多性只有透過這些形式才存在，也唯有透過這些形式才能存在。關於最後一點，我將稱時間和空間爲「個別化原理」(prnicipium individuationis)，這是從過去經院派借用的一個名詞，我希望大家注意這個名詞。因爲，唯有透過時間和空間的媒介，才會使那在本性和概念上都屬「同一」的東西，表現爲不同的，表現爲同時存在的雜多性和許多相續的現象。因此，時間和空間便是「個別化原理」，這是經院派哲學家間一個充滿着微妙而爭論不休的問題。根據以前所說的，我們知道，雖然意志的一切具體表現完全服從充足理由原則，然而，作爲物自體的意志本身却在各種形式的充足理由原則範圍之外，因此完全是無根據的。並且，它在時間和空間中的具體表現是無限的，然而它本身却沒有雜多性。它本身是單一的，不過，這裏所謂的單一，其意義與所謂「客體是單一的」這句話的意義不同，因爲一個客體的統一性只能從雜多性相反的方面去了解；也和所謂「概念是單一的」這句話的意義不同，因爲概念的統一性只產生于雜多性的抽象作用；意志的單一性則表示它在時間和空間之外，表示它在

「個別化原理」卽雜多可能性之外。只有當我們透過對現象和意志不同的具體表現的考察而徹底明瞭一切情形時，才會完全了解康德關於時間、空間和因果關係的學說，康德認爲時間、空間和因果關係不屬於物自體，只是認知的形式。

在意志最明顯表現出來的地方，如人類的意志，的確使我們認識了意志的無原因性，這種無原因性稱爲自由的、獨立的。但是，由于意志本身的這種無原因性，使我們忽略了意志具體表現所普遍服從的必然性，使我們把意志活動看作自由的，其實，意志活動並不自由。因爲，每個人的行爲都是嚴格地隨着影響性格的動機而來。我們早已說過，一切必然性都是因果之間的關係，此外沒有別的。充足理由原則是一切現象的普遍形式，而人在行動上，也像其他現象一樣，必須服從充足理由原則。但是，由于自覺中意志是直接爲我們所認識的，所以，在自覺意識中，也存有着自由意識。可是，我們忽略一個事實，卽人並不是物自體的意志，只是意志的表現現象，個體或人屬於現象形式之下，卽充足理由原則之下。於是，便產生了一個奇妙的事實，卽每個人都相信自己生而完全自由，卽使個人行動也如此，並且以爲自己可以隨時開始另一種生活方式，就是說，可以隨時變成另一個人。可是，由于後天的經驗，人類發現自己並不是自由的，而是要服從必然法則；儘管人有許多決心和反省的思想，却無法改變自己的行爲，從生到死，都要實現自己所咒罵的性格，並且似乎扮演自己所擔當的角色，一直到死爲止。目前，我無法在這個題目上多所討論，因爲它是倫理問題，而倫理問題屬於本書的另一部份。現在，我只想指出，本身並無原因之意志現象，仍然服從必然法則，卽服從充足理由原則，所以，在自然界許多現象彼此相隨的必然性中，我們不曾發現任何東西足以使我們無法在自然現象中認識意志的具體表現。

只有那些除了某一動機外沒有其他理由的變化，才被視爲意志的具體表現。所以，從本質上看，意志只被視爲屬於人類的，充其量是認爲動物也有意志罷了；因爲，對知識來說，表象是動物生活的眞正而獨有的特色。但是，在動物的本能中，我們立刻發現，在沒有知識引導的地方，意志也是活動的。動物具有表象和知識，這一點是無關重要的，因爲它們還是根本不知道自己確切追求的目標。所以，在這種情形下，它們的行動是沒有動機的，不是受表象引導的，同時，明白告訴我們，完全沒有知識時，意志也是可以活動的。一歲大的鳥對自己作巢來保存的卵，沒有觀念；小蜘蛛對自己結網來捕捉的捕獲物也沒有觀念；蟻獅對自己爲羣蟻所挖掘的戰壕也沒有任何觀念。鹿角蟲的幼蟲在樹上挖洞，要在洞中等待變形，如果它將要變爲雄鹿角蟲，所挖的洞就要比變爲雌鹿角蟲時的兩倍大，這樣，便有容納角的地方，可是，對於這些，鹿角蟲本身卻毫無觀念。在這些動物的這種活動中，像其他活動中一樣，意志也顯然發生作用，只是這種活動是盲目的活動而已，這種盲目活動實際上也有知識隨之而起，但不受知識的引導。現在，如果我一旦了解，作爲動機的表象並非意志活動的必要和根本條件，那麼，我們會更容易認識那不太明顯的意志活動。例如，我們會了解，人類所造的房子不是由于自己所具意志之外的另一意志，同樣，蝸牛造窠也不是由于和蝸牛本身毫無關係的意志；但是，我們將在兩者之中發現這兩種現象中客觀化的意志作用——在我們人類身上，這個意志是根據動機而發生作用的，可是，在蝸牛身上，則仍然是一種向外的盲目造型衝動。在人類身上，這同一意志，有許多地方，也只是盲目地活動：我們身體未受知識指導的一切活動，身體的一切生長過程、消化、循環、分泌、長大、生殖等。不但身體的活動是意志現象，是客觀化的意志，是具體的意志，就是整個身體本身也是如此。因此，身體中所發生的一切現象，都是透過意志而進行的，不過這裡所說的意志未受知識導引，只是根據原因的盲目活動，在這種情形下，所謂原因便是刺激（Stimuli）。

從最狹的意義上說，我所謂的原因是指一種事實狀態，即當它必然帶來另一狀態時，本身遭受的改變和它所影響的東西一樣大；所謂「活動和反應是相等的」這個法則，便表現了這一點。並且，在一般所謂原因的情形下，結果和原因同比例地增加，因此，反應也是一樣。所以，一旦知道了作用的方式，結果的程度便可以從原因的強度中測度出來；反之，原因的強度也可以從結果的程度測度出來。正確地說，這種原因在一切機械化學等現象中發生作用；總之，在一切無機物體的變化中發生作用。相反的，我們所謂的「刺激」，是指一種並不產生與結果成比例的反應的原因，原因的強度並不和結果的強度直接成比例地變化，所以，結果無法從原因測度出來。相反的，刺激方面微少的增加，可能導致結果方面很大的增加，或者反過來說，也可以完全忽略以前的結果等等。所有在有機體上產生的結果都是屬於這一種。所以，動物身體一切適當地有機和生長變化都應歸因于刺激，不應歸因于單純的原因。但是，像所有原因和動機一樣，除了決定所有力量具體表現將要發生的時間和地點以外，刺激不會決定其他的東西，同時，刺激也不決定所表現出來力量的內在本質。基於以前的探討，我們知道，這個內在本性就是意志，所以，我們將身體的不自覺和自覺的變化都歸諸意志。刺激居兩者之中，形成那隨知識而來的因果關係的動機和最狹義的原因之間的過渡。在特殊情形下，有時候接近動機，有時候接近原因，但是，我們總可以把它和兩者加以區別。例如，植物中引起汁液是由于刺激而來，也不能只用單純原因加以解釋，也不能根據水力學法則或毛細吸力加以解釋；可是，這些的確對它有助，並且很接近純粹因果變化。可是，在另一方面，毛氈苔和含羞草的活動，雖然還是隨着單純刺激而來，但是，却很像隨動機而來的活動，並且，幾乎像要變為隨動機而來的活動似的。當光線加强時，眼睛瞳孔的收縮是由于刺激，但是，却變為由動機而產生的活動；因為，它之所以發生，是由于太强的光線引起視網膜痛的感覺，為了避免這種痛的感覺，我們便收縮瞳孔。產生勃起現象的時機是一種動機，因為它是一個觀念，然而，它的作用却像刺激一樣帶有必然性，換句話說，是無法抗拒的，但是，我們必須把這觀念擺開使它不再影響我們。消化東西的情形也是一樣，消化引起嘔吐的欲望。因此，我們把動物的本能看作隨刺激而來的活動與隨某一已知動機而來的活動之間完全不同的實際連鎖。人們也許要我們把呼吸也看作這種連鎖。人們在爭論，它到底屬於自動的活動還是非自動活動，換句話說，它到底是隨刺激而產生的還是隨動機而產生的，也許我們可以把它解釋爲兩者之間的東西。賀爾（Marshall Hall 在「論神經系統的疾病」第二九三節）把它解釋爲一種混合作用，因爲，它一部份受大腦（自動的）的影響，一部份受脊骨（非自動的）神經的影響。可是，最後我們不得不把它看作由動機而產生的許多意志表現之一。因爲，其他動機亦即單純觀念，能够影響意志去控制它或使它加快，同時，像所有其他自動活動的情形一樣，我們可以完全停止呼吸而自願悶死。事實上，如果其他動機强烈地影響意志而使其壓服這種呼吸空氣的欲望時，是可以這樣做的。由于某些理由，戴奧幾尼斯❶眞用這種方式結束他的生命。據說有些黑人也這樣做。如果眞是這樣的話，便給我們一個很好的例子，證明抽象動機的影響力，換句話說，證明理性的意志勝過單純動物的意志。因爲，所謂呼吸至少一部份受大腦活動影響的說法，由下面所述的事實顯示出來了，卽因氰酸而死亡的主要原因是它使大腦痲痺，因而間接地限制了呼吸；但是，如果用人工方法維持呼吸直到大腦的痲痺消失爲止，死亡便不會發生。我們也可以

❶ 戴奧幾尼斯（Diogenes, 四一二?——三二三B、C）爲希臘犬儒學派哲學家。

說，對于下述事實，「呼吸」可以供給我們最明顯的例子，卽動機和刺激完全一樣，兩者的作用都具有必然性，或者說，動機和最狹義的原因完全一樣，兩者都具有必然性，只有相反的動機才能緩和它們的作用。因爲，在呼吸這種情形下，所謂可以隨意停止的這種錯覺，遠比其他隨動機而產生的活動情形下爲弱；在呼吸中，動機是非常强大的，而它的滿足也是很容易的，完成這種活動的肌肉永遠不會疲勞，通常，沒有什麼東西可以阻礙它，而整個過程也爲個體牢不可破的習慣所支持。可是，所有動機的作用，都帶有同樣的必然性。隨動機及刺激而來的活動都具有必然性，這種認識使我們更容易了解，那種根據刺激及服從法則而在我們身體組織內發生的活動，仍然是意志，雖然這意志本身決不服從充足理由原則，然而，它的一切具體表現都服從充足理由原則，換句話說，都服從必然性❷。因此，我們並不以承認下述事實爲滿足，卽在動物的活動和整個生存、動物身體的結構和組織上看，動物是意志的具體表現；我們還要將人類特有的關於萬物基本性質的這種直接認識擴充到植物方面。現在，我們可以說，植物的一切活動也是隨刺激而來；由於知識的缺乏以及隨知識所限制的動機而來的活動，構成動物和植物之間唯一基本的差

❷ 這個問題在我的得獎論文「論意志之自由」中，曾加以詳細地討論，所以，在該文中（「倫理學的基本問題」第二十九頁——四十四頁），也詳細地解釋過原因、刺激動機之間的關係。

別。所以，凡在表象方面表現爲植物生命、單純生長、盲目推動力的，根據它的內在本性，我們認爲是意志，並且是構成我們現象存在的基礎，正如我們種種活動中所顯示的，也如我們身體本身整個存在中所顯示的。

只有我們去採取最後步驟，將我們看萬物的方式擴充到自然界依據普遍不變法則而活動的那些力量，那些根本沒有器官，因而也沒有接受刺激能力及作爲動機必需條件之知識物體的活動，其產生是符合那些力量的。因此，我們要把那了解萬物內在本性的鑰匙（只有關於我們自身存在的直接知識才能帶給我們）應用到離我們最遠的無機世界的現象上去。如果我們留心考察，如果我們觀察河水匆匆注入海洋的那種强大而不息的衝力，磁針永遠指向北極的持久力，鐵器馳向磁鐵的迅速，電極重新結合的急切情形，以及像人類欲望一樣急切隨着阻力而增加情形；如果我們看到結晶體以非常規則的結構迅速而突然地形成，而這種規則的結構，顯然只是結晶作用所獲得和保存的不同方向的衝力；如果我們觀察物體稀釋于流體狀態並從緊密結合狀態中解放出來時，它們在彼此排拒和吸引、結合和分離方面的選擇；最後，如果我們直接感到困累着我們身體的重壓如何因地心吸力不斷壓迫着身體而使它傾向于地面的情形；如果我們觀察所有這些現象，便不需多大的想像力就可以認識我們自己的本性。我們人類身上的這種力量，乃是透過知識而追求它的目標；但是，在它最微弱的具體表現中，只以片面和不變的方式盲目而默默地奮進，然而，在兩種情形下，都應屬於意志，因爲它在到處都是一樣的——正如早晨第一道朦朧曙光和日正當中的光線都應視爲陽光一樣。因爲，意志這個名稱表示這世界萬物內在本性以及一切現象的中心。

然而，無機自然界的種種現象與意志之間外表上的微少絕對差別，主要是由于一類現象完全服從法則而另一類現象則顯然自由。因爲在人類身上，我們强烈地感到人有個性，每個人都有他自己的性格；所以同樣的動機，對每個人影的響並不一樣，這由於在個人廣大的知識領域中，存在着許多爲人所不知的情境，而此種情境的是各個人都不同的。所以，我們不能只根據動機而預先決定活動，因爲缺乏其他因素，如精確地認識個人的性格以及隨性格而來的知識。另一方面，自然力量的許多現象則說明了相反的情形。它們根據普遍法則活動，沒有變化，沒有符合顯明環境的個性；同樣的自然力量以相同方式出現于無數現象中。爲了說明這一點，爲了證明在所有不同現象中意志的不可分與同一性，爲了證明出現于最微弱現象也出現最强大現象中的不可分的意志的同一性，首先我們要考察作爲物自體的意志對其種種現象之間的關係，換句話說，即意志世界和表象世界之間的觀係；因爲，這使我們獲得最好的方法對我們在本書第二卷中討論的整個問題，加以更徹底的研究。

24

我們從偉大的康德處知道，時間、空間和因果關係的全部結構以及它們所有形式的可能性，呈現于我們意識中，與出現于它們之中並構成其內容的客體完全無關；換句話說，如果我們從主體出發，就像從客體出發一樣，同樣地可以了解它們。所以，我們可以同樣精確地說它們是主體的直覺或知覺的形式，或者說它們是客體（康德稱之爲現象）對象的種種性質，換句話說，是表象的各種性質。我們也可以把這些形式看作客體和主體之間的無法化除的界線。因此，所有客體都必須存在于它們中，然而，獨立于現象客體之外的主體，却完全控制和監督它們。如果要使出現于這些形式中的客體不成爲空洞的幻想而具有意義的話，它們便必須涉及某種東西，便必須成爲某種非對象和表象的東西，便必須成爲某種並非只爲主體所對的相對存在，不依賴和它相對而作爲它存在條件的任何東西，也不依賴這種東西的各種形式，換句話說，必須不是表象，而是物自體。因此，我們至少可以問：這些表象，這些客體，除了成爲主體的表象或對象以外，是否還是別的東西？在這種意義下，會是什麼？在與表象完全不同的一面，它們是什麼東西？什麼是物自體？我們曾經囘答過這個問題，說它是意志，但在目前，我要暫時把這個答案擺開一旁。

不論物自體是什麼，但康德的結論是對的，康德說，時間、空間和因果關係（後來，我們發現這些都是充足理由原則的形式，是現象種種形式的一般表現）不是它的屬性，只是後來加在它身上的。這就是說，它們只屬於物自體的現象存在，不屬於物自體本身。因爲，由于主體完全基於自身而認識和構成它們，與一切客體對象都沒有關係，所以，它們必須基于那種表象的存在，而不基於那成爲表象的東西。它們必須是那種表象的形式，而不是那採取這種形式的東西。它們必然賦有單純的主客相對（不是當作觀念而是當作事實），因此，它們必然只是一般知識形式的。現在，如果以現象方式或對象方式表現的東西只能透過它們而成爲表象，即透過共存和相續而成爲雜多，透過因果法則而成爲變化和永恒，那麼，這種以現象或對象方式表現出來又受時間、空間和因果關係限制的東西，只能在因果關係的假設下才能成爲表象的物質，最後，所有只藉這些而成爲表象的東西——我是說，所有這些，實際上都不屬於那呈現出來的東西，都不屬於已變爲表象形式的東西，只屬於這個形式。反之，不透過時間、空間和因果關係而受限制的那種以現象方式表現的東西，不能歸因于時間空間和因果關係，也不能根據它們而加以解釋的那種以現象方式表現的東西，正是「物」藉以表現即物自體藉以表現的東西。基於這一點，我們可以知道，被知的完全性能，換句話說，最大的明斷、清楚和徹底解釋可能性，必然屬於那種屬於上述知識的東西，因而屬於知識的形式；但不屬於本身既非表象又非對象，但只由于進入這些形式中而成爲知識的東西；換句話說，已變爲表象、對象。因此，只有那完全由于成爲知識對象的東西，只有那完全由于以一般表象而存在的東西（不是由于被知而成爲表象的東西），只有因此而毫無分別地屬於一切被知者的東西，以及只有因此而使我們從主體出發和從客體出發同樣可以發現的東西——只有這種東西可以毫無保留地帶給我們一種充分完整的知識，一種徹底明顯的知識。但是，這種知識所包含的，除了我們先天所認識的以及可以普遍表現爲充足理由原則的一切現象的形式之外，便一無所有。現在，我們知道，在知覺知識（我們目前所討論的，就只是這種知覺知識）中出現的這個原則的種種形式是時間、空間和因果關係。所有先天的純粹數學和自然科學，完全是基于這些形式。所以，只有在這些科學中才可以發現明確的知識，才可以發現那種並非基於無法了解的東西（卽沒有理由的東西，亦卽意志）的知識，那種並非基於不能再從其他東西推論出來的東西的知識。我們以前說過，就是因爲這個理由，康德想把科學這個名稱特別用在這些知識和邏輯上面，甚至只用在這些知識和邏輯上面。可是，在另一方面，這些知識所告訴我們的，除了表象之間的單純關聯之外，除了沒有任何內容的形式之外，却一無所有。它們所獲得的一切內容，佔住這些形式的一切現象，包含某種在本性上無法再完全認識的東西，無法再藉別的東西而加以完全解釋的東西，沒有理由因而使知識失去明確性而不再完全清晰的東西。可是，無從加以研究的是物自體，是那種根本不屬表象，根本不是知識對象，只成爲具備那個形式的可知的東西。形式本來和它毫不相關，而物自體也永遠無法與它完全一致，永遠不能歸于單純形式，同時，由於這個形式是充足理由原則，所以，也永遠無法加以完全的解釋。如果一切數學在現象界的量、方位、數方面，總之在時空和空間關係方面，供給我們詳盡的知識；如果在現象藉以出現于時空中的適當條件方面，病源論給我們完全的說明，可是，除了告訴我們爲什麼在某種情境下，這種特殊現象必然出現于此時此地，而沒有告訴我們其他東西的話，那麼，顯然的，我們永遠無法依靠這些科學而深究事物的內在本質。總有一種東西是任何解釋都不敢觸及，但往往爲先決條件的；種種自然力量，事物運行的確定方式，所有現象的性質和特性，那種沒有理由的東西，那種不依賴現象形式卽充足理由原則，與這個形式毫無關係，然而却採取這個形式並且根據這個形式的法則而表現出來的東西，不過，這裡所說的法則只決定外像，不決定它所顯現的東西，只決定如何顯現，不決定所顯現的東西，只決定形式，不決定內容。機械學、物理學、化學，告訴我們不可入性、重力、剛性、流性、內聚力、彈性、熱、光、親和力、磁力、電力等力量是活動時所根據的法則；這就是說，只告訴我們這些力量在進入時空關係時所遵循的法則。但是，不管我們如何，這些力量本身永遠是玄奧的性質。因爲，只有物自體才顯露這些和物自體本身完全不同的現象，因爲，物自體是透過這些現象而顯現的。的確，在物自體的顯現中，是完全服從充足理由原則的，但是，它本身永遠不能歸于這個形式，因此，在病源論上，也是不能加以完全解釋的，也是永遠無法徹底明白的。只要它採取這種形式，換句話說，只要它是現象，當然可以完全了解，可是，儘管事實上可以這樣了解它，然而，它的內在本質却根本無法加以解釋。

所以，任何一種知識，愈是具有必然性，其中愈含有那種不能以其他方式在知覺中表現的東西——例如，空間關係——因此，愈是顯著和充分，便愈是具有不純粹的客觀內容，或者說，其中所具的實在性便愈少。反之，其中愈是具有視爲單純機遇的東西，愈是使我們覺得它只是從經驗中得到的，那麼，在這種知識中有愈多完全的客觀性和眞正的實在性，同時，也有愈多無法解釋的東西，卽有愈多無法從別的東西演繹出來的東西。

的確，不管病源論的眞正目的如何，病源論者總想把一切有機生命變爲化學作用或電力；就是說，把一切化學作用，再變爲機械作用（被原子的形狀所決定的活動），有時候，又把機械變爲動力學的對象，卽時空的結合，這時空的結合產生運動，有時候則變爲純粹幾何學的對象，卽空間的位置（我們以同樣方式，從距離的曲尺正確地推出結果的大小，或以純粹幾何方法，推出槓桿理論）：幾何學最後可以變爲算術，由于算術只有一個次元，所以，在充足理由原則的一切形式中，是最易于了解的，也是最容易研究的。我們可以指出德模克里圖斯（Demo- Critus）的原子，笛卡兒的運動，雷薩吉（Lesage）的機械物理學，是這裡普遍指示的方法的實例，在十九世紀末期，這種方法曾試圖藉衝力和壓力來解釋化學親和力和重力，正如在牛頓的發現一書中所能看到的一樣；里爾（Reil）所謂形式與結合乃動物生命之原由的說法，也傾向于這方面。最後，甚至產生于十九世紀中葉現在仍然被用到的粗疏唯物論，顯然也屬於這一類。唯物論愚笨地否認生命力，尤其是，試圖以物理和化學力量解釋生命現象，又以物質的機械效果想像中原子的位置、形狀和運動來解釋物理和化學力量，因而想把一切自然力量化爲物自體的活動和反應。不過我們要將這種誤將各種自然力量彼此轉化的看法暫時停下來，因爲對于這個問題，目前已經說得太多了。如果這個理論正確，那麼，一切都可以解釋和確立，最後都變爲算術上的問題，那麼，算術問題將是智慧殿堂中最神聖的東西，最後，充足理由原則將會適當地把我們引到這個問題。但是，現象的一切內容將會消失，留下來的只是單純的式。所謂「什麼東西出現」將會歸于「如何出現」，而這個「如何」則將是先天可知的，因而完全依賴主體，也只對主體而存在，最後，完全成爲幻想，觀念的形式：於是，不能要求任何物自體了。如果這是正確的，那麼，整個世界將從主體產生，事實上，這完成了費希特想要以空洞大話所要完成的理論。但是，這是不可能的，用這種方法可以產生幻想，詭辯，空中樓閣，但決不能產生科學。自然界各色各樣的力量，帶來了眞正的進步。有幾種力量和性質，本來以爲是不同的，現在發現它們彼此相生，因此，它們的數量也減少了。（例如，磁力從電力而來。）如果病源論承認自然界所有這些原始力量，把這些力量如實地展示出來，並確立它們的活動方式，卽其種種現象藉因果關係在時空中出現，而決定彼此相互關係位置時所根據的法則，那麼，病源論將會達到它的目的。可是，有些原始力量將永遠保持原來的情形；因此，那些不能歸之於它們所具形式，因而不能根據充足理由原則以別的東西來解釋的現象的內容，將是永遠無法解決的物。在自然界的萬物之中，有一種永遠沒有理由、無法解釋也找不出究竟原因的東西。這是它的活動特性，亦即它的存在本質。在物的每一特別結果中，都可以指出一個原因，從這一點我們可以知道，它的活動必定在此時此地；但是，永遠找不出解釋物的一般活動及實際特殊活動的原因。縱使它沒有其他性質，縱使它只是陽光中的一粒微塵，可是，至少展示這無法明白的東西爲重量和不可入性，可是，我認爲，這粒微塵的關係，正如人的意志對人的關係；並且，像人類的意念一樣，根據它的內在本性，是無法解釋的，甚至更進一步——它本身和這個意志是同一的。的確，意志的每一具體表現，特定時空中意志的每一活動，都可以發現一個動機，在人類性格的前提下，意志必然隨着這動機而起。可是，沒有任何理由證明人類具有這個性格，沒有任何理由證明他在意欲，沒有任何理由證明，在許多動機之中，只是這個動機而非其他動機推動他的意志。在一切有機體的情形下，以動機解釋其活動時所假設的人類所具有的無法明白的性格，是它的確定性質——它的活動方式，這個活動方式的種種具體表現，是由于外來印象而產生的，相反的，它本身却不爲任何本身以外的東西所決定，因此也是無法解釋的。唯一使它爲人發現的特殊具體表現，是服從充足理由原則的，本身是沒有理由的。

有一個更大和更普遍的錯誤，就是認爲我們了解最清楚的現象，是最常見的現象與最普遍而簡單的現象，然則相反的，這些正是最常見到也最常忽略的現象。石頭爲什麼會落在地上和動物爲什麼會自己移動，是同樣無法解釋的。像我們前面所說的，我們一直假設，以最普遍的自然力量（重心，內聚力，不可入性）來解釋那些只在複雜情形才發生作用的更稀少的力量（例如，化學性質、電力、磁力），最後，根據這些去了解有機體和動物生命甚至人類認知和意欲活動的本質。無疑的，人們總是從單純的玄奧性質出發，完全拋開對它的說明，因爲他們希望拿它們作依據而不想探究它們。我們早已說過，這種想法不可能實現。但是如果離開這個，這種結構會永遠不確定。最使我們要問：與最初問題同樣不知者的那些解釋，到底有什麼用途？我們對于這些普遍自然力量的內在本質的了解，是不是多于對動物內在本質的了解？是不是兩者都是我們所不了解的？是的，都是不可了解的，因爲它是沒有理由的，因爲它卽是內容，而現象就是這內容，同時，這內容是永遠無法歸于形式，歸于方法、歸于充足理由原則的。但是，我們心中希望的不是病源論而是哲學，就是說，不是有關這世界眞正本質的相對性知識而是無限性知識，所以，我們採取相反的途徑，我們的出發點是直接而爲我們完全認識的東西，也是我們充分而完全相信的東西——是和我們最接近的東西，我們的目的是了解自己只能間接認識的東西。我們想從最有力的，最重大的和最顯著的現象去了解那些較不完全和比較微弱的現象。除了我自己的身體以外，其他一切東西，我只能從一個方向去認識，卽從觀念方面去認識。卽使我認識使其發生變化的所有原因，然而，它們的內在本質，依然是不可知的，仍然是一大秘密。當我受某一動機所影響而從事某種活動時，我身上發生一種現象，唯有和這種現象比較時——也就是說，唯有和外在原因所決定的自身變化的內在本質比較時，我才能眞正了解在原因的影響之下這些無生命物體變化的方式，由此了解它們的內在本質是什麼。因爲，對這個內在本質具體表現的原因的知識，只告訴我們它出現于時間和空間的法則，此外沒有別的了。我之所以能作這個比較，那是因爲我的身體是唯一對象，我不但認識它的一面，卽觀念的一面，而且也認識它的另一面，卽意志。因此，我不認爲只要我能把它們歸于由電力、化學和機械原因所產生的運動，就能更了解自己身體的組織、我的認知和意欲活動以及由動機而產生的活動，由于我所追求的是哲學而不是病源論，所以，我必須知道如何根據自己隨動機而產生的運動去了解我在原因之後所見無機體最簡單、最普通運動的內在本質。我必須承認，所有自然物體中所表現的不可思議的力量，在種類上和自己身上的意志是一樣的，只有在程度上有些許差別。這就是說，在討論充足理由原則一文中所舉的第四類觀念，必然是了解第一類觀念內在本質的關鍵，同時，藉誘導法則之助，我定能逐漸了解因果法則的內在意義。

斯賓諾莎（Epist. 62）說，如果一塊抛在空中的石頭有意識作用的話，它會相信，是它自身的意志力量使它運動。對這句話，我只補充一點，就是，石頭是對的。給予石頭的推動力量對石頭的關係，正如動機對我的關係，而在石頭上所表現的內聚力、重力、剛性，從內在本質上，和我們身上發現的意志，是一樣的，如果石頭有知識的話，在石頭上所發現的，也將稱爲意志。在前面所指出的那段話中，斯賓諾莎想到了石頭在空中飛行的必然性，他希望把這個必然性變爲人類特殊意志活動的必然性。另一方面，我把這唯一眞正必然性（即某種原因的結果）帶來意義的內在本質視爲它的先決條件。在人類身上，這叫做性格，在石頭上，這稱爲性質，但在兩者之中都是一樣的。如果直接認識它，便叫做意志。在石頭中，意志最不容易看到，客觀性最少，在人類身上，則最容易看得見，客觀性最大。

26

意志客觀化的最低階段，表現于最普遍的自然力量中，這些自然力量一部份出現于一切物質中，如重力和不可入性，一部份則出現于特定物質中，因此，某些自然力量支配某一類物質，另外一些自然力量則支配另一類物質，而形成它的特殊不同性，如剛性、流性、彈性、電力、磁力，各種化學物性和性質。它們都是意志的直接具體表現，正如人類的活動一樣；這樣，它們也像人類的性格一樣，是沒有根據的。只有它們的特殊具體表現才服從充足理由原則，像人類的特殊活動一樣。另一方面，它們永遠不能稱爲結果或原因，而是展開並顯現它們眞正本質的原因和結果的先決條件。因此，如果說，重力或電力需要原因的話，那是沒有意義的，因爲它們都是原始力量。其實，它們的種種表現是根據因果法則產生的，因此它們每一特殊具體表現都有一個原因，而這個原因本身又只是一同樣的特殊具體表現，這特殊具體表現確定這個力量必須表現于此，必須出現于空間和時間中；但力量本身根本不是某一原因的結果，也不是某結果的原因。所以，如果我們說「重力是石頭落下的原因」，便是一種錯誤；因爲在這種情形下，原因無寧是地面的接近，因爲地面吸引石頭。如果沒有地面，那麼雖然重力仍在，石頭也不會落下。這力量本身完全在因果連鎖之外，時間是它的先決條件，因爲，只在與時間發生關係時，它才有意義，但力量却在時間之外。個別的變化往往起因于另一同樣的個別變化，不是它所表現的力量。因爲，凡是使原因有效的，都是自然力量。因此，它是沒有理由的，也就是說，它在因果連鎖之外和一般充足理由原則的範圍之外，從哲學上看，叫做意志的直接客觀性，這是整個自然的「本體」（in-etself），但從病源論看，卽從物理學看來，被認爲是一種原始力量，卽玄輿性質。

我們發現，意志客觀性的最高階段，個性佔有非常重要的地位，尤其在人類身上，它是個人性格之間的巨大差別，亦卽整個人格，表現于非常明顯的個人外在地面相，這影響整個身體的外形。可是，在動物方面則不同，雖然在高等動物身上，也有個性的跡象，但這種個性在任何方面都沒有達到這樣高的程度，其因在於類的特性完全掩蓋了個體的特性，所以，它們幾乎沒有個體的面相。我們愈往下看，便發現所有個體特性的痕跡愈是消失于類的共同特性中，剩下來的只有類的面相。我們認識類的生理特性，基於類的生理特性，我們確切地知道從個體身上可以看到些什麼，相反的，在人類中，如果我們想要確實地預測他的活動，對每個人都應該加以個別的研究和探討，由于最初行爲表現的可能隱藏性，這種研究和探討是一件非常困難的事情。鳥類身上完全缺乏以及齧齒類身上也非常微弱的大腦「摺層」（folds）和「腦回」（convolwtons），甚至在高等動物身上，兩邊對稱的情形，也遠比人類身上明顯，而且在每一個體身上所表現的相同性，也遠比人類身上明顯，這種情形可能與人類和其他所有動物之間的差別有關。在動物身上，性本能的滿足，沒有任何明顯的選擇對象，可是人類則不同，在人類身上，這種選擇雖以完全本能的方式而與一切思想無關，却能達到產生强烈感情的地步，這種情形應更視爲使人類與所有低等動物具有不同的個體特殊性格的現象之一。因此，每個人都應視爲特定的以及具有特性的意志現象，同時，在某一範圍以內，也應視爲一種特殊理念，可是，在動物身上，却缺乏這種個體性格，因爲只有類才具有特殊意義。愈是離開人往下看去，這種個體性格便變得愈是模糊，因此，除了可以根據土壤、氣候和其他偶然因素有利或不利的外來影響而解釋的以外，植物沒有其他的個別性質。最後，我們知道，在無機界中，所有個體性都消失了。在某一範圍以內，只有結晶體應當視爲個別的。結晶作用所決定的固定各方面傾向的統一，使這種傾向的痕跡永久化。同時，也是它原始形狀累積的重現，如某一觀念連在一起，正如樹是所有葉脈，所有樹葉，所有枝葉中表現的同種發育纖維質的集合體一樣，這種纖維質反覆出現，而且在某種範圍以內，使這些東西好像是從比較大的身上吸取養分的寄生者，所以，像結晶體一樣，雖然只有整體才是個別理念的完全表現，卽意志客觀化特定階段的完全表現，可是，樹是許多小植物的集合體。但是，同類結晶體內的個體，除了爲外來偶然因素所產生的差別以外，沒有任何其他差別，的確，我們可以隨意造成各種的結晶體。不過，這種個體，就是說，這種具有個性痕跡的個體，並不存在于無機自然界。它的一切現象都是普遍自然力量的表現，亦卽以集體表現整個理念的個體性的差別將自身客觀化，只在類中表現出來，同時，整個地說，每一特殊例子中沒有任何變化的那些意志客觀化階段時的表現、時間、空間、雜多現象以及受原因限制的存在物，都不屬於意志或理念（意志客觀化的階段），只屬於它們的特殊現象。所以，這種自然力量，例如重力或電力，必然須以其在萬千現象中所表現的同樣方式來表現出來，而且，只有外在環境才能限制這些。無論什麼時候，只要在因果關係的引導之下，這些情形必然的出現，那麼，所有現象中這種本質的統一性，這些外象的無法改變的不變性，吾人稱之爲自然律。如果一旦從經驗中得知這種自然律，那麼，這種自然力量的現象以及其中所表現和確立的特性，便可以精確地預測和計算出來。但是，正是這種符合意志客觀化較低階段各種現象的法則，使它們獲得一種與較高階段即其意志客觀化較顯明階段中，在動物和人類及其行動中離出於同樣意志而現象不同的一面，在這裡，個體特性或强或弱的影響，以及因其存在于知識中而使觀察者往往無法發現的對刺激的感受性，使得這兩種現象內在本質的相同性，一向都完全被人忽視了。

如果我們從殊相的知識出發，而不從理念的知識出發，那麼，在自然法則的絕對統一性中，便會發現令人驚奇的東西，有時候甚至會發現可怕的東西。可能使我們感到驚奇的是，大自然從來不會忘記她的法則；例如，根據自然法則，凡是在某種特定條件下把某些物質放在一起時就會產生某種化合作用，或放出氣體或繼續着火；如果滿足這些條件的話，不論是人爲的干與或完全由于偶然（在這種情形下，其精確性更令人驚奇，因爲它是不期而然的），一千年以前和今天完全一樣，會立刻產生上述現象。在稀有現象中的這種事實的神奇性，使我們得到最生動的印象，這種事實只有在非常複雜的情形下才會發生，我們以前知道了，如果滿足這些條件，這種事實就會產生。例如，如果我們把某些金屬置于含有酸性的體中，使其互相接觸，在兩極端之間的銀片，便會突然發生藍色的火焰；或是，在某些條件之下，堅硬的金剛鑽變爲碳酸。在這些情形中，使我們感到驚奇的，是自然力量像幽靈似的無所不在，這裡，我們要注意日常現象中不再使我們感到驚奇的東西，要注意因果之間的關聯，是如何地與那在魔法相召時必然出現的幽靈同樣神秘莫測。另一方面，如果我們獲得了哲學的知識，如果我們了解某種自然力量是意志客觀化的某一確定階段，就是說，是我們視爲自己內在本質者某一確定階段，這個意志，如果就它本身來說，如果把它和它的種種現象及現象的形式分開，便是在時空之外，所以，受時間和空間所限的雜多現象不屬于意志，也不屬於意志客觀化的階段，只屬於理念的現象；如果我們記得，只有和時空相關時，因果法則才有意義，因爲它決定那些顯示意志的不同理念的雜多現象的位置，支配它們必然出現的次序；我是說，如果在這種知識中完全把握康德偉大學說的內在意義，卽康德所謂時間、空間和因果關係不屬於物自體，只屬於現象，只是我們知識的形式，不是事物本身性質之說的內在意義；那麼，我們將會了解，這種對某一自然力量服從自然法則和正確運行的驚奇，這種對自然力量千千萬萬現象相同性及其必然出現的驚奇，實際上，和小孩第一次從多面鏡中看花而對自己所見無數花朵的完全相同所感到的驚奇是一樣的。

因此，每一普遍原始的自然力量，只是意志客觀化的低階段，我們稱這種階段爲柏拉圖意義下的永久理念。但是，自然法則是理念對其具體表現之形式兩者間的關係。這種形式是時間、空間和因果關係，三者是必然彼此相聯相關的。透過時間和空間，理念在現象中雜多化，但是，觀念雜多化時所遵循的次序則決定于因果法則；這個法則似乎是不同理念這些現象的限制標準，時間、空間和物質是根據這個標準而溯歸它們的。所以，這個標準必然和物質集合體的同一性相關，這是所有不同現象的共同基礎。它們可能在無限的時間中同時塡盈一無限空間。由于所有這些永久觀念的現象都指向同一物質，它們的出現和消失，必定有一法則；因爲如果沒有的話，就不會爲彼此開路。因此，因果法則和實體永久性法則是連在一起的。並且，時間和空間也以同樣方式和它們相關聯。因爲時間只是同一物質對立狀態的可能性，而空間也只是在各種對立狀態下同一物質永久化的可能性。因此，在前編中，我們曾經把物質解釋爲空間和時間的結合，而這個結合表現爲實體永久不變性中偶然因素的變化，因果關係和「生成」（becoming）是這種變化的普遍可能性。因此，我們曾說，物質完全是因果關係。我們曾解釋悟性爲因果關係的主觀相關物，並說，物質（卽是整個觀念世界）只對悟性而存在；悟性是它的條件，是它必然相關物的支持。我一再重覆這一點，只是要大家不要忘記我在第一編中所證明的理論，因爲，如果要想完全了解這兩編，就必須看到它們之間的內在一致，因爲現實世界中無法分開的意志和表象，在這兩編中，已經把它們分開了，以便我們在它們分立時可以更明白兩者的意義。

馬爾布蘭奇（Malebranche）說得對：對它們加以分別的了解。每個自然原因都只是偶然原因，只使一種看不見的意志有具體表現的機會，這種看不見的意志是萬物的本體（in-itself），而整個看得見的世界則是它有等級的客觀化。原因所帶來的，只是此時此地的現象，只是可見的現象，不是整個現象，也不是它的內在本質。這是無法適用充足理由原則，無法也無理由的意志。世上沒有一樣東西的存在是具有普遍性充分原因，只有存在于此時此地的原因。一塊石頭時而顯示重力，時而顯示剛性，時而顯示電力，時而顯示化學性質，這完全是由于原因不同，由於外來的影響不同。但是，這些性質以及其中所含的因遂以前述種種方式來具體表現出整個石頭的內在本質；總之，石頭就是那個樣子，一般地說，它存在——我認爲，所有這些都沒有理由，只是沒有理由的意念的可見現象。因此，每一原因都是一種偶然原因。我們在自然界發現情形如此，這是沒有知識的，當動機而非原因或刺激決定現象出現的時間時，換句話說，在動物或人類行爲中的情形也是一樣的。因爲在兩種情形中，所出現的是同一意志；儘管在其具體表現的階段上大不相同，這些階段的現象也非常複雜，同時，在所有這些方面，都服從充足理由原則，但是，它本身却擺脫了這些。動機不決定人的性格，只決定性格的種種現象，換句話說，只決定他的活動；只決定他生活的外在方式，不是它的內在意義和內容。因此，這些來自于意志直接具體表現的性格，是沒有理由可言的。說某人不好某人好，不是根據動機或外在影響力如教導和勸導的，從這個意義上看，這道理是無法完全說明的。但是，一個壞人是否在不義的行爲、卑怯的詭計以及他狹小環境範圍內所作的惡行中表現他的壞，或者，如果他是一個征服者，是不是把整個世界陷入悲嘆之中，是不是使成千萬的人們流血；這是他具體表現的環境，由於四周的一切，由於外來的影響，由於動機；然則，他基於這些動機而產生的決心永遠無法據此來解釋一切；它產生于意志，而這個人就是這意志的具體表現。關於這一點，我們將在本書第四編中討論。性格展示種種性質的方式與無意識自然界一切物體展示種種性質的方式是很相似的。無論是反映湖岸靜靜的湖水，或是山岩上飛瀑而下的水沫，或是人爲的噴泉，水和它固有性質永遠是一樣的。上述種種情形取決于外來原因，每種情形對水來說，都是自然的，在同樣環境下，它會永遠顯出同一情形；各種情形顯出的機會都是相等的，但每一情形都符合它的特性，時時刻刻都只顯示這一點。在一切環境下，人類性格也是這樣顯示出來，但是，它所產生的現象將永遠符合環境。

27

如果，基於以上對種種自然力量和現象的考察，我們漸漸瞭解基於原因的解釋可以達到什麼程度，以及這種解釋如果不想使它成爲徒勞無益地將一切現象內容化爲單純形式的企圖時所應該止步的地方，那麼，我們就可以用一般性名詞來決定整個病源論應該需要的東西。它必須找出自然界所有現象的原因。因此，它必須把不同環境下各種不同形式的雜多現象歸于自然界種種原始力量。它必須在不同力量產生不同現象與不同環境產生不同現象兩種情形之間，加以區別；同時，它還要注意避免將不同環境下同一力量的表現誤作不同力量的表現；反之，避免將本來屬於不同力量的表現誤作同一力量的表現。因爲物理學需要原因，而意志決非原因。它對現象的整個關係不是根據充足理由原則。從本身看來像是意志的，從另一方面看，卻以表象的形式存在；換句話說，卽是現象。這樣，便服從構成現象形式的法則。例如，雖然每一運動往往是意念的具體表現，然而，卻必須有一應就特定時間和空間來對它加以解釋的原因；換句話說，不是就其內在本質對它加以解釋，而是視它爲特殊現象來對它加以解釋。就石頭的情形而言，這是機械原因；就人的活動情形而言，這是動機；但在任何情形下，都是不可缺少的。另一方面，某一特殊種類中一切現象的普遍共同本質，是普遍的自然力量，在物理學中，這種普遍的自然力量必然是一種玄奧的性質，因爲病源論的解釋在此結束，而形上的解釋在此開始。然而，因果連鎖決不會因其必需訴諸的原始力量而破壞。因果不連鎖並不把它視爲第一環而回到這種力量，但是，最近的一環和最遠的一環卻以這原始力量爲先決條件，否則就無法解釋任何東西。一連串的因果可能是種種不同力量的具體表現，前後相續的現象是由它引導的。但是，不能彼此互變的這些原始力量，根本不會破壞一系列原因的統一性及其各環間的關聯。病源論和自然哲學決不會彼此破壞，而會彼此携手並進，從不同觀點來看同一目標。病源論解釋那些必然產生需加說明的特殊現象的原因。顯示這些因果中有效的普遍力量是它所有解釋的基礎。它精確地界說、列舉和區別這些力量，然後指出每一力量所顯示的不同結果，這些結果受種種不同環境所支配，往往和力量自身的特性一致，是每一力量服從自然律中不變法則而展示的。若物理學澈底完成了這個工作，便是完全的了，而它的工作也將完成了。因此，在無機界中，不會存有任何的未知力量或結果所不曾爲我們證明．是在特定環境下屬於這些力量之一且與某種自然法則一致的具體表現。然而，自然律只是被遵循的法則，每當某種確定情形產生時，自然現象就是根據這個法則進行的。所以，某一自然律可以視爲普遍表現的事實——一般性事實——因此，列舉所有自然律只是全部事實的記載。對整個自然的考察就在形態學（morphology）中完成了，形態學列舉、比較和整理有機自然的所有持久形式。在個別動物出現的種種原因中，是沒有什麼可說的，因爲這是生殖關係（有關生殖的理論是一單獨問題），只在極少數的情形中是偶然發生的關係。但是，嚴格說來，意志客觀化所有較低階段亦卽物理和化學現象個別出現的方式，屬於最後方面，病源論的工作，就是指出這種出現的條件。另一方面，哲學所牽涉的只是普遍的共相，在自然界的情形和所有其他地方一樣。這裡，各種原始力量是它的對象，它在這些原始力量中發現意志客觀化各個不同階段，這是世界的內在本質，是世界的本體（in-stself）；當它離開意志去看世界時，便只把世界解釋爲主體的表象。但是，如果病源論不替哲學作準備工作，將以實際應用取代理論而假設它的目的在是否認所有原始力量的存在，只承認一種最普遍力量的存在，自認澈底了解，因而勉强將其他一切力量歸于這唯一力量的話——便背離了本身的範圍，只能帶來錯誤而不能帶來眞理。自然的內容爲形式所取代，一切都歸于從外界發生影響力的環境，沒有東西歸于事物的內在本質。如果這種方法可以成功的話，那麽，像我們早先說過的一樣，算學中的一個問題便足以解決宇宙之謎。但是，這個方法是下面所說的那些人所採取的方法，這些人認爲，所有生理上的結果都應化爲形式與結合，也許形式與結合又應化爲電力，而電力又化爲化合作用，化合作用又化爲機械作用。笛卡兒和所有原子論者的錯誤就是屬於最後所說的這一種。他們把地球的運動歸因於流體的衝擊，而把物質的各種性質歸因於原子的關係和形狀，因此，他們儘量把自然界的所有現象解釋爲不可入性和內聚力的具體表現。雖然這種說法現在已被揚棄了，然而我們這個時代以電力、化學和機械解釋生理現象的生理學家正在犯着同樣的錯誤，他們堅持根據「形式和結合」來解釋整個生命現象和有機體的一切作用。在米克爾（Meckel）的生理學的建樹（1820, v, p. 185）中，我們仍然發現他說，生理解釋的目的是將有機生命化爲物理學所討論的普遍力量。拉馬克（Lamarck）在他的動物哲學中也把生命解釋爲溫暖和電力的結果，熱電可以說是生命的基本原因（p.16）。根據這種說法，溫暖和電力乃是「物自體」，而動植物界則是它的現象。這種看法的荒謬不合理在該書第三百〇六和以後的幾頁中非常明顯地表示出來了。我們都知道，這些時常被人駁斥的看法，最近以新的姿態再度表現出來。如果我們仔細研究一下這些觀點的基礎，將會發現，它們都含有一種假設，認爲有機體只是物理、化學和機械力量種種現象的集合體，這些現象偶然在這裏合在一起，並產生自然界畸形的有機體，此外更沒有其他的意義。所以，如果從哲學觀點看，動物或人類有機體不是某一特別理念的表現，換句話說，並非意志在某較高階段的直接客觀性，而是在這種有機體中，將意志具體表現于實力、化學作用和機械作用中的理念。因此，有機體只是這些力量同時出現時偶然造成的，與白雲和鐘乳石偶然形成人類和動物的形狀完全一樣，因此，有機體本身不會比它們引起我們更大的興趣。不過，我們立刻會知道，將物理和化學的解釋應用于有機體身上時應當受些什麼限制；因為我認為，生命力的確運用無機界種種力量；但是，這些力量不會構成生命力，正如鎚子和鐵砧不會形成鐵匠一樣。所以，即使最簡單的植物生命，也永遠不能藉毛細作用和內滲透理論用這些力量來解釋的，動物生命更不用說。下面的討論將為這種困難的問題預先舖路。

從以上所說的，我們知道，如果自然科學想要將意志客觀化較高階段歸因於意志客觀化較低階層的話，確是一大錯誤；因為，未能認識或否認自然界原始的自然力量，是不對的。因此，康德說得對，康德說，如果我們希望從牛頓這種人那裏了解草葉（blade of grass），換句話說，如果我們希望從下述這種人那裏了解草葉，那將是荒謬無稽的，這種人認為草葉是物理化學力量的具體表現，是這種力量的偶然產品，因此只是自然界的畸形物，其中有沒有特殊的理念（Idea），換句話說，其中沒有直接顯示較高和特殊階段的意志，只和出現于無機界中的許多現象一樣，而且也是偶然以這種形式出現的。不承認這種說法的經院派哲學家會說，這完全是否認實質的形式，也是把實質的形式貶爲偶然的形式。因爲亞里斯多德所謂的實質的形式正表示我們所謂一物之中意志客觀化的階段。另一方面，我們不應該忽視，在所有理念中，換句話說，在一切無機力量和有機界一切形式中，所表現的是同一意志，換句話說，意志具備表象形式而變爲客觀表現。所以，它的統一性也必然可以透過它所有現象之間的內在關係去認識的。現在，這個統一性在意志客觀化較高階段中表現出來，這裏，整個情形更爲明顯，因此，由于一切形式的普遍類似，由于所有現象中的基本形態，這種統一性也出現于動植物界。所以，這變成了本世紀首創于法國的動物學體系的指導原理，而在比較解剖學中更確立爲解剖要害素的一致性。謝林派自然哲學家的主要目的就是發現這種基本形態，在這方面，他們確有相當功勞，只是他們尋求自然界的類似性希望有很多變爲純粹幻想而已。不過，他們曾經表示，這種普遍的關係和類似性也存在于無機界的表象中；例如，電力和磁力之間，後來證明兩者是相同的；化學吸力和引力之間等。他們特別注意一個事實，卽兩極性（polarity）亦卽某一力量分化兩個性質不同而力求重新統一的相反活動，幾乎是自然界所有現象的基本形態，從磁鐵、結晶體到人類。這種兩極性也出現于空間，成爲方向相反的分散現象。然而，在中國，這種知識早就普遍，因爲中國人相信陰陽對立的說法。其實，由于宇宙萬物都是同一意志的客觀化，所以從它們相同的內在本質上看，不但彼此之間必然類似，他所表現出每一現象的發展則有接近它的較高現象的痕跡、暗示和計劃，而且，由于所有這些形式都屬於表象世界，所以我們可以想像，甚至在最普遍的表象形式中，在現象世界的特殊架構卽空間和時間中，也可以發現和建立那充實形式的基本形態、暗示和計劃。這似乎是猶太教神秘學和畢達哥拉斯學派數理哲學以及中國易經哲學思想的淵源。在我們前面所說的謝林學派中，從他們致力于尋求自然現象間相似性這方面，我們也發現他們有幾個目的（雖然這些企圖相當不好），他們想從純粹空間和時間法則中推出自然法則。不過，我們無法知道，一個天才人物究竟會把這兩個願望實現到什麼程度。

現在，雖然我們不至於看不到現象和物自體之間的差別，因而也不至於把所有理念中客觀表現的意志同一性曲解（因爲它的客觀化有許多不同等級階段）爲表現意志的特殊理念的同一性，所以，儘管我們知道化學或電的吸力和萬有引力之間的內在相似，儘管前者可以視爲後者的較高力量，然而，決不能將化學或電的吸力化爲引力，就像一切動物身體結構的相似性不能保證我們可以把所有動物類都混爲一體，也不能保證我們可以把高等的動物解釋爲低等動物的變種；最後，雖然生理作用決不應化爲化學或物理過程，然而，在某種範圍以內，爲辯護這個方法，我們可以接受下述的觀察。

如果意志客觀化較低階段中幾個現象——卽無機界某些現象——由于每個現象在因果關係支配下企圖獲得特定物質內容而彼此衝突的話，那麼，從這種衝突中便產生一更高理念的現象，這現象蓋過一切早已存在但較不發達的現象，只是，它蓋過這些現象的方式却讓它們的本質繼續以附屬的方式存在，這裏，它把它們之中類似于本身之處吸收到自己身上來。這個過程只有賴表現于一切理念中以尋求更高客觀化的意志同一性才可以了解。例如，在骨頭變硬的作用中，我們看到一種類似結晶作用的情形，雖然「硬化」決不應化歸結晶作用。這類似情形以較低程度表現于變硬的肌肉中。動物身上體液和分泌物的結合，也類似于化學的結合和分裂。其實，在這情形中，化學定律仍然有效，只是居于次要地位，它的改變很大，並爲更高理念所支配；所以，有機體之外的單純化學力量，決不會產生這種體液；但是，由于這種超越某些較低理念或意志客觀化而產生的更高理念，乃能從它所超越的一切理念中把某種加强的類似物吸收到自己身上來因而獲得一種完全新的特性。意志以更明顯的方式將自己客觀化。最初是透過偶然發生；後來，以同化于特定種子，有體液、植物、動物、人類的方式出現。因此，高等現象產生于低等現象之間的爭鬪、高等現象吞沒一切低等現象，然而在高等階段中實現所有低等現象的趨勢。因此，這裏早已應用了此種法則—— Serpens nisi serpentem comederlt non fit draco ❸。

❸ "unless the serpent eats a serpent, he does not become a dragon"：除非蛇吃蛇，否則就不會變成龍。

根據以上的觀點，我們知道，化學和物理作用方式的痕跡的確在有機體中發現，可是，却決不能基於這些痕跡去解釋有機體；因爲，有機體根本不是由于這種力量聯合活動偶然產生的現象，而是一種以超越的同化作用超越這些低等理念的高等理念；因爲在一切理念中客觀化的意志往往會再尋求最高的客觀化，因此，在這種情形下，經過一次衝突之後，便拋棄客觀化的各個低等階段以便出現于高等階段中，以便出現于更有力的階段中。沒有衝突競爭，就沒有勝利：高等理念或意志客觀化只有超越低等理念才能表現出來，它容忍這些低等理念，而這些低等理念雖被超越，但仍然不斷力求自身獨立且完全的表現。吸住鐵片的磁鐵繼續和引力爭鬪，就作爲意志的低等客觀化來說，磁鐵對鐵的物質具有優先權：而在這不斷爭鬪中，磁鐵變得更强了，因爲，對立刺激使它達到更大的力量。同樣，意志的所有具體表現，包括人類有機體表現在內，不斷地對抗許多物理和化學力量，這些物理和化學力量，就作爲低等理念來說，對那種物質，具有優先權。因此，我們伸出去的手臂，雖然暫時克服了重力，可是終究要垂下來；健康的愉快感覺，雖然表示自覺有機體的理念克服了物理和化學法則，雖然本已控制了體內的體液，但是却時常被阻擾，這是由于這些力量的阻力及由此引起的不舒服，所以，生命中不活潑的部份也經常有着輕微的疼痛。因此，消化作用也會減弱動物機能，因爲消化作用需要整個生命力藉吸收作用來克服自然的化學力量。因此，一般來說，也產生物質生命的負擔、睡眠的需要，甚至死亡的需要；最後，這些被抑制的自然力量，由于環境之助，從那因經常勝利而感到疲憊的有機體奪回失去的物質，並使其存在達到毫無阻礙的表現。所以，我們可以說，只有當我們減去它消耗在抑壓和競爭物質的低等理念時的部份力量以後，有機體才表現它所反映的理念。這似乎是包恩（Jacob Böhm）心中所想的，因爲他曾說，所有人類和動物的身體，甚至所有的植物，實際上是半死的。根據有機體內克服自然力量（自然力量是意志客觀化的低階段）成功的大小，來決定它表現本身的理念到什麼程度；換句話說，來決定它比較接近理想還是離開理想——類中的美的理想。

因此，我們在自然界到處看到爭鬥、衝突和交互勝利，同時，我們也會漸漸認識那種和自身的差異衝突，對意志來說，這種差異衝突是非常重要的。意志客觀化的每一階段都爭奪其他階段的物質、空間和時間。持久的物質必須經常改變它的形式；在因果關係的支配之下，機械的、物理的、化學的和有機的現象，由于切望表現出來，所以彼此間互相爭奪物質，因爲每一現象都想顯示自身的理念。整個自然界都可以看到這種爭鬥；其實，也只有透過這種爭鬥，自然才能存在。然而這種爭鬥本身只是意志所需要的那種和自身的差異衝突。在動物界中，這種普遍的衝突變得很明顯。因爲動物總是把植物界當作食物，甚至在動物界本身範圍以內，野獸都以另一野獸爲食物和犧牲品；每個動物只能藉不斷毁滅其他動物才可以維持自己的生存。因此，生活意志到處自我傷害，而且在不同方式下成爲自身的滋養品，最後到了人類，由于人類壓服其他動物，所以把自然界當作爲自己所利用的工廠。然而，我們在本書第四編中將會看到，甚至人類也在自己身上明顯地顯示出這種爭鬪，顯示出意志和自身的差異衝突，同時，我們也發現人都是一頭狼。同時，在意志客觀化的低等階段中，也看到這種爭鬪，這種征服。許多昆蟲（尤其是姬蜂）在皮上產卵，甚至在其他昆蟲的幼蟲體內產卵，新生孵雛的第一個工作就是慢慢毀滅產卵地的皮或其他昆蟲幼蟲的身體。水螅幼蟲的生長，好像一個新的芽蕾從其他芽蕾長出然後和它分離一樣，當它還和原來母體水螅連在一起時，就爭奪原水螅供給的食物。而澳洲產的一種牛頭大蟻（bulldog-aut）是這方面最顯著的例子；如果把它切成兩半，頭部和尾部之間便開始鬪爭。頭部用牙齒咬住尾部，而尾部則刺頭部以自衞：這種鬪爭可能維持半個小時直到對方死亡或被其他蟻螞拖走爲止。此種鬪爭，屢試不爽。在米蘇里河兩岸，有時可以看到一種巨大橡樹，樹身和樹葉爲粗大野藤纏繞，束縛和交錯，使得橡樹像窒息一樣枯萎凋謝。在意志客觀化的最低階段中，也顯出同樣的情形；例如，當水和碳變成植物汁液或植物，或食物因機體吸收作用變成血液時，便發生這種情形；產生動物分泌物的情形中，也發生這種現象，這時，化學力量只爲附屬的活動方式。這種情形也發生于無機界中，例如，當形成中的結晶體相遇相錯而彼此互相錯綜以致無法獲得完全的結晶形體時，便發生這種情形，所以，幾乎所有結晶體都是意志低度客觀化時這種衝突的一個影子；或者，當磁鐵對鐵塊發生磁力作用以便在鐵中表現它的理念時，也發生這種情形；再如，當化學作用產生的電力壓倒了化學親和力，分解最密切的結合因而使化學法則不再發生作用，使得負極上分解的鹽酸性跑到正極上來根本未與鹹性結合，或使其接觸藍色試紙變爲紅色時，也發生這種情形。這種情形大規模地表現于恒星和行星之間的關係中，因爲，雖然行星依靠恒星，然而，正像有機體內的化學力量一樣，却往往抗拒恒星，因此，便在向心力和離心力之間產生經常的緊張狀態，這種緊張使地球運行，這就是我們現在討論的意志具體表現普遍衝突的實例。由于所有物體都應視爲意志的具體表現，而意志又必然表現爲鬪爭，所以，形成球體的一切行星的最初情況，不可能是靜止的，而是運行的，在無限空間中一刻不停也毫無目的地向前奔行。

這裏，我們會看到意志在客觀化最低階段中表現爲盲目的奮進，表現爲模糊不清的衝動，且不容易直接認識。這是意志客觀化最簡單和最微弱的方式。但是，它在整個無機界中表現爲這種盲目和無意識的奮進，在原始力量中表現爲這種盲目的奮進，每種原始力量都在千千萬萬相同而規律的現象中表現出來，沒有顯出個體性格，只是透過空間和時間的雜多性，正如一幅圖畫如果從多面鏡子去看則變成許多圖畫一樣。

意志也在植物界發生作用，雖然從一個階段到另一個階段客觀化愈來愈明顯，可是，在植物界中，還是缺乏意識，只是一種模糊的奮進力量，在植物界中，意志在各個現象之間的連繫物，不再是原因而是刺激；最後，意志也在動物現象中的植物部份，也在動物的生殖和成長以及維持其內部活動中發生作用，在這種現象中，意志的具體表現還是決定于刺激。意志客觀化不斷昇進的各階段，最後使我們到達一個地步，這時候，表現理念的個體，不再透過由刺激所產生的單純活動吸收食物來消化。因爲，這種刺激需要等待，而現在食物已漸漸特殊化，同時，由于個別現象不斷增加、擁擠和混亂，使它們彼此干擾，僅受刺激推動而必須等待食物個體的機會不太多。所以，動物自卵中或母體中（動物在卵中或母體中不自覺地長大）產出來以後，就必須到外面去尋找選擇食物。爲了達到這個目的，由刺激而產生的活動和意識，便是必需的了，因此，它表現爲一種動作者（agent），這是意志客觀化在這個階段爲保全個體的繁殖所必要的。大腦或大規模的神經中樞代表這種情形，正如客觀化的意志的其他方面爲器官所表示一樣，換句話說，卽具體表現爲一種器官。但是，由于這種協助的工具，表象世界及其一切形式、客體、主體、時間、空間、雜多性和因果關係，便一下子產生了。到現在爲止一直暗中地遵循着本身趨勢的意志，在這裡，則燃起一道光亮作爲工具，要避免因種種具體表現的衆多和複雜性所帶來的不利，這種工具是不可少的，同時，這種工具會自然增加以便各種具體表現達到最完美的地步。它在無機和植物界所賴以發揮作用的絕對正確和規則性，建築在下述事實上，卽就作爲盲目的衝動意志來說，它是原始自然界唯一發生作用的，並未受到表象世界的協助，也未受到它的阻擾，其實，它只是本身內在存在的影子，但是却屬於另一種性質，而現在侵佔它各種現象相關的整體。因此，它的絕對可靠性沒有了。動物容易犯錯和受騙。不過，動物只有知覺觀念，沒有概念、沒有思想，因此，它們囿于現在，不能顧及將來。似乎，這種知識不足以達到它的目的。

最後，當意志達到了客觀化最高階段時，動物所具有的有關悟性的知識是不够的，這種知識的材料是感官供給的，這種知識只能產生限於直接出現者的知覺。那種複雜的、多方面的、具有想像力的動物——人類及其種種需要，要想存在的話，便應受雙重知識的引導；應具有比知識知覺更高的能力，也應具有理性，以形成抽象概念。因此，產生了思想，縱觀未來和過去，結果產生了愼思熟慮，這是一種與目前無關的事先計劃行動的能力，最後，產生了對自身愼思熟慮的意志活動的明白意識。如果只有知覺知識，就有產生錯誤和受騙的可能，這樣，意志的盲目奮進前此所具有的絕對正確性便失去了，所以，表現無意識意志的機械及其他本能必須協助自覺的本能，由于理性的介入，意志各種表現（這些表現在無機界的另一種極端情形下，嚴格服從法則）的確實無誤幾乎完全失去了；本能消失不見，取代其他一切的深思熟慮（如本書第一編中所說的）產生了猶豫和不定；因此，錯誤便可能產生並在許多情形中阻碍行動中意志的充分客觀化。因爲，雖然意志傾向于性格，當意志活動受動機影響時，便永遠根據這種傾向而發生；然而，錯誤可以曲解它的表現，因爲它帶來虛幻的動機，例如，當迷信使人具有假想的動機時便是如此，這些假想的動機使他從事一種于特定環境中以不同方式直接與意志相反活動。亞加曼儂（Agamemnon）❹殺死自己的女兒，守財奴施捨別人，完全基於自私，希望有一天能獲得百倍的償還。

因此，一般地說，理性知識和單純感情知識，本來都是從意志產生，屬於意志客觀化各高等階段的內在生命，爲維持個體和種類的一種工具，正如肉體上的器官一樣。本來是意志用來完成目的的，現在仍然爲意志所用：在所有動機及所有人類中，情形都是如此。然而，我們將在本書第三編中看到，在某些人身上，知識如何擺脫這個束縛，掙脫它的桎梏，擺脫意志的一切目的，純粹爲自身而存在，只作爲這世界的一面明亮鏡子，這明亮鏡子便是藝術的起源。最後，在本書第四編中，我們將要看到，如果這種知識對意志有所反應的話，如何產生捨己從人的情形，這是一切美德和神聖的最後目的，也是它們的最內在本質，同時也是從這個世界的解脫。

28

❹ 亞加曼儂（Agamemnon）爲希臘神話中的人物，爲特洛戰爭中領導人物之一。

我們已經討論過意志藉以客觀化的各色各樣現象，也看到了它們彼此之間永無休止和難以平息的爭鬪。然而根據到目前爲止的整個討論來看，作爲物自體的意志本身，根本不包括在多樣性和變化之中。（柏拉圖式）理念的變化多端，即客觀化的各個階段，每一客觀化階段藉以表現的個體的衆多，形式的競求物質內容——這些都與意志無關，只是意志客觀化的方式，也唯有透過這個，才和它發生間接關係，因此它屬於觀念方面意志性質的表現。正如幻燈表現許多不同的畫面，其實只是同一光線造成的，同樣，充塞宇宙間的各種各樣現象彼此相續的事象中，所表現的是同一意志，一切東西都是這意志的可見性、客觀性，而在這個變化中，意志始終未動；唯有意志是物自體，所有客體只是意志的具體表現，或用康德的話來說，只是現象。雖然在作爲（柏拉圖式）理念的人類身上，意志客觀化最爲明顯，也最爲完全，但是，如果只有人類，也不能表現出它的生命的。爲了具體表現意志的全部意義，人的理念必須出現，並非孤獨地和其他一切分開，而是隨之以一連串階段，從人類算起，往下去，經歷各種動物、植物界一直到無機界。所有這些在意志的完全客觀化中彼此補充，它們是人的理念的先決條件，正如樹葉、樹枝、樹幹、樹根是花的先決條件一樣；它們狀如金字塔，人類則是塔的頂端。如果你喜歡用比喻的話，也可以說，它們的具體表現必然隨着人的具體表現而來，正如光天白日之後必然是逐漸暗下去，最後慢慢地消失于黑暗之中；或者，我們可以稱它們是人的回聲，因此，我們說：

動物和植物都是人以下的低五度和三度，無機界則是低八度。最後，只有當我們在下編中澈底明白音樂的深刻意義，並了解由高音符，快音符所形成前後一貫的曲調在某種意義下如何地視爲表現那種以思想聯在一起的人的生命和成果，而形成那完成所必需的和聲的不連貫補充音符，和緩慢低音如何代表無知的動物界和整個自然以後，才會了解這個比較的全部眞實性。關於這點，聽起來本來不會這樣矛盾不合理。可是，我們發現，它種種具體表現漸變的內在必然性（這與意志充分客觀化是無法分開的）爲這些具體表現本身整體中的外在必然性所表現，由此，人類需要動物的支持，動物在它們各階段中彼此間以及植物的支持，而植物又需要水土、化學元素及其結合，行星、地球繞太陽的公轉和自轉、橢圓形曲線等等的支持。最後，從下述事實我們可以知道，意志必須靠自己存在，因爲，在意志之外，一無所有，而意志又是一種渴望。因此，便產生熱烈的追求、焦急和痛苦。

只有關於那作爲物自體之意志統一性的知識，在無窮無盡的雜多現象中，才能使我們能夠眞正解釋自然界萬物的奇妙類似，由于這種奇妙的類似，我們可以把自然界萬物視爲同一不定主題的變化。同樣，透過那明顯而澈底了解的對和聲的認識，透過世界所有各部份的主要關聯，透過我們剛才所討論它們漸變的必然性，我們對自然界一切有機物無可否認的目的內在本質和意義，將會獲得一眞正的洞識，其實，當我們討論和探究它們時，已預先假定了它們。

這個目的有兩種意義：有時候指內在目的論，換句話說，某一特定有機體各部份的和諧一致，這樣，可以維持個體和種類的存在。可是，有時候又有一種外在目的論，這是無機界對有機界的一般關係或有機界特殊部份彼此間的關係，這種關係可以維持整個有機界或特定動物類的存在，因此，我們認爲是達到這個目的的手段。

如果，自然界一切形式的變化及個體不屬於意志本身，只屬於意志客觀表現和這客觀的形式，那麼，我們必然看到，意志是不可分的，儘管意志客觀化的各個階段，（柏拉圖的）理念彼此不同，然而，意志是整個地出現于一切具體表現中的。爲簡單起見，我們可以認爲這些不同理念本身就是意志的個別和具體活動，而在意志活動中多少表現出它的本質。可是，個體也是理念的具體表現，因此也是時間、空間和多樣性中這些活動的具體表現。現在，在意志客觀化的最低各階段，這種活動（或理念）保持它在具體表現中的統一性；可是，爲了在較高階段中出現，便要經過時間中的許多狀態和發展，這是集體地整個表現它的本質。例如，在任何普遍性自然力量中出現的觀念，往往只有一種表現，儘管根據當前種種外在關係而有不同的表現：否則就無法證明它的統一性，因爲這一點是由于把那僅從外在關係而起的變化差異抽離出來。同樣，結晶體的壽命只有一種表現，卽結晶作用，以後則獲得嚴格方式下的充分而澈底的表現，卽那短暫生命的屍體。不過植物並不透過簡單具體的表現一下子便表現理念（植物是這理念的現象），而是以它各種器官在時間中的相續發展來表現理念。動物不但以同樣方式，以彼此不同的許多形式來發展它的有機體，但是，這個形式本身，儘管已是這階段意志的客觀表現，然而並沒有充分表現出它的理念。這個表現必須透過動物的種種活動來完成，它所具有的整個類的經驗特性，在這個表現中具體表現出來，只有這樣，才是理念的充分顯現，這是特殊有機體當作先決條件的一種顯現。在人類身上，經驗性格是每一個體所特有的（其實，我們在本書第四編中將會看到，由于整個意志的屈從，甚至達到了完全取代類的性格的地步）。所謂經驗性格，透過時間中的必然發展以及受其限制的各個特殊活動的劃分，當從這個具體表現的短暫形式中抽出睿智性格時，是根據康德所說的，康德在確定這個區別和解釋自由和必然卽作爲物自體之意志和意志在時間中的具體表現之間的關係方面，確有不朽的功勞❺。因此，可理解性和理念是一致的，或者，說得更正確一點，是與其中所表現的意志原始活動一致的。到目前爲止，不但每個人的經驗性格應該視爲某種可理解性的具體表現，卽應該視爲超時間的，看不見的意志活動的具體表現，所有各類動植物甚

❺ 請比較「純粹理性批判，宇宙中事象推論整體的宇宙論觀念」第五版 560—586 頁，與第一版532頁的後幾頁；以及「實踐理性批判」第四版 169—179 頁；Rosenkranz 版224頁及注頁以後部份。請比較我關於「論充足理由原則」論文第43節。

至無機界的一切原始力量，也應該視爲意志活動的具體表現。這裡，我要特別注意所有植物藉以表現和揭露自身簡單形式中整個特性的質樸(naiveté)。這就是爲什麼植物的外貌如此令人發生興趣的緣故。如果你想藉某一動物的理念來認識這個動物，便必須觀察它的活動過程。至於人，必須加以澈底的研究和考驗，因爲理性使他能作高度的掩飾。動物比人更爲質樸，正如植物比動物更爲質樸一樣。在動物身上，我們看到生活意志比在人身上表現得更爲赤裸裸，可是，在人類身上，却蒙上許多知識的外衣，而且，由于人有掩飾的能力，所以生活意志隱而不露，因此，只有靠偶然的機會才能看到它的眞正本質。在植物身上，它的表現相當赤裸，但是比較起來，也遠爲微弱，只是沒有目的或目標的盲目的求生。因爲植物的整個生命一眼就爲人洞穿了，完全是率直的，所有動物的生殖器官都長在最隱秘的部位，但植物的生殖器官却暴露在表面，然而這個事實並沒有使植物受到困擾。植物的這種情形是由于它的完全無知。罪惡不在意欲，而在自覺的意欲。所有植物最先使我們知道的是關於它的產地、氣候和生長所在地的土質。所以，卽使沒有實地經驗的人也容易知道某種外來植物屬於熱帶還是溫帶以及長在水中或沼澤地帶還是山上或沼地。不過，除此以外，所有植物都表現所屬類的特別意志及某種無法用其他語言表示的東西。但是，我們要把所說的應用到關於有機體目的論的考慮方面，因爲涉及它的內在目的。如果，在無機界中，到處被視爲單純意志活動的理念，也在一種永遠一致的單純具體表現中顯示出來，那麼，我們可以說，在這裡，經驗性格直接參與可理解者的統一中，似乎與它一致，所以，這裡不可能顯出任何內在目的；相反的，如果所有有機體都透過一連串發展來表現它們的理念，受許多共存部份所限制，那麼，只有經驗性格各種具體表現的總數集體構成可理解性格的表現；這種各部份的必然共存以及發展各階段的相續並不破壞所表現的理念的統一，並不破壞自我表現的意志活動的統一，相反的，這種統一性，根據因果法則，表現于發展各部份和各階段彼此之間的必然關係和關聯中。因爲在整個理念中顯出有如在活動中顯出的，是那整個不可分因而完全一致的意志，所以，儘管它的具體表現分散爲許多不同的部份和情況，然而，都必然再在所有這些部份和情況的前後一致中顯示這種統一性。這是由于所有各部份彼此之間的必然關係和相互依賴而產生的，透過這種必然關係和相互依賴，具體表現中重新建立這理念的統一性。根據這一點，現在，我們認爲有機體這些不同部份和機能是彼此相關而互爲手段和目的的，不過有機體本身是最後目的。因此理念（本身是單純的）分化爲有機體許多部份和情況以及由于各部份和機能（各部份和機能是由于下述事實而產生的，卽，它們彼此的關係是原因和結果，手段和目的）的必然關聯而重新建立的統一，都不是表現出來的意志所特有和必要的，也不是物自體所特有和必要的，只是意志在空間、時間和因果關係（只是充足理由原則的形式，只是現象的形式）中的具體表現所特有和必要的。它們屬於表象世界而不屬於意志世界，屬於意志成爲客體的方式，亦卽屬於意志客觀化階段中的表象。凡是了解這個討論——這個討論也許有些困難——之意義的人，都會澈底了解康德的學說，根據康德的看法，認爲有機世界的目的和無機世界的服從自然律只是我們的悟性帶來的，因此，兩者只屬於現象界，而不屬於物自體。我們前面所說的對于無機界絕對服從自然律所產生的驚奇與對有機界內的目的所引起的驚奇根本是一樣的；在這種情形中，我們感到驚奇的只是看到理念的原有統一性，對現象來說，這個統一性已採取雜多和差異的形式。

至於根據上面所劃分的第二種目的論卽外在目的論來看，不是表現于有機體的內在節約中，而是表現于它們從外界得來的支持和協助中，表現于從無機界以及彼此得來的支持和協助中，它的一般解釋應在我們剛才所作的說明中去找。因爲整個世界及其一切現象都是一不可分的意志卽理念的客觀表現，這個理念對其他所有理念的關係，正如和聲對單一音符的關係。所以，意志的那種統一性也表現于它所有具體表現的一致中。但是，如果我們稍爲進一步密切地觀察那外在目的論的具體表現以及自然界各部份彼此之間的一致，那麼，這種識見便更爲明白淸楚了，而且這個探究也會使我們更明瞭上面的說明。我們將考察下述的類似以充分地完成這個目的。

只要每個人的性格是澈底個人的且非完全包含在所屬類的性格中，便可以視爲一特殊理念，便可以視爲和意志客觀化某一特殊活動對應的特殊理念。因此，這個活動本身將是他的睿智性格，而他的經驗性格又將是睿智性格的具體表現。經驗性格完全由可理解者決定，這是沒有理由的，換句話說，就像物自體不服從充足理由原則（現象的形式）一樣。在生活過程中，經驗性格必定使我們對于可理解者具有明白的印象，並且只能成爲後者本性所需要的。但是，這個屬性只適用於它所應用到的生活過程中主要的東西，而不適用于非主要的東西。當作顯示經驗性格之材料的詳細事象和活動而言，則屬於這非主要性東西。這些決定于外在環境，這些外在環境帶來性格根據自身本性而加以反應的動機，同時，由于它們可能很不相同，所以，經驗性格具體表現的外在形式，亦即生命過程的確實或歷史形式，將要適應它們的影響。現在，這個形式可能很不相同，儘管具體表現所必需的東西即其內容仍然是一樣的。例如，一個人的博奕是爲了好勝還是爲了榮譽，這無關重要，眞正重要的是他到底是欺騙還是公平，後者決定于睿智性格，前者則決定於外在環境。同一主題可用許多不同的變化方式表現出來。同樣，同一性格也可以用許多不同的生命表現出來。但是，無論外來影響如何不同，在生命過程中表現的經驗性格，無論採取什麼形式，都必然正確地將睿智性格客觀化，因爲後者將它的客觀化適應實際環境的既定事實。現在，如果我們希望了解在意志具體表現的最初活動中意志如何決定那些將其客觀化的不同理念，亦即如何決定各種不同形式的自然物，而意志的客觀化就分佈在這些自然物之間，因而在具體表現中這些自然物彼此之間必然具有某種關係的話，那麼，我們就必須假設外在環境對生命（在主要各方面，生命是受性格決定的）的影響相類似的東西。我們必須假設，在單一意志這些具體表現間，有着一種普遍而相互的適應，可是，我們不久會更爲明白，由於此，所有時間上的決定都應排除，因爲理念是在時間之外。根據這一點，所有具體表現必適應本身所進入的環境，而這種環境也必已適應這種具體表現，儘管這種具體表現在時間中所佔的地位很遲，並且，我們到處看到這個自然的交感。所以，每一植物都適應生長地的土壤和氣候，每一動物都適應本身的組織成份和將成爲食物的犧牲品，而且在某種範圍以內，以某種方式加以保護使其不受自然敵人的侵害，眼睛適應光線和光的折射，肺和血液適應空氣，魚的氣囊適應水，海豹的眼睛適應向外看時必須透過的媒介物的變化，駱駝胃中的水囊適應非洲沙漠的乾燥，鸚鵡螺的帆狀物適應吹它小船的風，餘此類推一直到最特別和使人驚奇的種種外在適應。不過，這裡我們必須離開一切短暫性的關係，因爲這些關係只能涉及理念的具體表現，而不涉及理念本身。因此，也應回過頭去使用這種解釋，同時，我們不但要承認，每個類都適應特定的環境，而且也要承認，在時間上先于這類的環境本身也要同樣地重視那將要來到這環境中的東西。因爲，在整個世界中客觀化的，是那同一意志，對意志來說，無所謂時間，因爲充足理由原則的此一形式不屬於時間範圍，也不屬於它的最初客觀性卽理念，只屬於本身短暫的個體認識這些理念的方式，亦卽只屬於理念的具體表現。因此，對我們現在所討論的意志客觀化在理念間分佈的方式來說，時間是沒有意義的，同時，根據現象所服從的因果法則來看，其具體表現較早進入時間中的理念並不勝過進入時間中較遲的理念，甚至相反的，後一種理念反而是意志最完全的具體表現，較早的具體表現必須適應這些較遲的具體表現，正如較遲的具體表現必須適應較早的具體表現一樣。因此，行星的運行，運行軌跡的傾向于橢圓形，地球的自轉，水陸的分佈，大氣、光、溫暖以及所有這種現象，在本質上相當于和聲中的低音，預先適應將要產生的生物，它們將是這些生物的維護者和支持者。同樣，土地適應植物的營養，植物適應動物的營養，動物又適應其他動物的營養，反過來，它們都適應土地的營養，自然界各部份彼此相應，因為在各部份表現的是同一意志，但時間歷程與其最初及唯一適當客觀化（這句話將在下編中加以說明）卽理念是完全無關的。卽使到現在，當生物的種類只維持原有狀況而不再產生新種時，我們還到處看到自然界這種擴及未來並似脫離時間過程的預籌現象，這是已經存在者對尚未存在者的自動適應。鳥類為自己未來的小鳥作巢，海狸造壩而不知目標到底是什麼，螞蟻、山揆鼠和蜜蜂貯備食物準備過多，而事實上它們從來沒有體驗過多天究竟怎樣；蜘蛛和蟻獅建造那種好像用愼密技巧造成的陷阱準備將來捕捉未知的犧牲品，昆蟲選擇將來可以養育幼雛的地方產卵。春天，雌雄異體的雌花解開莖上的螺旋狀物，由于莖上螺旋狀物的關係，所以在沒有解開以前，一直長在水底；解開以後，升到水面了。就在這個時候，那長在底部短莖上的雄花突然脫開，拼命到達水面，遊來遊去找尋雌花。後者結果以後，便收縮它的螺旋狀物而重新回到水底，果實便在水底生長。這裡，我還要說到雄鹿角蟲的幼蟲，幼蟲在樹上鑽洞準備變爲雌蟲那樣大時以便有空間容納將來生出的角。一般動物的本能對自然界還保留着的目的論給我們最好的說明。因爲，由於本能是一種活動，有如受目的概念所引導的活動，但却又完全沒有目的；所以，自然界的整個結構類似于受目的概念引導的結構，然而也是完全沒有目的的。正如在內在目的論中一樣，在外在目的論中，在任何情形下，我們應該視爲手段和目的東西，是「自身澈底一致唯一意志統一性的具體表現」，就我們認知的方式來說，這具體表現在時空中採取多樣的形式。

可是，從這個統一性而產生的各個現象之間的相互適應和自動適應，消除了前面所說自然普遍衝突中出現的以及意志所必需的內在矛盾。這種和諧性只達到使世界和其中一切存在物可以繼續存在的地步，如果沒有這種和諧性，世界及其一切存在物早就會消滅了。所以，它只達到保持生物種類的繼續存在和生命的一般條件爲止，不會達到保持個體的存在。如果由于這種和諧性適應性，有機界生物的種類和無機界的普遍力量彼此共存且彼此互相維護的話，可是另一方面，在所有這些表象中客觀化的意志的內在矛盾，像我們前面所指出的，都表現于這些種類中個體之間永不止息的兩敗俱傷的鬪爭，以及這些自然力量具體表現彼此之間繼續不斷的競爭中。這個競爭的場所和目標是物質，它們彼此都想從對方奪取物質，空間和時間也是競爭的場所和目標，事實上，由因果關係而產生的時空結合就是物質，我們在本書在第一編中曾經說明過這一點。

29

這裡，我結束所作說明的第二種主要劃分，希望在一種完全新思想的可能情形下，使讀者澈底認識，我們生活的以及誕生我們的這個世界，從本質上看，完全是意志，同時，也完全是表象：所謂這個表象早已假設一種形式，客體、主體的存在的這一事實是相對的；同時，如果我們要問，一旦我們除去這個形式以及所有附屬於這個形式並表現充足理由原則的其他形式，那麼，剩下來的是什麼，答案一定是這樣的，即，就與表象完全不同來說，這剩下來的東西，除了意志之外什麼都不是，因此，它是物自體。每個人都發現，自己就是這個意志，世界的眞正本質就是這意志，他也發現，他是認知的主體，整個世界是他的表象，世界只對他的意識而存在，他的意志是世界所必需的支持者。因此，從兩方面看，每個人本身就是這整個世界，就是小宇宙；發現兩方面在人身上都是整個而完全的。他所認爲自己眞正生命的東西，也概括了整個世界的生命——大宇宙；因此，像人類一樣，世界完全是意志，也完全是表象，此外一無所有。所以，我們發現探討大宇宙的泰利斯（Thales）哲學，在這方面，和探討小宇宙的蘇格拉底哲學合在一起了，因爲我們發現兩者的目標都是一樣。但是，本書前兩編中所表達的知識，在後兩編中，將會更爲完全，因而也會更爲可靠，在後兩編中，希望在我們討論過程中明顯產生的幾個問題，也會得到充分的解答。

同時，這種問題可加以更特別的考察，因爲，只有當一個人沒有完全了解前面所作說明的意義時才能產生這個問題，同時，到目前爲止，也可以當作對它的說明。這個問題可以說明如下：每個意志都是追求某種東西的意志，都有一個目標，卽意欲的目的；因此，我們要問，最後目的是什麼，或顯示爲世界之主體的意志所追求的是什麼？像許多其他問題一樣，這個問題建築在將物自體和具體表現的相混上。充足理由原則（動機法則也是充足理由原則的一個形式）只涉及後者而不涉及前者。只能替現象界個別事物找出理由，決不能替意志本身找出理由，也不能替那充分客觀化的理念找出理由。因此，對自然界每一特殊運動或任何一種變化，都應找出一種原因，換句話說，都應找出一種必然產生它的情況，但是，決不能替這個和無數同樣現象中表現的自然力量本身找原因；如果要找出重力、電力等的原因，那只是由于缺乏考慮而產生的誤解。只有當我們用某種方式表示重力和電力不是自然界原始的特殊力量，只是早已知道的一種更普遍力量的具體表現時，才可以找尋使這個力量產生重力或電力現象的原因。我們在前面曾經詳細說明過這一點。同樣，有認知能力的個體（本身也只是作爲物自體之意志的具體表現）的每一特殊意志活動，必然有一動機，如果沒有動機，意志活動便不會產生；正如物質原因只是決定在這個時間，這個地點，這個物質內，這個或那個自然力量必然產生，同樣，動機也只決定這個時間，這個地點，在這些情況下某一認知者的意志活動爲一特殊活動，根本不決定這認知者一般意欲的東西或以這方式意欲的東西；這是他睿智性格的表現，像意志、物自體一樣，這是沒有理由的，因爲它在充足理由原則之外。所以，每個人都有引導自已行爲的永久目的和動機，同時，往往能對自已的特殊活動加以說明解釋；但是，如果有人問他有沒有意欲或者問他爲什麼意欲存在，他將會答不出來，而這個問題對他來說也確實沒有意義；這只是他下述自覺的表現，即，他自身不是別的，只是意志，他的意欲活動獨立存在，而且，只有在他每一時刻的個別活動中才需要動機的更特殊決定。

事實上，擺脫目的一切限制的自由，屬於意志的本質，這是一種無限的爭鬪。前面指出離心力的地方早就接觸到這個問題。它也在意志客觀化最低階段如重力中展示最簡單的形式，雖然它不可能有任何最後目的，但是，我們却看到它在不斷地努力。因爲，如果根據它的意志，所有現存物質都集合在一個大質量上，可是，在這個質量中，那不斷傾向中心的重力却仍然和那不可入性或彈性互相衝突。所以，物質的傾向只能限制，決不能完成或滿足。但是，這正是一切意志活動一切傾向的情形。每個達到了的目的也是新的追求過程的開始，而且永遠這樣繼續下去。植物從種子經幹身和葉子到花果產生它的具體表現，這又是經歷同樣過程的新種子新個體的開始，而且也永遠繼續下去。動物的生命，情形亦復如此；生殖是它的最高頂點，在完成生殖以後，頭一個個體的生命便迅速或緩慢地消落下去，而新生命便保證自然界中這生物種類的繼續存在，而且永遠重覆同一現象。的確，每個有機體中物質的不斷更新，也應視爲只是這不斷壓力和變化的具體表現，而現在的生理學家們也不再認爲它是運動中所耗物質的必然補償，因爲，機關的可能破損根本不可能等於它不斷從營養中接受的補助。永恒的變化，無限的流動是意志內在本質顯現時的特徵。最後，在人類的期圖和欲望中，也表現同一東西，這東西往往欺騙我們，以爲這些欲望的滿足就是意志的最後目的。一旦我們滿足這些欲望，它們就不會以同樣姿態出現，因此它們立刻變爲陳腐的、被遺忘的，同時雖然沒有明顯地被否定，也往往被擺在一旁當作消滅了的幻想。如果還有東西讓我們希望、讓我們追求，就够幸運了，因爲我們可以繼續保持着從希望到滿足以及從滿足到新希望的過程，如果這個過程快速便叫做幸福，緩慢便叫做憂傷，同時我們也不會陷于痲痺生命的可怕怠倦中所表現的停滯不振，沒有確定目標的空想以及死一般的沉悶中。根據所有這些，我們知道，當意志被知識啓發時，往往知道自己此時此地意欲什麼，決不知一般意欲的東西；意志的每一特殊活動都有它的目的，但整個意志却沒有目的；正如自然界每一特殊現象，就其出現于此時此地來說，決定于一充分原因，但其中表現的力量沒有一般性的原因，因爲它屬於物自體，屬於沒有理由的意志。整個意志自覺的實例是整個表象，是整個知覺世界。它是意志的客觀化，是意志的鏡子，是意志的顯現。意志在其中所表現的，將是我們進一步考察的主題。

卷三　表象世界

第二層面

與充足理由原則無關的理念：柏拉圖的觀念：藝術對象

三

30

在第一卷中，我們只把世界解釋爲表象，爲主體的對象❶。在第二卷中，我們從另外一個方面看世界，在這方面，我們發現世界是意志，這個世界除了作爲表象以外，便只是意志。根據這種認識，我們稱表象世界的全體和其各部份爲「意志的客觀化」，所以，這表

❶即把世界看作由心識而起的，離開主體的認識作用，這世界便不存在，所謂「對象」兩字，就含有「作爲主體的對象」意義在內，英文中 olgeet 一字，可解釋爲「物」，亦可解釋爲「對象」，就其本身看爲物，就其與人類意識作用發生關係看便爲對象。

示意志變爲客體對象，卽變爲表象。並且，我們記得，我們曾發現這種意志客觀化有很多確定等級，在這些等級中，客觀化程度漸漸地變得明顯和完全，意志的本性出現于表象中，換句話說，意志表現爲客體對象。在這些等級中，我們早已認識柏拉圖的理念，因爲這些等級正是確定的類屬或一切有機和無機自然物體的原始不變形式和性質，也是根據自然律而顯現出來的普遍勢力。因此，這些理念，整個地表現于無數的個體和殊相❷中，其與個體和殊相的關係正如原本和抄本的關係。只有透過時間和空間才能想像這種個體的雜多性，只有透過因果關係才能想像個體的生滅，而在所有這些形式中，我們只認識充足理由原則的不同樣態，充足理由原則乃一切有限事物，一切個別存在的究極原則，也是表象表現于個體知識中時的普遍形式。相反的，柏拉圖的理念，不受這個原則的支配，因而既無雜多性，也無變化。當那表現柏拉圖理念的個體數量無限而不斷生滅時，柏拉圖理念仍然沒有變化，仍然是一致的，而充足理由原則對它毫無意義。由于這主題是一切知識所歸屬的形式，因此，如果主體以個體方式從事認知活動，那麼，柏拉圖理念便完全在它的知識範圍之外。所以，如果柏拉圖理念要成爲知識的對象，唯有超越能知主體的個體性之外，這種情形才能發生。現在我們所注意的，就是對這點加以更精確和更詳細的解釋。

❷ 殊相是指個別存在的事物。

31

可是，首先我們要注意下面一段非常重要的話。我希望在前一卷中能使讀者相信，康德哲學中所謂的「物自體」，康德哲學中一種很重要但也很曖昧和矛盾不合理的學說，尤其是康德提出這個學說而把它當作一種從結果推論原因的方式，已被視爲伴足石，被視爲他哲學中脆弱的一面——我想，如果我們以自己達到這一點的完全不同方式而達到物自體的話，那麼，當我們用我所表示的方式擴展和解釋那個概念範圍時，這只是意志。我更希望，根據我們所說的，毫不猶豫地承認意志客觀化的明確等級（這是世界的內在實在）爲柏拉圖所謂的永恒理念或不變形式；這個學說被視爲他哲學系統中的主要思想，同時也是他哲學系統中曖昧和矛盾不合理的獨斷見解，也是許多世紀以來，很多具有各種不同天賦才能的人所思想和爭論、嘲笑和崇敬的對象。

如果現在我們把意志看作物自體，而把（柏拉圖）理念看作意志在某一明確階段的直接客觀性，那麼，我們發現，康德的物自體和柏拉圖的理念，西方兩個最偉大哲學家的這兩個偉大曖昧的矛盾說法，的確是不同的，不過關係很密切，只在客觀環境下才能加以區別。這兩個偉大矛盾理論的主旨及一切內在一致和關係，由于這兩位哲學家個性的顯著不同，因此，很不一樣，以致兩者是彼此最好的解釋，因爲它們好像殊途同歸的兩條道路。這一點很容易明白。康德所說的大旨如下：「時間，空間和因果關係不是物自體特殊表現，只屬於它的現象存在，因爲時間、空間在因果關係只是知識的形式。不過，由于只有透過時間、空間和因果關係才能產生雜多現象和生滅現象，所以，我們知道，它們也只屬於現象界，而不屬於物自體。但是，由于知識受這些形式所限，我們的所有經驗只是關於現象的知識，不是關於物自體的知識；所以，它的法則不能適用于物自體。這種情形甚至可以適用於我們的自我，而我們也把自我認作現象，並非根據它本身的可能情形。」這是康德學說中重要一面的意義和內容。柏拉圖所說的則如下：「我們感官所知覺的這個世界的萬物，沒有眞正的存在；它們總在變化，永遠不是固定不變的：它們只有相對的存在，只存在于彼此的關係中，也只透過彼此的關係才存在；所以，它們的整個存在可以說是不存在。它們是眞知的對象，因爲眞知只是關於自然存在者的知識，而自然存在者的存在方式則永遠一樣；相反的，它們只是根據感覺而產生的意見的對象。如果我們囿於這些知覺，便像生在黑暗洞穴中的人，困於洞中，凝手凝脚，不能轉頭，所看到的只是經過我們及背後燃燒火光的實際影子，因爲火光將影子照在我們面對的牆上；甚至對我們自己及彼此之間，所看到的也只是照在牆上的影子。因此，我們的智慧是從經驗中學得如何預言影子的次序。相反的，與這些影子相應的原型，即永恒理念，亦即萬物最初的形式，才可以說是眞正的存在，因爲它們是永恒的，旣不生也不滅。它們不具多數性；因此從本質上看，每一理念只有一個，即同類事物的原型，以理念爲名的同類特殊具體事物則是理念的摹本或影子。它們旣不生也不滅，因爲它們是眞正的存在，不像匆匆流動不居的影子那樣生生滅滅。（不過，在這兩個消極性定義中，要先假定，時間、空間、因果對這些理念沒有意義或效力，它們不存在於時空及因果關係中。）只有對這些理念才有眞正的知識，因爲這種知識的對象是無時無處不存在的東西，不是隨着我們注意力所及而存在消滅的東西。」這是柏拉圖的說法。顯然，這兩個說法的內在意義完全一樣，兩者都把可見的世界看成外在的表現，本身一無所有，只有透過其中所表現的東西才具有意義和外來的實在（上面所謂其中的「其」字在康德學說中表示「物自體」，在柏拉圖學說中表示「理念」）。根據這兩個學說的看法，現象世界的一切形式，甚至最普遍的和最根本的，也與這具有眞正存在性的物自體或理念完全沒有關係。爲了否定這些形式，康德甚至以抽象名詞直接表達它們，而且明白地把時間，空間和因果關係看作現象的形式而不把它們看作屬於物自體。另一方面，柏拉圖則沒有完全表示出來，他只明白地否認這些形式屬於他所謂理念，他否認那種只透過這些形式才能存在的東西，同樣的雜多以及生滅現象屬於他所謂的理念。我想舉一個實例來說明這個明顯而重要的一致之處，也許這是多餘的，但是我還要這樣做。假設在我們面前站着一頭活生生的動物，柏拉圖會說，「這頭動物並非眞正的存在，只是表面的存在，只是一種不斷的變化，只是一種相對的存在，這種相對的存在固然可以稱爲存在，但也可以稱爲不存在。唯有在這頭動物身上表現的理念才是眞正的「存在」，才是動物本體（animal in-itselg），這動物本體不依賴任何東西，只存在于自身之中，也因自身而存在；它沒有變化，也不會有終止之時，永遠以同樣方式存在。現在，如果我們在這頭動物身上認識它的「理念」，那麼，不論擺在我們面前的是這頭動物還是千年以前這動物的祖先，不論它在眼前還是在遙遠之外，不論它以這種方式、位置或活動表現于我們面前，還是以那種方式、位置或活動表現于我們面前，最後它是同一種屬中的這一個體或任何其他個體，這都是一樣的，都沒有多大關係；所有這些都不是別的，只是涉及現象；只有動物的「理念」才具有眞正的存在，才是直正知識的對象。」柏拉圖這樣的表示；康德所說的也和這差不多，「這頭動物是時間、空間和因果關係中的現象，這時間、空間和因果關係整個地構成經驗可能性的先天條件，存在于我們知識的能力中，並非物自體的特殊確定化。所以，正如我們在這一特定時刻，特定地點對它的知覺一樣，這頭動物乃是經驗關聯中的一個個體（卽因果連鎖中的一個個體），它在這世界中產生，也必然在這世界中消失，它不是物自體，只是對我們知識而存在的一個現象。要想認識它的本來面目，換句話說，要想認識獨立于時間、空間和因果關係中一切決定之外的它的本來面目，便需要另外一種知識，這種知識和我們透過感官及悟性而得的知識不同。」

爲了使康德的表現方式和柏拉圖的表現方式更接近起見，我們可以說：時間、空間和因果關係是我們理智力的安排，由于這種安排，唯一眞正存在的每種東西中的一個東西，在我們面前表現爲同樣東西的一種維多現象，在無窮的相續過程中不斷地出現和消失。透過這種安排以及根據這種安排對事物所得的理解，是內在知識；相反的，對這情形眞實狀態的知覺，是超越知識。後者是透過純粹理性批判抽象地獲得的，可是，在特殊情形下，也可能直覺地表現出來，這最後一點是我自己加進去的，這是我在本卷中所力求解釋的。

32

從我們對這個問題的討論看來，可以說，對我們而言，理念和物自體並非完全相同，儘管康德和柏拉圖之間有着內在的一致性，儘管他們的目的相同，或者說，儘管喚起他們從事哲學思維的關於世界的概念相同。我們覺得理念是物自體比較直接的，也是比較適當的客觀性，不過，它本身就是意志——還沒有客觀化的意志，還沒有變爲表象的意志。即使根據康德的說法，物自體一定脫離與認知有關的一切形式；在這些形式之中，他沒有先考慮那作爲主體對象的形式，這只是他這方面的錯誤（如附錄中所表示的），因爲，它是一切現象卽一切表象最原始和最普遍的形式；所以，他應該明白地否認所謂物自體的客觀存在性，這會使他避免一種很快被發現的矛盾不一致。另一方面，柏拉圖的理念却必然是客體對象，必然是一種被知的東西，而且在那方面說，是和物自體不同，不過，只有在那方面是如此的。它只保留了現象的種種附屬形式，所有這些我們都包括在充足理由原則之中，或者說得更正確一點，還獲得它們；但是，它保留了最先和最普遍的形式，卽一般表象的形式，卽作爲主體對象的形式。正是這些附屬于此的形式（它的表現是充足理原則）使理念在特殊具體短暫個體中擴充，它的數量多少，對理念來說，是完全無關重要的事。充足理由原則又是理念表現于個別主體的知識中時所採取的形式。因此，根據充足理由原而表現出來的特殊物，只是物自體的間接客觀化（卽意志的間接客觀化），卽爲在它和物自體之間的是理念，成爲意志的唯一直接客觀性，因爲它沒有採取那種知識的任何特殊形式，除了作爲普遍表象的形式以外，卽除了作爲主體對象此一形式以外。所以，只有它才是意志或物自體可能的最適當客觀性；的確，它是整個物自體，只是以表象的形式表現出來而已。這裡便是使柏拉圖和康德思想相當一致的原因所在之處，雖然，嚴格地說，他們所說的並不一樣。但是，特殊事物的確不是意志的適當客觀性，因爲在特殊事物中，意志被那些表現充足理由原則，但爲個體知識案件的形式所蒙蔽。如果我們可以基於某一不可能的假設來作結論，那麼，事實上，我們不會再認識特殊事物，也不會再認識事象、變化、雜多，只會了解理念——

只會以完全明白的知識了解那唯一意志卽物自體客觀化的各個階段。因此，我們的世界將是一現在之堅持（nunc stans），如果不是那樣，那麼，就作爲認知的主體來說，我們也是個體，換句話說，我們的知覺是由于身體的媒介而獲得的，是從感情而來的，我們的知覺從這感情出發，而這感情本身只是具體的意欲活動，意志的客觀性，因此也是許多客體中的客體，同時，就作爲客體來說，透過充足理由原則種種形式，以客體進入主體意識的唯一方式進入主體意識之中，因而早已預設並產生時間以及充足理由原則所表現的其他一切形式。時間只是個人對「理念」所具有的片斷觀念，而理念則在時間之外，因此是「永恒的」。所以，柏拉圖說，時間是永恒性動的情景。

33

因爲就作爲個體來說，除了服從充足理由原則的知識以外，我們沒有任何別的知識，而這種知識却不包括理念，所以，我們可以說，如果我們可以離開關於特殊具體事物的知識而達到關於理念的知識，這種情形只能因主體中發生一種變化才能產生，而這種變化必須類似並相應于客體整個本質的大變化，由于這種變化，就主體認識某一理念來說，主體已不再是個別的了。

在前編中，我們記得，一般說來，知識屬於高階段的意志客觀化，而感覺力、神經和大腦，正如有機體中其他各部份一樣，都是意志客觀化這個階段的表現，所以，透過它們而表現的表象同樣也不得不爲意志服務，成爲意志維持多方面需要的生命這些複雜目的的工具。因此，從根本上以及根據它的本質來看，知識完全是屬於意志的，像那由于應用因果法則而成爲它起發點的直接對象一樣，根據充足理由原則而來的一切知識，永遠和意志保持或遠或近的關係。因爲，人發現自己的身體就是許多對象客體中的對象客體，它是根據充足理由原則與所有這些客體相關聯的。一切關於這些關係和關聯的研究，都回到他的身體上來，也回到意志上來。由于充足理由原則使種種客體對象與身體發生這個關係，同時，由于與身體的關係，也與意志發生這個關係，所以，服從這個原則的知識的目的，將是找出種種客體彼此之間由于這個原則而發生的種種關係，也是它們在空間、時間和因果關係中的無數關聯。只有由于這些，個人才對客體「發生興趣」，換句話說，才與意志相關。所以，服從意志的知識對客體所知的，除了它們之間的關係以外，便沒有別的了，同時，只有在它們存在于此時、此地，在這些情況下，基於這些原因，產生這些結果的範圍以內，才認識種種客體——總而言之，是作爲特殊具體事物，並且，如果除掉所有這些關係，客體也會因此而消失不見，因爲它所認識的，除了關於這些關係以外，便沒有別的了。我們不要隱藏下述事實，即在萬事萬物中，各種科學所考察的，實際上也只是這一點；它們之間的關係，時間和空間的關聯，自然變化的原因，形式的類似、行動的動機——都只是關係。科學和普通知識不同的地方，只是它的系統化形式，藉概念的運用將一切具體事物概括在普遍共相下而產生的知識便利，以及因此而獲得知識的完整性。一切關係本身只有相對的存在，例如，時間只是使相反的決定能够屬於同一事物的東西；所以，時間中的每一現象也是不存在的，因爲，使其始末分開的只是時間，從根本上看，這只是匆匆即逝的，間斷的和相對的東西，這裡被稱爲綿延。但是，時間是服從意志的知識中一切科目的最普遍形式，也是它的其他形式的原型。

通常，知識往往是爲意志役使的，的確，知識之產生，知識之累積，就是爲意志服務的，正如頭腦是爲身體服務一樣。在動物中，這種知識服從意志的現象永遠無法去掉。在人類世界中，只有在特殊情形下，才能去掉這種現象；這一點我們很快就會加以更密切的考察。人與動物之間的這個差別，明顯地表現于頭部和身體之間關係的不同。在低等動物身上，兩者都是不成形的：在一切動物身上，頭是向着地的，這裡是它意志目的物所在地；甚至在高等動物中，頭與身體的關係，和人類比較，仍然疏遠得多，人類的頭似乎無拘無束地擺在身體上，好像是由身體帶着頭腦而頭腦不爲身體服務似的。人類這種優越性在阿波羅身上表現得最爲明顯；這位文藝之神的頭，無拘無束地位于他的雙肩之上，眼睛凝視着遠方，似乎完全擺脫了身體的束縛，不再受制于它的顧慮。

34

離開關於特殊具體事物的普通知識，達到理念的知識，這種轉變，前面我們曾經提到過，我們認爲雖然可能，但還是應該視爲例外的，現在，這種轉變突然產生了；因爲由于主體不再只是個體而使知識擺脫了意志的束縛，因此，主體成爲完全沒有意志的知識主體，不再根據充足理由原則去發現事物之間的關係，只是沉思默想面對的對象，擺脫這對象和其他一切對象之間的關聯，而完全進入這對象之中。

如果由于精神力量的關係，一個人放棄自己平常觀察事物的方式，放棄在充足理由原則指導之下追尋事物彼此間的關係（其最後目的往往是對他自己意志的關係）；如果他不再考慮事物的時間、地點、原因、結果，只看看它是什麼；如果更進一步，他不讓抽象思想，不讓理性概念佔住他的意識，相反地，把全部精神力量貫注到知覺上，讓自己整個意識完全沉思默想當下呈現于面前的自然物體，無論是風景、樹木、山嶽、建築物或其他任何東西都可以；只要他沉醉在這個物體裡面（借用德國一個有意義的成語），換句話說，甚至忘記自己的個性、意志，只繼續作爲一純粹主體，作爲反映外物的明鏡，這樣，好像只有這個對象存在，沒有任何人感覺到它，而他也不再把知覺者和知覺作用分開，兩者合爲一體，因爲整個意識中充滿着唯一感覺的印象。如果這對象因此便在這範圍內脫離對自身以外其他物的關係，而主體又脫離對意志的關係，那麼，這種認知的東西便不再是特殊具體之物；這個時候，它只是「理念」，只是一永恒形式，只是這階段中意志的直接客觀性。所以，全神貫注于這個知覺的人不再是個體，因爲個體已經沉醉在這種知覺中；他只是純粹的，沒有意志的，沒有痛苦的，超時間的知識主體。這一點，本身是相當明顯的（我很清楚，證實了湯瑪斯潘因（Thomas Paine）的話，從高尚到荒謬只是一步之差，以後會慢慢更清楚明白），更不會令人感到驚奇。當斯賓諾莎說：當心靈從永恒相縱觀事物時它才是無限的（Eth. V. pr. 31, Schol, ）時，他心中所想的，就是這個。在這種沉思默想中，那特殊具體事物立刻成爲它所屬類的理念，而那知覺的個體則成爲純粹知識主體。這樣的個體只認識特殊具體事物；而純粹知識主體則只認識理念。因爲個體在關於意志特定具體表現方面是知識的主體，也屬於這具體表現。因此，這意志的特殊具體表現服從充足理由原則的一切形式；所以，和它有關的一切知識也遵循充足理由原則，除了那種往往只包含對客體關係的知識以外，對意志來說，其他任何知識都是沒有用的。上面所說的那種認知的個體以及他所認知的特殊具體事物，總是在某個地方，在某一時間，並且是原因和結果連鎖中的兩環。純粹知識主體及其相關者的理念，脫離了充足理由原則的一切形式：時間、空間、認知的個體以及被知的個體等，對它們來說，是沒有意義的。如果某一個別能知者以上述方式成爲純粹知識主體，同時也把被觀察的對象變爲柏拉圖的理念，那麼，表象世界便表現爲完全的、純粹的，而意志的完全客觀化也產生了，因爲唯有柏拉圖的理念是它的充分客觀性。理念中同樣地包含個體和主體，因爲它們都是它的一種形式。但在理念中，它們的重要性絕對相等；這裡像別的地方一樣，由于客體只是主體的表象，完全消失在被知客體中的主體本身也因而變成這個客體，因爲整個意識只是它完全明白的印象（picture）。現在，這個意識構成整個表象世界，因爲，當柏拉圖理念或意志客觀性各階段在意識連續通過時，我們想像柏拉圖理念或意志客觀性各階段的整體。所有時間和所有空間的特殊具體事物只是透過充足理由原則（上面所說那種個體所具的知識的形式）而形成了許多理念，因此，它們的純粹客觀性便被蒙蔽了。當柏拉圖式理念出現時，柏拉圖理念中，主體和客體再無分別，因爲，柏拉圖理念，意志的充分客觀性，眞正的表象世界，只有當主體和客體彼此完全透入時才會產生。同時，像物自體一樣，能知和被知的個體是不會加以分別的。如果我們完全離開表象世界去看，剩下來的就只有意志世界。意志是使其完全客觀化的柏拉圖理念的「本體」（in-itself），也是特殊具體事物和認識這特殊具體事物之個體的「本體」。就作爲意志來說，它是表象及其一切形式之外的，在被觀想的對象以及盡情觀想而自覺爲純粹主體的個體中，這都是一個東西。所以，這兩個東西本身並非不同，因爲，從它們本身看，都是自覺的意志；而雜多和差別性則是這知識發見（Come to）意志的方式，換句話說，由于它的形式即充足理由原則的關係，只存在于現象中。

現在，如果沒有「我」這個知識主體的話，被知之物便不是對象，不只是意志、盲目的衝動，就像沒有對象沒有表象時我是一個認知主體不只是盲目意志一樣。這個意志，從它本身看，換句話說，從表象之下去看，和我的意志是同一意志：只是在表象世界中，它的形式至少總是主客形式，我們總是被分開為被知者和能知者。一旦除去知識，除去表象世界，那麼，除了意志或盲目的衝動以外，便什麼也沒有了。它應該獲得客觀性，成為表象，同時假設主體和客體；但是，這應該是純粹的，完全的和充分的意志客觀性，假設對象為柏拉圖理念，擺脫充足理由原則的一切形式，並假設主體為純粹知識主體，擺脫個體性以及對意志的服從。

現在，無論什麼人，只要他以上面所說的方式沉醉在對自然的知覺中以致只繼續成為純粹認知主體，那麼，他就會在這種方式之下直接意識到，他是這世界及其一切客觀存在物的條件或支持者；這世界及其一切客觀存在物，現在都表示要依賴他的存在。他把自然擺進自己內心，所以，他覺得這只是他自己生命的偶然現象。拜倫就是在種意義之下說——

「山、河、天空不是我和我靈魂的一部份，正如我會是它們的一部份嗎？」

但是，一個人既然感覺到這一點，怎麼會把自己看作絕對短暫的，和不滅的自然相反呢？這種人的心裡無寧是充滿了吠陀經典奧義書中所表示的想法：我是一切創造的總合，我之外，一無所有（Oupnek'hat, i. 22）。

35

為了對世界的本質有更進一步的認識，我們便絕對必需知道如何區別物自體的意志和意志的適當客觀性，也要知道如何區別那些越來越明顯地和完全地表現這意志的各個不同階段，即理念和個體知識嚴格方法的充足理由原則各種形式之下這些理念的純粹現象存在。因此，我們將同意柏拉圖的看法，柏拉圖認為只有理念才是眞正存在的，時空中的事物，個體所認識的現實世界只有虛偽的夢幻般的存在性。我們將了解，同一理念如何在衆多現象中表現出來，如何一點一滴地，一面一面地向個體顯現它的本質。我們也將區別理念本身和理念表現個體觀察中的方式，並且認為前者是根本的而後者是非根本的。現在，我們從那些最不重要和最重要的東西中舉些例子來考察這一點。當天空的雲移動時，雲所現出的形狀不是根本的，對雲來說，是無關重要的；只是被風的力量壓縮在一起，吹颺，散開或吹裂的氣體而已：這是它的本質，是表現這些形狀的力量的本質，是理念；雲的實際形狀只是個別觀察者所感覺的形狀。對流過石頭的溪流來說，河中的旋渦、浪花、泡沫是無關重要的和非根本的，只表示它遵循重力的吸引，而它的活動是沒有伸縮性的，完全是移動不居的，沒有形狀的和清徹的流體：這是它的本質；如果從感覺中去認識它，這是它的理念；這些偶然的形狀只是我們個別觀察它們時所表現出來的。玻璃窗上的冰根據結晶法則形成結晶體，這些結晶體顯示在這裡表現出來的自然力量的本質，表現理念；但冰在玻璃上留下樹和花的形狀不是根本的，只是我們感覺到的。在雲中、溪流中和結晶體中所表現的，是在植物中充分表現出來，動物中更充分表現出來而在人類身上最充分表現出來的那種意志的最微弱回音。但是，只有意志客觀化所有這些階段中根本的東西，才構成理念；在另一方面，由于在充足理由原則中分裂爲許多多方面的現象，所以，它的展開或發展，對理念來說，不是根本性的，只在于那種屬於個體以及唯一對這個具有實在性的知識。對意志最澈底客觀性的那種理念的展開，情形也必然是一樣的。所以，人類的歷史，許多的事情，時間的變化，不同地區和國家各色各樣的人生，所有這些都只是理念具體表現，不屬於理理念本身（只有在理念中，才有意志的充分客觀性），只屬於在個體知識中出現的現象，這個現象，對理念來說，是毫不相關的，非根本的以及無關重要的，正如雲的形狀對雲來說，河水旋渦和水沫的形狀對溪流來說，或者水留下的樹和花的痕跡對冰來說，是毫不相關的，非根本的以及無關重要的一樣。

凡是澈底了解這一點並能區別意志和理念，理念及其具體表現之間的差別的人，都會知道，這世界上的許多事件，只有當它們成爲表達人的理念的媒介而不是從它們本身並把它們本身當目的來看時，才有意義。他不會和一般人一樣的認為時間可能產生某種眞正新而有意義的東西，認為透過時間或時間中可能有一種絕對眞實的東西存在，或認為整個時間本身有始有終，有計劃和發展，並在某種方式之下以人類最後一代（其實他們的生命不過短短三十年）的最大完美（根據他的想法）為其最後目的。他不會像荷馬一樣以奧林匹斯諸神來支配時間中的許多事件，正如不會像奧西安❸一樣把雲的種種形狀看作個別的實際存在物；因為，我們曾經說過，兩者所具有的意義，只是關於其中所表現的理念方面的。在各色各樣的人生以及事件的不斷變化中，他只有把理念視為永久不變的和根本的，在理念中，生活意志所得到最澈底的客觀性，也在人類的種種才能、愛好、錯誤和特別的優點中表現它不同的各面；在利己、憎恨、喜愛、悲懼、勇敢、輕浮、愚魯、狡詐、機智，天才等等中，所有這些合在一起結合在成千成萬的形式（個體）中，繼續產生創造大世界和小世界，在大小世界中無論它們怎樣，都是一樣的。最後，他會發現，在世界中，和在哥齊（Gozzi）的戲劇中是一樣的，在哥齊的所有戲劇中，所出現的是同一種人，有同樣的想法和同樣的命運。每部戲中的動機和事件當然不同，但事件所表示的精神却是一樣的；一部戲中的演員，雖然也在另一部戲中演出，可是對另一部戲中發生的事件却一無所知；所以，儘

❸ 奧西安（Ossisn），為傳說中三世記左右愛爾蘭及蘇格蘭高地之英雄及詩人。

管在前幾部戲中有了許多經驗，可是潘達龍（Pantaloon 意大利喜劇中之瘦而老者）並沒有變得更活潑或慷慨，塔達格利亞（Tartaglia）並沒有變得更正直，布列格拉（Brighella）並沒有變得更勇敢，而哥倫陵（Columline）也並沒有變得更謙遜。

假設我們有機會更清楚地看到可能的世界以及整個因果連鎖，　如果世界精神（earth-spirit）出現並在一幅畫面上告訴我們，所有在完成他們作品以前就被偶然因素所消滅的最偉大人物，世界的啓發者及英雄們，然後又告訴我們那些將改變世界歷史並帶來最高文化和啓蒙時期一開始便被最隱秘的偶然因素、最不重要的偶然事故所阻礙的偉大事件；最後告訴我們那些將使歷史上各時代充實富足但由于錯誤或勢所必然而無益地浪費在沒有價值或沒有結果的東西，甚或浪費在遊戲上的偉大人物所具有的偉大才能。如果我們看到所有這些情形，那麼，當我們一想到世界各時代所失去的寶藏時，就會戰慄而嘆息。但世界精神卻會嗤笑着說「個體及其能力所來自的根源，像時間和空間一樣無窮無盡；因爲，像現象的這些形式一樣，它們也只是現象，也只是意志的可見性。任何有限的量度都無法概括那無限的根源；所以，任何尚未成熟即被消滅的事件或作品，永遠總有重來的機會。在這個現象世界中，眞正的損失和眞正的收獲是一樣的少。唯一存在的是意志，意志是物自體，也是一切現象的根源。意志的自覺及其肯定或否定是唯一根本事件」④。

36

歷史是一連串事件的結果，就其根據動機法則卽那決定爲知識所啓發時的自我表現之意志的法則把它們推引出來而言，歷史是實用的。在意志客觀性的最低階段意志的活動仍不自覺時，自然科學在病源論形式之下討論自然現象的變化法則，而在形態學形式下討論其中永久性的東西。這個幾乎沒有止境的工作因有概念之助而變得比較輕鬆容易了，因爲概念使我們了解普遍的東西以使我們從普遍的東西中推出特殊的東西。最後，數學討論純粹形式，時間和空間，在數學中，分化成多數的理念，對主體的知識來說，表現爲個別的。所有這些（它們的共同名稱是科學）是根據各種不同的充足理由原則而產生的，它們的主要題材往往是現象，現象的法則、關聯，以及由它們而來的關係。但是，那一種知識涉及那所有關係之外而與關係無關的東西呢？那種知識涉及世上唯一根本的東西呢？涉及那沒有變化因而在任何時間都有同樣眞實性的東西呢？總之，那種知識涉及理念呢？涉及物自體卽意志直接和充分客觀性的理念呢？我們的

④ 如果對下一編沒有了解，這句話就無法了解。

回答是「藝術」，卽天才的作品。藝術使那些透過純粹觀想而把握的永恒理念再現，使世界所有現象中根本和永久不變的東西再現；同時，根據再現的材料如何，而確定其爲雕刻或繪畫，詩歌或音樂。它的唯一根源是關於理念的知識，它的唯一目的是傳達這種知識。因爲科學是種種川流不息的理由和結果及其所達每一目的結果，所以，科學更往遠處看，同時，決不能達到最後目的，也不能獲得完全的滿足，正如我們不能跑到雲天相接的地平線一樣；可是，相反的，藝術却處處達到它的目的。因爲藝術從川流不息的世界中採摘它所觀想的對象，並將這觀想的對象孤立在自己面前。這個特殊具體物對藝術來說，成爲全體的代表，一種和空間時間中無數東西的相等物。所以，它停在這個特殊具體物上，時間的進行停止了；對它來說，種種關係消失了，只有那根本的東西，只有那理念成爲它的對象。所以，我們可以把藝術解釋爲一種和充足理由原則無關的觀察事物的方式，與根據那原則而產生的以及成爲經驗科學方法的觀察方式相反。後一種思考事物的方式可以和一根在平直方向無限延伸的直線相比，而前一種方式則可以和一根在任何一點和它相切的垂直線相比。根據充足理由原則而產生的觀察事物的方法，是合理的方法，在現實生活和科學中，也只有這種方法才有效。看起來和這個原則的內容不同的方法是天才的方法，這種天才的方法只有在藝術中才有效。第一種方法是亞里士多德的方法；第二種方法，是柏拉圖的方法。第一種方法像强烈的暴風，向前直衝，沒有起始、也沒有目的、碰上任何東西都把它吹彎，都使它搖動，也把它刮走；第二種方法像寂靜的陽光，穿過暴風，完全不受它響影。第一種方法像無數傾瀉而下的瀑布中的水花，這些水花不斷地變化、沒有片刻止息；第二種方法好像天空的虹，靜靜地掛在這片猛烈急流之上。只有經過前面所說的那種完全止于對象的純粹觀想，才能了解理念；天才的本質就在從事這種觀想的卓越能力。現在，由於這需要完全達到忘我境界並忘却所處的一切關係，因此，天才只是完全的客觀性，換句話說，只是內心的客觀傾向，與主觀傾向相反，因爲主觀傾向是傾向一個人自己——換句話說，是傾向于意志。天才是繼續處在純粹知覺狀態中的能力，是使自己沉醉在知覺的能力，也是把那原來只爲意志役使而存在的知識借來幫助我們達到這種目的能力；這就是說，天才是一種完全不顧自己利益、願望和目的的能力，因此也是暫時完全拋棄自己人格以便成爲純粹認知主體的能力，清楚地觀察世界的能力；同時，這不但是偶然地，而且是相當長時間地並且充分意識使人能够以深思熟慮的藝術再造如此了解的東西，並能「把心中浮動的印象固定于永久的思想中。」當天才出現于一個人身上時，落到他命運上的，似乎是比爲個別意志役使所需要的更大的知識能力；而這種過多的知識，由于擺脫了束縛的緣故，已經變成除去了意志的主體，變成了反映世界內在本質的一面明亮的鏡子。這一點說明了天才人物的活動，眼前的東西很難使他們滿足，因爲眼前的東西不是他們所注重的。這一點帶給他們那種永無休止的希望，那種對新奇事物不斷的欲求以及對思想高超事物的欲求，也帶給他們那種難以滿足的渴望，卽對具有同樣性質和同樣心智狀況而能接受他們思想的那種人們的渴望；而完全滿足于眼前一般東西的普通人却僅止于此，同時因爲到處看到和他一樣的人，所以喜歡天才所沒有的日常生活中的特殊滿足。

想像力被認爲是天才的基本要素，有時候，甚至把想像力和天才看成一個東西，但是這種看法是錯誤的。由于天才的對象是永恆的理念，是世界的永久根本形式以及此形式的一切現象，同時，由于理念的知識必然從知覺而來，而不是抽象的知識，所以，天才的知識只限於他實際感覺對象的理念，也有賴於使他感覺這些對象的環境，就是說如果他的想像力不能突破個人實際存在情況，進而擴充其認知範圍，以使所有可能的生活情景通過自己意識的話，那麼，天才的知識將僅止於此。並且，實際對象幾乎永遠是其表現理念不完全的摹本；所以，有天才的人需要想像力來觀察事物的內部，這裡所謂事物不是由自然界實際產生的，而是自然界力圖產生的東西，然而，由於自然界種種形相間的矛盾衝突而無法產生。我們將在討論彫刻時再回到這個問題上來。因此，想像力使天才的心智水準在質量兩方面都超越實際接觸的對象。所以，產生了特殊的想像能力，而特殊想像能力也確是天才的必要條件。可是，我們不能反過來說，因爲想像能力並不表示天才；相反的，沒有天才的人，可能富于想像力。因爲，我們旣然可以用兩種相反方式看某一實際對象，卽完全客觀的方式，亦卽天才把握理念的方式，或普通的方式，卽僅從此一實際對象與其他對象及自己意志的關係而根據充足理由原則來看此一實際對象的方式，便也可以用這兩種方式來看想像的對象。用第一種方式看，此實際對象是獲得理念知識的工具，傳達此種知識的是藝術品；在第二種情況下，以想像的對象來建造適于自我中心主義的空中樓閣及個人幻想，自我中心的空中樓閣和個人幻想則常易使人感到迷惑和暫時滿足；因此，所知的只是相連幻像之間的種種關係，以此爲樂的人是夢想者，容易把那種自慰孤寂的幻想與現實相混，因而不適于現實生活：也許他會把它們寫下來，而我們也將可以看到普通描寫種種情形的小說，它使那些和他相像的人及一般讀者引以爲樂，因爲讀者想像自己處在主角的地位，而覺得故事使人愉快。

我們說過，普通人的觀察，在任何意義下，都不能像感官知覺那樣完全不帶私慾，至少不能繼續如此。只有當事物和他的意志有關，才能把他的注意力轉向這些事物。在這方面，除了有關的知識以外，根本不需要其他知識，事物的抽象概念就够了，普通人不會在純粹知覺上停留很久，不會把他的注意力長時期放在一個對象上，只會在他匆匆感覺的東西中尋求概括這一切的概念，正如懶人尋找椅子一樣，然後再也不能使他有興趣。這就是爲什麼他那麼快對藝術品、自然美，以及所有生活情景作眞正有意義觀想的緣故。他不會停留，只想知道自己生活中的道路以及隨時可能成爲自己道路的一切東西。因此，他只作最廣泛的注意，而不會浪費時間在思考生活本身。可是，另一方面，有天才的人，他過多的知識能力時常使它擺脫意志的役使，所以，常注意對生命本身的思考，力求了解每樣東西的理念，而非了解與其他東西的關係；這樣，他常常忘記思考自己的生活方式，因此，他過的生活大部份令人不解。對普通人來說，他的知識能力是一盞照亮道路的明燈，可是，對有天才的人來說，他的知識能力是照耀世界的太陽。我們很快就可以發現天才和普通人看生命方式的巨大差別。天才與受天才推動的人，從他的眼光就可以分辨出來，因爲他的眼光銳利而堅定，而且帶有知覺和觀想的表示。從大自然在無數人們中所挑選產生的少數天才的類似處，很容易看到這一點。可是，在另一方面，在普通人的情形中，他觀想的眞正對象，他尋求的東西，如果他的眼光不像平常那樣呆滯茫然的話，也容易從他的眼光中看出來。所以，天才在臉上的表現是這樣的，那就是，從臉上可以看到知識蓋過了意志，因此，也在臉上顯示出一種和意志毫不相關的知識，換句話說，卽顯示出一種純粹認知。相反的，在普通人的臉上，却表現出意志的優勢；並且，我們看到，只有在意志的推動之下，知識才發生活動，因此，知識只受意志支配。

37

因此，根據我們的解釋，天才是一種能力，可以離開充足理由原則認識個別事物理念，也可以自己成爲與這理念相關者的理念而非僅存在于其關係中的個別事物，這樣，天才不再是個體，而是純粹知識主體。然而，這種能力每個人都有，只是程度不同，只是沒有天才所具有的那麼大而已。因爲，如果不是每個人都有的話，則不但不能創造藝術品，就是欣賞藝術品也成爲不可能，對于美的或壯麗的東西就不能接受；的確，這些話對他們而言就不會有任何意義。因此，我們必須假設，每個人身上都有這種認識事物中理念的能力，因此也都有暫時超越自己個性（personality）的能力，除非確有一些完全不能產生美感快樂的人。天才和普通人的差別，只是天才所具有的這種知識能力比普通人大得多，也能保持得更長久而已。在這種知識的影響下，他能够在作品中重現他在這種方式下所認識的東西；這種重現就是藝術品。透過藝術品，他將自己所把握的理念傳達給別人，而一無更動。因此，不論美感快樂是因藝術品而產生，還是因直接觀想自然和人生而產生，其結果都是一樣的。藝術品只是使我們易於得到這種快感所在的知識工具。所謂從藝術品比從自然和現實世界更容易了解理念的說法是由于下述事實，即只認識理念而不認識現實事物的藝術家，在他的作品中重新創造了純粹理念，把純粹理念從現實事物中抽離出來，抹去一切干擾的偶然因素。藝術家讓我們透過他的眼光來看世界。他具有這種眼光，他認識事物的內在本質而擺脫它們的關係，這是天才的稟賦，這是天生的；但是，他能給我們這種稟賦，他能讓我們用他的眼光去看世界，這是後得的，也是藝術中屬於技術的一面。所以，在前面幾頁中我用最簡單方式對美感知識內在本質加以說明以後，下面對美和壯麗的事物所作更精確的哲學性討論，將會解釋自然和藝術中的美或壯麗的事物而不把兩者再行分開。首先我們將考慮一個人對美或壯麗的事物有所感覺時內心所發生的是什麼？而不論他這種感情是直接來自自然、人生或藝術的媒介，因爲這只是外在的差別而已。

38

在美感觀想的方式中我們發現兩個無法分開的構成部份——對象的知識，這裡所說的對象不是個別事物而是柏拉圖式觀念，換句話說，是事物整個類的永久不變的形式，以及認知者的自覺，這裡所謂的認知者不是個體而是純粹沒有意志的知識主體。我們發現這些構成部份共同出現的條件是拋棄與充足理由原則相連，同時又爲意志所役使，且只有對科學才有價值的那種知識的認知方法。我們將會了解，觀想美的事物時所產生的快感是由於這兩部份而起，有時候這部份的原因多，有時候那部份的原因多，完全看美感觀想對象到底是什麼而定。

一切意欲都是由于需要，因此都是由于缺乏，也都是由于痛苦。某一願望的滿足便能夠結束這個意欲，然而，對一個已經滿足了的願望來說，至少還有別的願望沒有得到滿足。並且，欲望能保持很久的時間，其需要是無窮的；而滿足卻是短暫的，也很少能夠估量得出來。但是，卽使最後的滿足，也只是表面的；所有滿足了的願望立刻帶來新的願望，兩者都是幻象；一個已經發現如此，另一個還沒有如此而已。任何達到的願望都不能給予人長久的滿足，只是一種匆匆即逝的快樂；像是丢給乞丐的施捨品，固然可以讓他今天活下去，可是，他的痛苦會延續到明天。所以，只有我們意識中充滿着自己的意志，只要我們沈溺于一堆欲望及其不斷的希望和恐懼之中，只要我們是意欲活動的主體，就永遠無法得到長久的幸福和平靜。無論我們是追求或逃避，恐懼傷害或尋求享樂，根本上都是一樣的；爲意志的不斷需求而操心，不論出以何種形式，需求總是繼續佔住和支配我們的意識；但是如果沒有平靜，就不會有眞正的幸福。因此，意欲活動的主體，就像永遠縛在「地府轉輪」❺上一樣，白費氣力，好像永在期望的旦達拉斯❻。

但是，當某種外來原因或內心傾向使我們突然離開無限意欲之流時，使知識擺脫意志的役使時，我們的注意力就不會再指向意欲活動的動機，而能了解那些擺脫和意志相關的事物，因而在

❺「地府輪轉」Wheel of Izion（希臘神話）Thessalian 王 Izion 因追求女神 Hera 被縛其上。

❻（希臘神話）Tantalus爲Zeus 之子，因洩露天機而被貶，能立于齊顎之水中，渴時欲飲而水下退，飢時欲摘頭頂樹上之果實而樹枝上昇，乃不得飲食。

觀察它們時，不帶個人的利害關係，沒有主觀性，完全以客觀態度，完全把它們當作表象來看，不是當作動機來看。那麼，因不斷追求而逃離我們內心的平靜，便突然間自動進入我們心中了，而且使我們感到中意。這是伊壁鳩魯讚爲最高的善和諸神境界的無痛苦狀態；因爲現在我們擺脫了意志的痛苦鬪爭，保持着意欲活動苦役囚禁的安息日，那地府的轉輪停止不動了。

這正是我在前面所說的爲獲得理念知識所必需的境界，純粹觀想的境界，完全貫注于知覺，貫注于對象，忘却個體性，拋棄那遵循充足理由原則並只了解關係知識的境界；由于這個境界，被知覺的特殊具體事物，無法分別地提升爲所屬類的理念，而認知的個體則提升爲沒有意志的純粹知識主體，這樣，兩者都脫離了時間和其他一切關係。因此，無論我們的生活順利不順利，都是一樣的。

內心的傾向，認知的蓋過意欲，在任何環境之下都可以產生這種境界。那些可敬的荷蘭藝術家們表現了這一點，他們把這種純粹客觀的知覺活動放在最不重要的東西上面，他們在自己的靜物畫中建立他們的客觀性和內心平靜的永久標誌，如果沒有感情，藝術欣賞者是看不到這個標誌的；因爲，他們向他表示藝術家那種擺脫意志束縛的平靜心境，這種心境客觀地觀想這種最不重要的事物，專心一致地觀察它們而且明智地重新表現這知覺所必需的平靜心境；同時，由于畫面使欣賞者能够分享這種境界，所以，他的感情往往因這種心境和他所處的那種爲强烈意欲活動擾亂的不平靜心態間的成對比而更爲豐富了。在同樣精神之下，風景畫家，尤其是羅伊斯達爾❼往往畫些非常無意義的鄉村情景，這種畫甚至產生更適意的同樣效果。

所有這些只有藉藝術家的內心能力才能完成；但是，那純粹客觀傾向是藉外界適當對象之助而獲得的，是藉那引起觀想活動的豐富自然美之助而獲得的，甚至是自動來到我們身上的。每當它突然展開在我們眼前時，總能使我們擺脫主觀性，擺脫意志的奴役，雖然只是暫時性的，同時，也總能使我們達到一種純粹認知的狀態。這就是爲什麼當一個人爲激情或欲望或焦慮所苦時，只要他隨意看看大自然就能突然之間振作、愉快和恢復原狀的理由：激烈感情、欲望和恐懼的壓力以及一切意欲活動的苦惱，立刻在一種神奇方式下平靜下來而得到滿足了。因爲，當我們全神貫注于完全沒有意志作用的認知活動而擺脫了意志束縛的時刻，便進入了另一個世界，在這個世界裏，一切影響我們意志以及由于意志而强烈改變我們的東西都不見了。知識的這種自由化使我們完全離開那些東西的情形，就像睡眠和作夢時一樣，快樂和不快樂都消失不見了，我們不再是個體，個體被忘却了，我們只是純粹的知識主體，只是認知動物看外在世界的唯一眼睛，這唯一眼睛，只有在人類身上才完全擺脫了意志的役使。因此，一切個性的差別完全消失了，不

❼ 羅伊斯達爾（Ruisdael, 1628？—1682），爲荷蘭畫家。

論這感覺的眼睛屬於有權勢的國王還是可憐的乞丐都是一樣；因爲喜樂和怨恨都不能越過那個界線。離我們不遠的地方總有一個世界，在這個世界裏，我們離開了所有苦難不幸；但是，誰能够長時間繼續停留其中呢？一旦我們意識中重新湧現了些微與自己意志的相關事物，卽使是純粹觀想對象的關係事物，那麼，這個不可解釋的力量便沒有了；我們重新回到爲充足理由原則所支配的知識，我們不再認識理念，只認識特殊具體事物，只認識自己所屬連鎖中的一環，我們又重新爲悲痛憂患所苦。大多數人差不多永遠停留在這個立場上，因爲他們完全缺乏客觀性，換句話說，卽完全沒有天才。所以，卽使當他們獨個兒面對自然時，也沒有任何快樂之感；他們需要同伴，至少需要一本書籍爲伴。因爲他們的知識永遠服從意志的支配，所以他們在事物中所尋求的，只是與意志之間的某種關係，每當他們看到任何不具這種關係的東西時，心中就發出一種無可奈何的嘆息：「這對我沒有用」；因此，當他們孤獨時，卽使處在最美麗的環境，其感覺也只是凄涼、黑暗、陌生和敵對的表現罷了。

最後，我們可以說，這種沒有意志的知覺所帶來的快樂使過去和遙遠的東西都帶有迷人的魔力，並藉自欺的方法把它們呈現在我們面前。當我們想起很久以前的日子時，當我們回想過去生活在某一遙遠地方的日子時，像現在一樣，那時候帶有無可奈何憂傷的，只是幻想所憶起的東西，不是意志的主題；但是，現在它們被遺忘了，自從過了那時後，它們經常爲其他東西所替代。現在，如果我們受它影響，如果我們因它而擺脫了意志的束縛，那麼，客觀知覺的活動便涉及被記憶的東西，正如涉及現在所表現的東西一樣。因此，便發生下面的情形，尤其是當我們比平常更受某種欲望的擾亂時，這種對過去遠地情景的回憶，像失去的樂園一樣，突然在我們心頭掠過。幻想所記起的只是過去客觀存在的東西，不是個人主觀想像的東西，同時，我們認爲，那客觀存在的東西過去是純粹的，也未爲意志的任何關係所擾亂，正如現在它的影像正呈現于我們幻想中一樣；可是，實際上，對象與我們意志間的關係，彼時所帶來的痛苦正如現在所帶給我們的一樣。每當我們對對象作純粹客觀的觀想時，就能透過現在的對象使自己從痛苦中解脫出來，正如透過遙遠的對象使自己解脫痛苦一樣，這樣，我們便可以產生一種錯覺，覺得只有這些對象是現前的，而自己却不是現前的。因此，就作爲純粹認知主體而擺脫了痛苦的自我來說，我們和這些對象完全合一了，現在，我們的欲望和自己毫無關係，正如和它們毫無關係一樣。剩下來的只有表象世界，意志世界已消失不見了。

39

所有這些考察的目的是要明白美感快樂的主觀部份，換句話說，是要明白那種只包含於知覺知識中而與意志對立的快感。同時，由于與此直接相關，自然對美感傾向或心境提供了一種解釋。

我們早就說過，當對象勢將轉變爲純粹知覺狀態時，換句話說，當它們因本身多種多樣但却明確的形式而易於變爲它們理念的代表時，便容易發生過度到純粹知覺狀態的現象，客觀意義下的美便是這種純粹知覺狀態。這種性質主要是屬於自然美，自然美使最遲鈍的人也可以得到短暫的美感滿足：的確，植物界很能引起吾人審美的觀察，因此我們可以說，這種情形和下述事實有關，即這些有機體，不像動物的身體，本身不是知識的直接對象，因此需要外來有智性的個體使它脫離盲目意志世界而進入表象世界，它們渴望進入表象世界，它們至少可以間接地獲得直接得不到的東西。但是，我大膽提出此一近乎過份的暗示完全停留在未定狀態，因爲只有親切而專心的考察自然，才能產生或證明它。只要那使我們從服從意志的：關於單純關係的知識過渡到美感觀照，因而使我們擺脫意志束縛的知識主體者，是理念藉以表現于我們面前的那種自然適當性及自然種種形式的意義和明確性；那麼，影響我們的便只有美，而所引起的則是美的事物的感覺。

但是，如果這些對象（它們的主要形式使我們作純粹觀照活動）和人類一般意志發生敵對的關係，如果它們和意志對立，因此意志受到它們無法抗拒的優勢力量所威脅，或面對它們無比的偉大性因而退爲無關重要者；可是，如果觀賞者不注意這種意志其的敵對關係，而儘量去認識它、承認它，却能够有力地脫離它，有力地使自已離開意志及其種種關係，並且，由于全神貫注于知識，所以靜靜地觀想那些使意志感到可怕的對象，只去了解它們的理念（與一切關係無關），所以，他樂於留連在對它的觀想活動中超越自已的意志及一切意志——在這種情形中，他內心充滿了壯美之感，現在他處在精神高亢的境界，因此，產生這種狀態的東西，叫做壯美（Sublime）。壯美感和美感的區別如下：在美感的情形下，純粹知識毫不費力地佔了優勢，因爲，對象的美亦卽使其本身理念知識易于獲得的那種屬性，已將意志與服從意志的種種關係的知識毫無阻力地從意識中除去，因此，留下來的只是純粹知識主體，根本不會想到意志。另一方面，在壯美的情形下，只有藉有意和强行的力量突破同一對象與意志之間種種不利的關係，只有藉自由而有意的超越意志及與意志相關的知識，才能够達到那種純粹知識狀態。

這種精神的超昇，不但應當是自覺地獲得的，而且也應該是自覺地保留的，所以，接着來的是不斷地喚起意志；可是，所喚起的不是某一特殊意志活動，如恐懼或欲望，而是人類的一般意志活動，如果它是普遍地表現于其客觀性及人體中的話。如果某一實際意志活動要透過實際的個人壓力與來自于對象的危險而進入意識中的話，那麼，受到如此影響的個體意志會立刻獲得優勢、平和的觀想便成爲不可能，壯美的印象便失去了，因爲焦慮取代了它的地位，而在焦慮中，個體改正自已的努力便爲其他思想所淹沒了。如果我們舉幾個實際的例子，對于我們說明壯美的理論將大有幫助，並且也會消除這方面的一切疑慮；同時，也會使我們明暸這種壯美感的各種不同程度。一般而論，它和美感相同，和純粹無意志的認知以及必然隨之而來的關於理念的知識（這種關於理念的知識是在一切被充足理由原則所決定的關係之外）也相同，它和美感的區別，只是由于對外來性質的反應不同，它能够使這外來的性質超乎觀想對象和一般意志間的敵對關係。因此，壯美有各種不同的程度，從美到壯美，是根據這外來性質到底是強烈、明顯、急迫，接近抑是微弱，遙遠或僅爲象徵而定。雖然那些審美能力不很強、想像力也不很靈活的人們只了解我們以後所舉關於壯美印象較高和較顯著的例子，他們只注意這些例子而忽略那些應該先舉出來低程度的例子，然則首先，我仍然要要舉出一些關於這些轉變以及壯美印象各種較低程度的實例，我想，這比較合于我的討論計劃。

正如人一方面是盲目的意志衝動（其中心點在生殖器），另一方面又是純粹認知的永久、自由的主體（其中心在大腦）；同樣，和這種對比的情形一樣，太陽一方面是光的來源，是最完美知識的條件，因此也是最使人愉快者的條件——另一方面又是「溫暖」的來源，是生命的第一條件，換句話說，是一切高等意志現象的條件。所以，溫暖之對于意志正如光之對于知識。光是「美」的王冠上最大的寶石，光對一切美的對象知識，具有顯著的影響。光的出現是美的不可或缺的條件，它的有利傾向增加了最美東西的美感。適當的光對于建築美的增加比任何其他東西爲多，雖然，甚至最不重要的東西，由于光的影響，也會變爲最美的。在嚴冬時候，當整個自然冰凍而沒有生氣時，如果我們看到落日餘暉從一塊塊的石頭上反射出來，雖然照着大地却無溫暖之感，因此，只有利于最純粹的知識，無利于意志，以觀想光對這些石塊的美的效果，就像自己的美一樣，使我們進入一種純粹認知狀態。在這個情形下，如果要能使我們進入純粹認知狀態，便需要超越意志的關切，因爲吾人很少會去想到這些光線中沒有溫暖，換句話說，很少想到缺乏生命原理；只有些許阻碍他停留在純粹認知狀態，只有些許阻碍他擺脫一切意欲活動，此卽爲從美感轉變爲壯美感的實際例子。在美的事物中只有最微弱的壯美，而美本身的確表現得很少。下面所舉的例子也是同樣沒有力量的。

現在我們假設自己被帶到一個非常寂寞孤獨的地方，那地方一望無際，在無雲的天空下，樹木和植物在完全不同的空氣裡，沒有動物，沒有人類，沒有流水，只有沉寂。這種環境似乎需要莊嚴和觀想，離開一切意及其的種種期望；但是，這正是把些許壯美感給予這種死寂情景的原因。由于它沒有替那不斷爭鬪和攫取的意志提供任何對象，所以，只留下純粹觀想狀態，而凡是不能做到這一點的人，都將陷入未曾滿足的意志的空虛和無聊倦怠的痛苦中。到現在爲止，這是對我們理智價值的一種試驗，一般說來，我們處在孤獨之中停留多久的能力或對孤獨的喜愛程度是這種試驗的最好標準。因此，我們所描畫的這個情景，是低等宏壯方面的實例，在這個情景中，由于整個純粹認知狀態的緣故，混合着對那需要不斷活動之意志的依賴性和貧乏性的回憶。

這是屬於宏壯的一類，北美內陸無垠大草原的情景之所以有名，就是因爲這個緣故。

現在我們假設一種沒有植物只有光禿禿岩石的情景，由于完全沒有生存所必需的那種生命，所以，意志立刻變得不安，荒漠現出可怕的情景，我們的心情變得更爲淒涼，一下子便超昇到純粹認知狀態，更確切地脫離了意志的關切；同時，由于我們繼續停留在純粹認知狀態中，所以，宏壯之感便明顯地表現出來了。

下述的處境可能產生更高一等的這種感覺：大自然因暴風雨而震撼了，天空因雷霆萬鈞的烏雲而黑暗下來了，巨大驚人的光禿禿懸崖遮住了視線，洶湧的急流，荒涼的沙漠，吹過岩石隙縫的風聲等。我們的依賴，我們與敵對自然的爭鬬，我們在衝突中破滅的意志，現在清清楚楚地擺在我們眼前了。然而，只要個人的壓力未佔優勢而我們繼續停留在美感觀想中，那麼，純粹認知主體便堅定不移並漠不關心地看透自然的爭鬬，看透破滅意志的情景而靜靜地了解理念，甚至了解意志感到威脅和可怕的那些東西的理念。宏壯之感便興起在這種差別對比之中。

當我們眼前呈現這種自然勢力的大規模爭鬬時，如果我們在這種情景中由于傾瀉而下的流水聲音所掩蓋而聽不見自己的聲音；或者，如果我們身在有暴風雨的海面上，那裡巨浪起伏，衝擊着險峻的崖石，浪花飛上天空，暴風怒號，海水奔騰，電光從烏雲中閃出，隆隆雷聲掩沒了暴風和海水的聲音，那麼，這種印象就變得更强烈了。這時，在大膽的觀看者方面，他意識中的雙重性質便表現得最明顯。一方面，他覺得自己是個體，是脆弱的意志現象，只要些許這種力量就可以完全毀滅他，面對自然的巨大力量，他是無助的，他是依賴的，是偶然因素的犧牲品，面對巨大驚人的力量時變得非常渺小；可是，另一方面，他又發現自己是永久的，平和的認知主體，是對象客體的條件，因此，是這整個世界的支持者；自然的可怕爭鬬只是他的表象，這認知主體本身，擺脫了一切慾望和必然性，平靜地了解理念。這是所謂宏壯的印象。在這裡，他看到了一種無可比擬的力量，這個力量超乎個人之上，有毀滅個體之勢。

宏壯的印象也可以用另一種完全不同的方式產生，即只要表現空間和時間中的無量無際，就可以產生這種印象；它無法估計的巨大性，使個人變得渺小不堪。如果我們使用康德的術語和精確分類，可以稱第一種是動態的宏壯，而第二種則是數學式的宏壯，雖然我們不同意他對這種印象內在本質所作的解釋，也無法在其中分享道德反省或經院哲學所謂的「實在」（hypost-ascs）。

如果我們全神觀想時空中宇宙的無限性，沉思過去的數千年或未來的數千年，或者說，如果夜晚的天空有無數星辰顯現在我們眼前以使我們感到宇宙的無邊無際，就會覺得自己非常渺小；作爲個體，作爲生物，作爲意志的短暫現象，我們覺得自己像海中的水滴一樣消逝而歸于無物。面對着自己這種虛無的幽靈，面對着這種並非眞正不可能的事情，我們會立刻感覺到，所有這些星辰的存在，只是我們的表象，只是純粹認知活動永久主體變化出來的，這裡所謂的純粹認知活動的永久主體是一切星辰必需的支持者，而且永遠是它們存在的條件，一旦當我們忘却自己的個體性，就會發現自己是這種認知活動的主體。過去使我們不安的這種世界的廣大無垠，現在則全賴我們自己；過去我們依賴它，現在它依賴我們。不過，所有這些現象並沒有立卽進入我們的思想中，只是一種感受到的自覺，覺得在某種意義（只有哲學能解釋它）上來說，我們與世界合爲一體，因此，世界的這種無邊無際，對我們來說，並不覺得是壓力，反而使我們精神昂揚。吠陀奧義書中一再以不同方式表達的，就是這種自覺；前面所擧的一段話中說得很好：我是一切創造的總合，在我之外，一無所有。（Oupnck, hat, val. i. p. 122）這卽是超越自己的個體性，卽是宏壯之感。

我們透過一種空間直接得到這個印象，與整個世界比起來，這種空間的確很小，但却可以直接爲我們所察覺，它的三個向度具體地擺在我們面前，使我們覺得自己的身體幾乎是無限地渺小。空虛無物的空間永遠無法這樣感覺的，寬廣的空間也永遠不能這樣感覺的，只有那種可以藉其周圍界限而從它各個向度去知覺的空間，才可以這樣感覺的。例如，像羅馬聖彼得教堂或倫敦聖保羅教堂那種很高的圓頂。這裡，宏壯感的產生是由于我們面對一巨大東西而感到自己身體的渺小空虛，其實從另一觀點看，這巨大東西只存在于我們表象中，就作爲認知主體來說，我們是它的支持者。因此，它產生于作爲個體、作爲意志現象我們自身的渺小和依賴且自覺爲純粹認知主體兩種現象之間的對比。如果不加思索只作觀想的話，甚至繁星的蒼穹也產生這種宏壯感，並且和感到巨石時的方式並無二致，而這種感覺的興起，其實只是由于它的外表，並非由于它的實際範圍。我們知覺的某些對象在我們內心引起宏壯的感覺，不但由于空間的廣大，也由于年代的久遠，換句話說，也由于時間上的綿延，使得我們面對它們時，相形之下自己變得非常渺小，然而却非常喜歡觀想它們時所產生的快樂：高山、埃及金字塔以及遠古的巨大廢墟都屬於這一類。

40

雖然我們對美的討論只完成了一半，因爲我們只考慮過主觀的一面，然而，討論的進行使我們不得不在這裡加上一段對宏壯的討論。因爲，美和宏壯不同之處只是主觀一面的特殊變形。我們發現這個差別決定于下面所說的情形，即達到那種爲一切美感觀想所預設和必要的純粹無意志認知狀態，是否毫無二致的只由于對象使我們勢必將意志從意識中消除；或者，是否只透過**自由自**覺的超越意志而達到的（被觀想的對象與意志具有一種不利的關係，甚至具有一種敵對的關係，如果我們受意志支配的話，意志會完全破壞觀想活動）。這就是美和宏壯之間的區別。從對象方面看，它們並沒有根本的不同，因爲在每個情形中，美感觀想的對象都不是個別事物，而是力求在個別事物中顯現的理念；換句話說，是某一特定階段中意志的充分客觀表現。像它本身一樣，獨立于充足理由原則之外的它的必然相關者是純粹認知主體；正如特殊具體事物之相關者是認知的個體一樣，這兩者都在充足理由原則範圍之內。

當我們說某個東西美的時候，便因此而肯定，它是我們美感觀想活動的對象，並且，這有兩重意義：一方面是說，看到這東西便使我們成變「客觀的」，換句話說，觀想它時，我們不再覺得自已是個體，而是完全沒有意志的知識主體；另一方面是說，我們在對象中所認識的，不是特殊具體事物，而是理念。只有當我們對它的觀想活動不服從充足理由原則，不是對象和對象之外任何東西兩者關係（最後往往落到對我們自己意志的種種關係上來）的結果，而完全是基于對象本身時，這種情形才會發生。因爲，理念和純粹知識主體往往同時在意識中顯現爲兩個必然的相關者，它們一出現，所有時間上的差別便消失了，兩者與各種形式的充足理由原則全無關係，也在充足理由原則所帶來的一切關係之外；它們可以和虹與太陽相比，它們與滴落水珠的不斷運動及相續無關。所以，舉例來說，如果我們以審美的眼光去觀想一棵樹，換句話說，如果我們以藝術的眼光去觀想一棵樹，則我們所認識的不是樹，而是樹的理念，不論是這棵樹仍是生長在千年以前的同樣的樹，不論觀察者是這個人還是活在任何地方任何時間的任何其他的人，都無關重要，特殊具體事物和認知的個體隨充足理由原則消失了，剩下來的只是理念和純粹認知主體，這兩者共同構成這個階段意志的充分客觀性。理念不但無需時間，也無需空間，因爲理念不是呈現于我們面前的這個特殊形式而是它的表現，它的純粹意義，它的內在生命，它展現在我的眼前，也引起我興趣，同時，儘管它外在形式的種種空間關係不一樣，然而，它的表現可能完全一樣。

由於一方面每個特定事物可以以純粹客觀的態度以及離開一切關係去加以觀察，另一方面則意志在其客觀性的某個階段表現于一切東西中，所以，一切東西都是理念的表現；因此，我們可以說，一切東西都是美的。甚至最微不足道的東西也容許作純粹客觀和沒有意志的觀想，因而表現它們都是美的，我們前面提到關於荷蘭畫家靜物畫時（第三十八節），曾表示這個看法。但是，一個東西比另一個東西更美，是因爲它使這種純粹客觀觀想更容易，是因爲它幫助這種純粹客觀觀想，甚至使我們不得不作這種客觀觀想，因此，我們說它很美。這種情形，有時候是因爲它藉自身各部份間的明顯的，劃分清楚的和主要的關係來表現自身所屬類的理念，也透過自身所屬一切可能表現的完整性而顯示出那個理念，所以，它使觀賞者容易從個別事物過渡到理念，因此也過渡到純粹觀想狀態。有時候，一個對象中擁有這種特殊的美是由于下述事實，卽，引起我們發生興趣的理念本身是高階段的意志客觀性，因此非常重要也富有意義。所以，人比其他東西更美，顯示人的本質是藝術的最高目的。人的形態和表情是造型藝術最重要的對象，而人的活動則是詩歌的重要對象。然而，每樣東西都有它自身所特有的美，不但個人整體中所表現的所有有機體如此，就是一切無機的和無形的東西也是如此，甚至所有製造品也是如此。所有這些都顯示意志在最低階段所藉以客觀化的理念；好像它們表示了自然界最深沉的共鳴。重力、剛性、流體性、光等等，都是石塊、建築物、流水中表現的理念。田園風景或建築除了幫助它們明顯地、充分地和不同地展開它們的性質以外，更沒有別的可做了；只能透過它們才有表現自身的機會，因此，它們有助于美感觀想並使美感觀想更容易實現。相反的，自然所忽視的或藝術所破壞的較低級建築物或難看的東西，其所以發揮這個作用的程度非常低，甚至根本不發揮這個作用；然而，即使在它們身上，這些普遍基本的自然理念也沒有完全消失。在這裏，如果細心觀察將也可以看到它們，甚至壞的建築物以及類似的東西也能加以審美的考察；它們內容的最普遍屬性的理念仍然可以在它們身上發現，只是它們所獲得的人爲形式無助於美感觀想，只會阻礙美感觀想。製造品也有助于表現理念，只是不是製造品的理念，而是獲得這人造形式內容的理念。這可以用兩句話來表示，用經院派哲學家的話來表示——製造品表現它的實質形式的理念，而不是表現它的偶然形式的理念；後者並不引我們達到理念，只引我們達到產生它的一種人的概念。我們不要說，所謂製造品不是指造型藝術品。事實上，經院派哲學家所謂的實質形式是我所謂某一東西中意志客觀化的程度。當我們討論建築時，會立刻回到內容的理念上來。

41

在我又回到說明美感印象這個題目上來。美的知識是同時不可分地假定純粹認知主體和被知對象的理念。然而美感快樂的來源有時候多半在對於被知表象的了解中，有時候又多半在那擺脫一切意欲活動，因而也擺脫一切個體性以及由個體性而來的痛苦與純粹認知主體的快樂和精神寧靜。的確，美感體驗中那一部份較佔優勢，決定于直接把握的理念到底是意志客體性的高階段還是低階段。在無機界自然美的美感觀想（在實物或透過藝術媒介的美感觀想）中，或在建築物中，純粹無意志認知的快樂將佔優勢，因爲，這裏所了解的理念只是意志客觀性的低階段，不是深刻意義和豐富內容的具體表現。一方面，如果動物和人類是美感觀想或美感表現的對象，這種快樂便在了解這些表現意志最明顯的理念上；因爲它們表現現象的最複雜形式、最深刻和最豐富的意義，並且完整地向我們顯示意志的本質，無論是意志的强烈、可怕、滿足或乖離（後者是悲劇情景中發生的），或意志的改變和基督教繪畫中特別主題的順從；爲完整知識所啓發意志的理念是一般史畫和戲劇的對象。現在，我們將一個一個地遍歷所有美術，這將爲我們所提出的美的理論帶來完整性和顯明性。

現在，如果我們只把建築視爲美術而忽略它爲意志役使而不爲純粹知識役使的實際應用，因而在我們所謂的意義下看不再是藝術；那麼，除了使人更清楚地認識某些爲意志客觀性最低階段的那些表象以外，我們不能說它還有其他目的；諸如重力、內聚力、剛性、硬性、石塊的那些普遍性質，意志的那些最初、最含糊的具體表現，自然的低音，以及最後的東西——光，從許多方面看，這是和它們相反的東西。甚至在意志客觀性的低階段中，我們也看到它的本質不和諧地表現出來；正確地說，重力和剛性間的衝突是建築的唯一美感材料，問題是如何使這種衝突以不同方式明顯地表現出來。藉剝奪這些無法破壞力量獲得滿足的最短途徑來解決這個問題，並藉間接迂廻道路把它們引向它，所以，衝突被延長了，而兩種力量的無限奮力（efforts）也在不同方式下顯現出來了。建築物的全部質量，如只就其最初傾向來說，只是顯示一堆物質，儘量和地面緊緊連在一起，這裏表現意志形式的重力不斷壓向地面，而同樣作爲意志客觀性的剛性則和地面對抗。但是，這個傾向、這個奮力，因建築的關係而沒有得到直接滿足，只以迂迴方式獲得間接的滿足。例如屋頂只能藉柱子壓着地面，圓拱必須維持自身的固定性，而且只能透過柱子的媒介滿足它傾向于地面的情況，餘此類推。但是，就是靠這些增强的偏離，就是靠這些限制，使粗石中的力量才以最明顯的種種方式展開；而建築的純粹審美目的，除此以外，更沒有別的了。所以，無論如何，一幢建築物的美不在它各部份明顯的適應外在的人類目的（到現在爲止，這工作屬於實用建築），而直接適用於建築物整體的穩定，各部份的位置、大小和形式與整體的穩定間有必然的關係，如從整體中拿去任何一部份，整體便會瓦解。因爲各部份所負擔的不能超過所能負荷能力範圍之外，而每一部份必需維持在應該所在的地方，所以便展開了這種對立，便可以看到石塊中構成生命即意志表現的聚力和重力間的衝突，而最低級的意志客觀化也明白地顯示出來了。同樣，每一部份的形式也決不是隨便決定的而是因其目的及與整體的關係來決定的。

既然，因建築而明瞭了理念是最低級的意志客觀化，因此，建築對我們所顯出來的理念的客觀意義也就相對地小了；從適當角度看，美麗建築物所帶來的快樂，與其說在觀念的了解，不如說在隨這種了解而來的主觀矯正者；主要是在下述事實，即觀看者擺脫了那種屬於個人，爲意志役使而遵從充足理由原則的知識，觀看者超升到不受意志束縛的純粹認知主體的地位。那麼，這種快樂主要在擺脫意志及個體性一切苦痛的純粹靜觀。從這方面看，與建築相反而與其他藝術又極端不同的戲劇，將會使人認識最重要的理念。所以，在戲劇所帶來的審美快樂中，自始至終全是客觀的一面。

建築與造型藝術及詩歌不同的地方如下：建築給予我們的不是摹本而是物的本身。建築不像造型藝術及詩歌那樣重覆所知的理念。所以，藝術家注意觀看者，但藝術家只在注意中把對象提供給觀看者，並明白而澈底表現個別實際對象的本質以便於觀看者對理念的了解。

建築物與其他藝術品不同，建築物很少是爲純粹審美目的而完成的。一般說來，建築物的完成是爲了其他和藝術本身無關的實用目的。這樣，儘管建築物是爲了其他和藝術本身無關的實用目的，然而，建築家的偉大價值仍然在達成純粹審美目的。他巧妙地用種種不同方式使建築物適用心中的種種意想，正確地判斷那種建築美可以用於廟宇，那種建築美可以用於宮殿，那種建築式樣可以用於監獄，餘此類推。愈嚴酷的氣候愈是增加實際需要和用途的要求，愈是對這些需要的用途具有決定性的影響力量，在建築中便愈不能自由地表現建築之美。在印度、埃及、希臘、羅馬的溫和氣候下，實際需要的要求不太嚴格，建築便可以發揮最大的自由來追求美的目的。但在北方嚴寒天氣下，這便受到嚴格的限制。這裏所需要的是船形渠門、尖頂和尖塔，因此建築只能在非常有限的範圍內表現建築之美，因此不得不藉外來的雕刻裝飾來補償建築本身所受的限制，哥德式建築物即是如此。

42

歷史畫和歷史雕刻的大問題是如何直接且具體表現那意志已達最高客觀化的理念。在這裏，美感所帶來的快樂完全是客觀的一面，主觀的一面已消失不見。我們還要知道，比歷史畫低一級的動物畫方面，特色的所在卽爲美的所在，最有特色的獅子、狼豹、馬、羊或牛，往往也是最美的。其原因在動物只有種類的特性，沒有個性。可是在表現人體時却不同，對人而言，種族的特性和個性是不同的；種族的特性叫做美（完全從客觀的意義上看），後者則仍然保留性格或表現單一的名，於是產生新的困難，即如何同時而完整地在同一人身上表現兩種特性。

人體美是一種客觀表現，表示最高程度的意志充分客觀化，表示人的一般理念完全表現在可感的形式中。可是，不論這裏所表現的客觀美如何豐富，主觀的一面仍然隨之而來。正因爲沒有東西能像最美的人體和相貌那樣迅速地使我們達到純粹審美的觀點，因此，一看到人體之美，便立刻充滿了無法形容的滿足，使我們忘記自己的一切煩惱；這種情形只有在以最明白、純粹的意志知識迅速地把我們超升到純粹認知狀態時才有可能，在此狀態下，只要純粹審美的快樂繼續存在，個人的人格（心理上的人格）、意志及其不斷的苦痛便消失了。所以，歌德說：「一個注視人體美的人，不可能懷有邪念；因爲他感到與自己及整個世界合一了。」我們應以這種方式解釋自然界產生美麗人體的事實。這是意志在個體身上最高的客觀化；由于環境及其本身的力量，它完全克服了低級現象的一切阻礙和對立。這些都是自然界的勢力，意志永遠要先從自然界奪回那一切屬於它具體表現的材料。而且，高級意志現象往往有許多形式，即使樹木也只是無數重覆發芽纖維質的有規則累積。在較高形式中，這種結合更複雜，而人體乃各個不同部份非常複雜的組織，每一部份都有其特有的生命，附屬於整體。既然所有這些部份都屬於整個而各部份又彼此合作，既然所有各部份共同合作以表現全體，則沒有東西會是多餘的，沒有東西會是受限制的：所有這些都是產生美的珍貴條件，都是種類特性的完全表徵。自然界的情形也是一樣。但藝術方面如何呢？有人會以爲藝術以模仿自然之方式產生美。但是，如果藝術家不在經驗之前預知美的話，如何能認識那要被模仿的完美作品而把它與失敗的作品區別呢？此外，自然曾產生過各方面都屬完美的人嗎？因此，曾經有人認爲藝術家應當在許多不同人們之間找出美的部份，然後用這些部份來建造一美的整體；這眞是錯誤而愚昧的看法。因爲有人會問，他怎會知道這些形式美而那些形式不美呢？我們也看到以往德國畫家以模仿自然來創造美時獲得了什麼。試看他們赤裸的人像就知道了。不可能有純粹後天的美的知識，也就是說，不可能有純從經驗得來的美的知識；雖然種類上完全不同，然而，美的知識往往是先天的，往往是從先天認識、先天地形成的充足理原則底種種形式，至少一部份如此。這些形式關係着現象的普遍形式，因爲現象普遍形式構成一般可能的知識，構成所有現象的普遍方法，從這種知識，進一步產生數學和純粹自然科學。但是，這另一種可能表達美的先天知識，所涉及的不是現象的形式而是現象的內容，不是現象的如何形成而是現象的實際情形。當我們看到人體時，都認識人體之美，可是，這種情形在眞正藝術家而言，便不同了，他對人體美的認識非常透澈，他可以從未見過人體美而表現人體美，並在表現中超越自然；這種情形之所以可能，只因爲我們自己卽是意志，我們以此思考和發現意志在最高階段的充分客觀化。只有這樣，我們才能眞正預知自然界（這正是構成我們存在的意志）所力圖表現的東西。在眞正的天才身上，隨着這種先見而來的是高度的睿智，因此，他可以在具體特殊事物上認識理念，於是，了解「自然只說出一半的語言」且明白地顯示出自然所模糊顯示的東西。他用堅硬的大理石表現出自然無法產生的形相之美，他將這形相之美呈獻給自然，好像對她說：「這就是你希望表現的東西！」而凡有判斷能力的人都會回答說，「是的，這就是的。」只有這樣，古代希臘天才才能發現人體美的典型而以此爲彫刻的標準；當自然在特殊具體事物上完成美的時候，我們也只有藉這個先見，才能眞正認識美。這個先見是「理念」（Ideal）。它是先天而知的理念，對藝術而言，它變成實用，因爲它完成並相應於經過自然後天所培養得來的東西。藝術家這種先天預知美的可能性與批評家後天認識美的可能性是由於下述事實，卽藝術家和批評家都是自然的「本體」（in-itself），卻是自我客觀化的意志。正如恩辟多克里斯（Emped-ocles）所說的：唯有英雄才能識得英雄，唯有自然才能了解自己，唯有自然才能探測自己，也唯有精神才能了解精神。

上面我們把人體美解釋爲最高階段的意志充分客觀化，它透過形相表現出來；這只有表現於空間，它不像運動，與時間沒有必然的關聯。那麼，現在我們可以說：透過純粹空間現象的意志充分客觀化，便是客觀意義下的美。草木只是這種純粹空間性的意志現象，因爲它本質的表現中沒有運動，因此和時間也沒有關係（離開它的發展而言）；它的單純形相表現它的整個存在且將它完全展露出來。爲了完全顯示動物和人類身上所表現的意志，動物和人類更需要許多行動，因此人類和動物身上表現的意志與時間有直接關係。所有這些早已在本書卷二中解釋過，這些與我們用下述方式所討論的有關。正如意志的單純空間表現可以在每一階段把意志完全或不完全地客觀化——構成美醜的就是這個——同樣，意志在時間方面的客觀化，即行動，亦即直接行動、運動，可能與其中客觀化的意志相符，純粹、充分而沒有外來的混雜，沒有多餘，沒有缺陷，只正確地表現在每一情形下所決定的意志行動——也許發生與此完全相反的情形。在第一種情形下，運動中帶有優美的成份，在第二種情形下，則沒有優美的成份。正如美是藉其純粹空間表現的意志充分表現，優美則是藉其時間表現的意志充分表現；也就是說，是透過運動和移位等動作使意志活動客觀化後，而能確切適當的表現出來。由於運動和位置須先假定身體的存在，所以，溫克爾曼（Winckelman 一七一七——一七六八年德國考古學家及藝術史家）的話非常對，他說「優美是運動者對動的關係」（works, vol. I.P. 253）。因此，草木顯然只有美而沒有優美，除非用比喻的意義；但動物和人類二者均有。根據我們以上所說的，優美是以最輕鬆最適宜和方便的方式表現於人的每一運動及所佔位置中，所以是意向或意志活動純粹而充分的表現。

優美須以四肢的眞正配合及對稱姿態爲先決條件，只有靠這些，才能產生位置和運動的自在安逸及顯明的適切。所以，優美永遠有某種程度的人體美。兩者是意志客觀化最高階段的最明顯表現。

43

現在，如果我們根據對一般藝術的解釋，從造型和繪畫藝術轉到詩歌方面，將會毫無疑問地看到，詩歌的目的也是顯示理念，意志客觀化的各個階段以及用詩意藉以了解它們以便傳達與讀者。理念在本質上是可以認識的；所以，詩歌中直接表達的只是抽象概念的話，然而很明顯的，它的目的仍然是使聽者認識這些代表典型概念中生命的理念，而這種情形的產生唯有靠他自己的想像力。但是爲了使想像力幫助我們完成這目的，詩歌和枯燥無味的散文等直接材料的抽象概念，要適當安排，使它的範圍能不再停留在抽象普遍性而能够彼此相互貫通；但是與此相反，一種可以知覺的典型，呈現在想像之前，這往往還受詩人根據自己意向所用文字的影響。正如化學家將清晰透明的流體合在一起以獲得固體沉澱物一樣，詩人似乎也知道如何用自己結合概念的方法從概念的抽象和明晰普遍性中沉澱具體、個別而可以知覺的表象。因爲只能藉知覺認識理念，而關於理念的知識則是藝術的目的。名家的技巧，無論在詩歌或化學中都一樣，往往能使我們得到自己想要得到的沉澱物。在詩歌中，靠許多描寫某種特性的名詞、形容詞或片語來完成這個目的，因此，每個概念的範圍便愈來愈小，一直使我們達到可知覺的東西為止。荷馬幾乎在每個名詞之後都加上一個形容詞，把這形容詞的概念穿挿進去，而且相當地縮小名詞概念的範圍，使名詞概念更大大地接近于知覺：例如——

「從藍色天空吹來、微風輕嘯的地方，

桃金孃靜靜地，月桂樹高高地聳立着，」——

用少數幾個概念，在想像力之前，囘想起南國宜人的氣候。

對詩歌來說，韻律和押韻都是特殊的幫助。除非說我們的知覺能力已從它們密切相關的時間中獲得某種性質，而由于這種性質，我們內心好像和每個循環出現的聲音相應，否則，對韻律和押韻所具有的難以置信的效果，便無法作其他解釋。這樣看起來，韻律和押韻一方面是保持我們注意力的工具，因為我們欣然隨着所讀的詩章走，另一方面又在我們心中產生盲目的相應，對于所讀的東西，不經任何判斷便發出共鳴，這給予詩章一種驚人的說服力，與一切理性無關的說服力量。

從材料的一般性質看，換句話說，從詩歌用以表達理念的概念來看，它的範圍是很大的。整個自然，所有各階段的理念，都可以藉它來表現，因為它的進行是根據所需要表達的理念的，所以，它的表現方法有時候是敍述式的，有時候是說故事式的，有時候又是直接出以戲劇式的。如果是處在意志客觀性低階段的表現中，則造型和繪畫藝術通常都會超越它，因爲沒有生命的自然界甚至動物界，幾乎都在適當時刻顯示出它的整個存在；相反的，人却不同，人不只以形體和表情來表現自己，進而透過一連串行動以及隨行動而來的思想和感情來表達自己，從這一點來看，人是詩歌的主要對象，在這方面說，沒有其他藝術可以和詩歌相比，在這裡，造型或繪畫藝術中所無法表現的進行或運動，却正合乎詩歌的目的。

因此，意志客觀性中最高階段理念的顯現，如何以一連串相關的思想行動展現於吾人面前，這是詩歌中的大問題。的確，經驗和歷史教我們怎樣去認識人；然而所認識的大多是關於人類方面的，關於個人方面的則比較少，換句話說，它們給我們的大多是關於人類間彼此相處所作所爲的經驗上解釋，基於這種解釋我們可以建立自己行爲的準則，至於深刻認識人的內在本質的機會則比較少。不過，也不是完全沒有後一種作用；然則，正如歷史上或自己經驗中所展示給我們的，往往是人類的本質一樣，同樣，我們也常常用藝術家的眼光，換句話說，即根據理念而非根據現象，就內在本質上而非就種種關係上了解我們的經驗，歷史家也以同樣態度了解歷史。了解詩歌像了解歷史一樣，我們自己的經驗是不可缺少的條件；可以說，兩者所說的都是語言的字典。但是，歷史對詩歌的關係，有如人物畫對史畫的關係；一個給我們關於個人的眞實情形，另一個則給我們關於一般人的眞實情形；一個擁有關於現象的眞理，因此能從現象世界去證實它，另一個則擁有關於理念的眞理，這種眞理無法在任何特殊現象中發現，然而也是基於它們全體方能表現出來的。詩人基於深思熟慮的選擇以表現重大情景中的重大人物，歷史家則就兩者的本來情形去了解。誠然，他要注意選擇環境和人物，而他的注意和選擇不是根據那表達理念的內在和眞正重要性，而是根據關係和結果方面外在的、表面的和相對的重要性。對于任何東西，都不應只從它本身的基本特性和表現方面去看，而要從它種種關係、關聯，對以後的影響尤其是對當時的影響去看它。所以，他不會忽略一位國王的行動，卽使這行動無足輕重，卽使這行動本身非常普通，因爲它會有結果和影響力。可是，相反的，特殊而非常傑出的人所從事的最有意義的行動，如使這些行動不產生結果的話，是不會記載下來的。因爲他的處理遵循充足理由原則並且把握這原則形式的現象。詩人則了解理念，了解那超乎一切時間之外離開一切關係的人的內在本質，了解最高階段物自體的充分客觀性。甚至在歷史家所必需處理的方法中，現象的內在本質和意義，這些外表的中心，也決不會完全失去的。無論如何，凡是尋求它的人，都可以發現它和認識它。然而，我們在詩歌中比在歷史中更正確而清楚地發現本身重大而非關係上重大的東西，卽發現理念的眞正展開，所以，不管聽起來多麼矛盾不合理，然而，實際上，眞正的內在眞理應該歸于詩歌而不歸于歷史。歷史家必須準確地根據現實生活來把握特殊具體事件，如在時間中種種因果連鎖中所展開的。可是，他不可能擁有這方面的所有資料，他不能看到一切和發現一切。他隨時會背離他所敘述者的本來面目，或者說，不眞實的敍述代替了事實的眞相，這種情形經常發生。因此，我覺得我們可以假定，在整個歷史中，假的東西多過于眞的東西。相反的，詩人却從應該表現的確定一面去認識人的理念，對他來說，其中客觀表現出來的是他自己的自我本質。正如我們在前面討論雕刻時所說的，他的知識一半是先天的；他心中的理想堅定、明確，而且不可能背離他；他在心鏡中向我們顯示那純粹而明確的理念，而他對理念的描畫以至最微不足道的特殊具體事物都像生活一樣的眞實。所以，古代偉大的歷史家都是詩人；的確，他們處理材料的態度接近于史詩。這使他們的記述具有統一性，同時，即使當外在眞理無法得到或做假的時時，也使他們能夠保持內在眞理，當我們拿歷史和那與詩歌不同却與史畫一致的人物畫相比時，我們發現古代歷史家遵循溫克爾曼的名言，即人像應該是人的理想，因爲，他們用一種能夠讓人的觀念明白顯示出來的方式來描畫個人。相反的，除了少數例外，一般說來，近代歷史家只給我們「垃圾箱」和堆置雜物的房間，充其量也只給我們主要政治事件的編年史。所以，凡想認識在一切現象和發展方面都相同者的內在本質的人，凡想根據理念去認識人者，都會發現，偉大人物的作品和不朽詩人所給予我們的比歷史家所能給予我們的要眞實得多，要明白得多。因爲，即使最好的史家也絕不如詩人那樣的第一流人物；而且，他們還礙手礙脚。在這方面看，歷史家和詩人間的關係，可以用下述的比較加以說明。只根據資料來寫作的單純歷史家，好像是一個對數學毫無認識，却用測量方式研究偶然所發現某些圖形間關係的人；因此根據經驗來解決的問題，當然受到所繪圖形一切錯誤的影響。相反的，詩人則好像數學家，他在純粹知覺中先天地建立這些關係，並且，在表現它們時，並非就所畫圖形中的實際情形來表現，而是就理念中的本來情形來表現，畫圖的目的就是要使我們的感官容易認識理念。所以，席勒說：

「只有在任何地方都沒有發生的東西，
才永遠不會變老。」

的確，關於人本質的知識方面，我應該賦予傳記以較大的價值，尤其是自傳，而不應賦予歷史，至少在以一般方式處理它時是如此的。一部份是因爲在前者中比在後者中更能準確和更完整地收集資料；一部份是因爲在歷史中活動的，與其說是人類，不如說是國家和英雄，而歷史中出現的個人似乎總不發生作用，他們已爲四周的情況和環境包圍，緊緊地被錮在國家的外衣或重重的甲胄之下，因此，很難突破這些去認識人的活動。另一方面，當我們眞眞實實描述在某一狹窄範圍內的個人生活，都將顯示人類各式各樣的行爲，例如少數人的卓越、德行，甚至神聖，多數人的邪惡，平庸和奸詐，以及某些人不道德的放蕩不檢。此外，在我們現在所討論的方面，亦即在現象世界的內在意義方面，不管行動所涉及的對象，相對看來是重要的還是微不足道的，是農家或王國，都是完全一樣的：因爲所有這些東西的本身都是沒有意義的，只有意志受它們影響時，它們才有意義。只有透過它對意志的關係，動機才有意義，而把它當作一個東西看時它與其他同樣東西之間的關係，則與我們無關。正如直徑一吋的圓和直徑四千萬哩的圓具有同樣幾何性質一樣，同樣，一個村莊中所發生的事件與歷史上一個王國內所發生的事件和歷史，從根本上看，也是一樣的；我們可以研究如何在這兩種情形下去認識人類。如果我們認爲自傳中充滿着欺騙和掩飾，這便是一種錯誤。相反的，這裡，也許（往往有此可能）比別的地方更難說謊。在單純會談中，掩飾是最容易的；的確，雖然聽起來好像矛盾不合理，可是實際上比起寫信來，在一封信中想要掩飾某些謊言，則是較不容易的。因爲在寫信的情形下，寫信的人是單獨一個人，他洞察自己，而沒有觀看外面的世界，遙遠陌生的東西遂不易接近他。但是，收信的人却在一種爲寫信的人所不知的心情下靜靜地細讀它，在不同時間內一再讀它，因此容易發現其中隱藏的意向。因此我們從某一作家的書中，也將很容易認識作者這個人，在這裡，所有境環情況的影響作用變得更强烈和更久。在自傳中，這是很不容易掩飾的，因此，從整個看來也許沒有一本自傳不比曾經記載下來的歷史來得更爲眞實。敍述自己生平的人，把自己的生平當作一整體來看，使得特殊具體的變成小的，近的變成遠的，遠的又變成近的，影響着他的動機萎縮了；他處在自白的地位，而且這樣做是出于自願；說謊的心理是不容易支配他的，因爲每個人身上都有一種對眞理的傾向，每當他說謊的時候，首先就要克服這種傾向，同時，這種傾向佔着特別有力的地位。傳記和國家史之間的關係可以藉下述的比較看得淸淸楚楚：歷史使我們認識人類的情形，正如從高山上展望能使我們認識自然的情形一樣：我們在一時之間看到很多東西，綿亘的空間，大塊的物質，但是，在它的特有性質方面，却什麼也不淸楚，什麼也無法認識。另一方面，個人生活的描述却使我們認識這個人，正如當我們走在自然界的樹木、花草，岩石和流水間時認識自然一樣。同樣地，藝術家讓我們以他們的眼光來看自然的風景畫時，我們將更容易認識理念，更容易達到無意志的純粹認知狀態；所以，在表現三種情形下所追尋的理念方面，詩歌遠優于歷史和傳記。因爲在這裡天才也向我們展示那魔鏡，透過這魔鏡，一切根本的東西都集中呈現在我們面前，並且非常淸楚，而那偶然和無關緊要的東西則被忽視了。

這裡，我們可能完成詩人的工作，卽表現人的理念，因此，被表現者也就是表現者。抒情詩和歌曲中的情形就是這樣，在抒情詩中，詩人只是生動地感覺自己的情況並描寫它。從它對象的本質來看，對這種詩而言，某種主觀性是必要的。並且，要加以表現的東西和表現的人可能完全不同，像其他各種詩歌中的情形一樣，在這種詩歌中，詩人多少把自己隱藏在他的表現背後，最後完全消失不見。在民歌中，某種範圍以內，詩人仍然透過全體的語調和比率來表達自己的境況；所以，儘管比抒情詩有較多的客觀性，却仍然具有某種主觀的東西。這種情形在牧歌中比較少見，在傳奇詩篇中更少見，在史詩中幾乎完全不見了，在戲劇中甚至只剩下最後的痕跡，戲劇是最客觀的，並且，從好幾方面看，是詩歌的最完全和最困難的形式。因此，抒情詩是詩歌中最容易的，雖然藝術只屬於眞正有天才的人，而這種人很難見到，但是，甚至一個並不有名的人，如果因外界的强烈刺激，再經某種靈感提高他的心理能力的話，也可以創造美麗的詩歌；因爲做到這一點所需要的，只是生動地感覺自己在情感激動時的狀況。這種情形可以從下述事實中得到證明，卽有許多詩歌的產生，只是偶然的，在其他情形下，這些詩歌的作者連知都不知道；尤其是德國民歌，關於德國民歌，我們知道在「魔笛」（Wunderharn）中有一美妙集子；也可以從無數情歌以及所有各民族不同語言的其他歌曲得到證明——因爲，把握一時的心情並將這種心情具體表現于歌曲中，乃是這種詩歌的整個成就。然而，整個人類的內在本質都在眞正詩人的抒情詩中反映出來，而過去、現在、未來千千萬萬人在不斷重現的同樣境遇中所發現的、或將發現的一切也都在它們中確切地表現出來。同時，由于這些境遇不斷的重現而使其像人一樣成爲永久性的，並且將永遠喚起同樣的感覺，所以，眞正詩人的抒情作品，雖歷經數千年後，仍然是眞實的，有力的和新鮮的。但是，如果詩人永遠是世界性的人，那麼，曾經影響過人心的一切東西，在任何境遇中曾經自人性中所產生過的一切東西，任何人類心胸中所具有和孕育的一切東西

——都將是他的主題和材料，而自然界所有其他東西也都將是他的主題和材料。所以，詩人可以歌頌神秘，也可以歌頌逸樂，可以是亞奈科雷昂❽，也可以是西利西斯（Angelus silesius），可以寫出悲劇，也可以寫出喜劇，可以表現宏壯，也可以表現普通的心靈——要看他基于心境還是基于神命。沒有一個人可以限定詩人應該是什麼樣的人——高貴的和宏壯的，道德的，虔誠的，基督徒，這種人或那種人，更不能因爲他是這種人而不是那種人便責難他。他是整個人類的鏡子，把他所感受的和完成的帶到他的意識之中。

在比較客觀的幾種詩歌中，尤其在小說、史詩和戲劇中，顯示人的理念這個目的，主要是用兩種方法達到的，一種方法是眞實而深刻地描述重要的人物，另外則是創造一種情境以使這些人得以展示自己。正如化學家不但應當顯示純粹而眞正的簡單元素，以及它們的化合物，而且也應使它們受那種將要明顯地表現其特性的試劑的影響，同樣，詩人不但應當像自然一樣眞正地忠實地向我們表現那些重要的人物；而且，爲了使我們能够認識他們，還應當把他們安排在那些完全展開他們特性並且明顯地將特性表現出來的境遇中。所以，這裡所說的境遇稱爲重要的境遇。在現實生活和歷史中，偶然機遇很少帶來這種境遇，它們孤立、掩沒和隱藏在那些不

❽亞奈科雷昂（Anacreon，五七二?—四八八B・C・）希臘抒情詩人。

重要的境遇中。境遇的意義應當像重要人物的安排和選擇那樣地澈底將小說、史詩、戲劇和現實生活分清楚。不過，在兩者之中，絕對眞理是其結果的必要條件，同時，詩歌中人物的缺乏聯貫性，人物本身的矛盾或一般人類本質的矛盾以及不可能性，或事件中的或然性，甚至附屬品中的或然性，其令人感到不快的程度，正如繪畫中畫得不好的圖形，錯誤的遠近配合或不適當的光線明暗一樣。因爲在詩歌和繪畫中，我們要求對生活、對人、對世界的忠實反映，只是藉描述來使它更清楚，藉安排來使它更有意義。因爲，所有藝術只有一個目的，就是表現理念；它們之間的主要區別只在屬於理念下意志客觀化的不同階段。這個區別也決定表現中的材料。因此，相隔最遠的各種藝術也可能彼此相通。例如，要想澈底了解水的各種理念，如果只在不流動的水池或無波的河流中去看它，那是不够的；只有當水出現在各種不同情況下並受到各種阻礙時，水的種種理念才會完全展示出來。各種不同情況和阻礙的結果使水有機會澈底顯示它的一切性質。這就是爲什麼當它滾動、衝擊和起泡沫，或噴向空中，或在瀑布或浪花中瀉下時我們發現她美好的緣故，或者說，這就是爲什麼我們用人爲方法限定它讓它從噴泉中噴出時發現它美麗好看的緣故。因此，在不同情況下會有不同的表現，然而，它永遠保持本身的特性；噴高或靜如鏡面地躺着，對于水來說，都是自然而然的，在什麼情況下它就表現什麼樣子。現在我們知道，工程師藉水的流體物質而完成的，建築師藉石材的剛性物質而完成的，正是史詩或戲劇詩人藉人的理念而完成的。展開和顯示那表現于每種藝術對象中的理念，展開和顯示每一階段中客觀化的意志的理念，是所有各種藝術的共同目的。在現實世界中表現出來人的大部份生活，好像我們平常在池中和河中所看到的水一樣；但是，在史詩，描寫英雄故事的小說或詩歌和悲劇中，被選擇的人物安排在那些使所其有特性都能展現出來的環境裏，人類的內心深處顯示出來了，並且可以在一些特別和非常有意義的行動中看出來。

無論從效果之大或完成的困難方面看，悲劇都應視爲詩歌藝術的極頂，事實上也被視爲詩歌藝術的極頂。詩歌方面這個最高成就的目的是在表現人生可怕的一面，這一點對我們整個思想系統是很重要的，也是値得加以仔細觀察的。這裏向我們表示那無法形容的痛苦、人類的悲傷、邪惡的勝利、機會的支配以及公正和天眞無邪者的沒落；並且，這裏也有着關於世界和人生本質方面的暗示。這裏明顯表示出來的：是在意志客觀性最高階段所展示的意志的自我爭鬪。我們在現在所敍述的人類痛苦中可以看到這種爭鬪，一部份是由于支配這世界的偶然機遇和錯誤，這種偶然機遇和錯誤在人類身上所表現的便是命運，由于它們的險惡，甚至看起來像是有計劃似的；一部份是從人本身產生出來的，由于少數人自我禁欲的企圖以及多數人的邪惡和錯誤。他們身上所具有和表現的是同一意志，但意志的種種現象却彼此對立、彼此破壞。它會在某個人身上表現得很有力、却在另一個人身上表現得比較微弱；在某個人身上比較服從理性，並由于知識關係變得比較緩和，在另一個人身上則不太服從理性，最後，在某一情形中，痛苦本身淨化和强化了這種知識，使它達到了現象卽魔耶的障幕❾不再欺騙它的地步。它看透了現象的形式「個體化原理」（Principium individuationis）。建築在這個原理上的自我主義因它而消滅了，所以，過去非常有力的動機，現在已失去了力量，代之而起的是關於世界本質的完全知識，這種知識對意志具有一種平靜化的效果，產生忍受順從。不但捨棄生活，也捨棄生活意志。因此，我們在悲劇中看到那些最高貴的人，在經歷了長時期的矛盾衝突和痛苦以後，終於放棄了他們曾經熱烈追求的種種目的，並且永遠放棄了人生所的有快樂，或自由自在並歡歡喜喜地捨棄生活本身。喀爾得隆❿作品中堅定不移的王子如此；「浮士德」中的格萊卿（Gretchen）如此；莎士比亞筆下的哈姆雷特如此，哈姆雷特友人賀瑞修（Horatio）願意隨他去，但哈姆雷特要他留一會兒，要他痛苦地活在這個令人厭惡的世界去告訴世人關於哈姆雷特的故事，並除却他所記得的東西；同樣，「奧倫斯的女僕」（Maid of Orleans），「墨西拿的新娘」（Bride of Messina）也如

❾ 魔耶（veil of Maya）兩字是叔本華借用印度思想中的名詞，卽表示現象的幻有阻隔了，我們本身使自己不能認識實相世界。

❿ 喀爾得隆（Calderon Pedro, 1600—1681），西班牙劇作家及詩人。

此；他們都在被痛苦淨化以後死去了，換句話說，在他們過去心中所具有的生活意志消逝以後死去了。在伏爾泰的「穆罕默德」(Mohammed)中，這種情形眞眞實實地表現在快要死去的帕爾米拉(Palmira)對穆罕默德所說的最後遺言中：「這世界是爲暴君們而造的，但活下去！」另一方面，所謂悲劇需要勸善懲惡則完全建築在對悲劇本質的誤解上面，亦卽對世界本質的誤解上面。我們在約翰遜(Samuel Johnson)批評莎士比亞幾部戲劇中很明顯地看到這種要求，因爲他非常天眞地惋惜莎士比亞戲劇中根本沒有這種勸善懲惡的表示。實際上莎翁戲劇中缺乏這種情形也是很顯然的，因爲，奧菲利亞⑪德絲丹莫娜(Desdemona)或考狄麗亞⑫有什麼地方要受責難呢？但是，只有那愚笨的、淺薄的、理性主義的基督新教徒或猶太教徒其對人生的看法才需要勸善懲惡，並在勸善懲惡中獲得滿足。悲劇的眞正意義是更深一層的領悟英雄們所贖的不是他們自已的罪惡，而是原始的罪惡，卽生存本身的罪過。

「人類的最大罪過是他的誕生」

喀爾得隆所表現的就是這一點。

⑪ 奧菲利亞(Ophelia)爲莎翁哈姆雷特一劇中的主人翁，爲哈姆雷特的情人，最後發狂自沉而死。

⑫ 考狄麗亞(Cordelia)爲莎翁名劇李爾王中李爾王之第三女，爲唯一忠心于李爾王的。

44

在我們已經用符合我們觀點的一般方式討論過所有藝術，最初是討論建築，討論建築的目的是說明意志在最低階段的客觀化，在這種討論中，將意志視爲質量依據法則定律的無意識傾向，不過，在顯示重力和剛性間的衝突中意志本身的統一已破壞了——最後我們討論悲劇，悲劇告訴我們意志客觀化最高階段中這種巨大和明顯的自相衝突；我們發現另一種藝術，在我們以前的討論中沒有討論到這種藝術，也不應討論這種藝術，因爲在前後聯貫的解釋中，這種藝術沒有適當的地位——我所謂的這種藝術是指音樂。音樂與衆不同，完全在其他種種藝術之外。在音樂中，我們所認識的不是世上存在事物任何理念的摹本或重覆。然而，對人類內在影響很深刻的就是這種偉大而高尚的藝術，同時，人類內心深處深深地了解這種藝術是普遍性的語言，它的明顯性甚至超越感官世界，因此，在這種藝術中，確有更多的東西供我追尋，不僅僅是萊布尼玆所謂下意識的運算而已。但是，他也完全對，因爲他只考慮到它的直接外在意義，也就是說，只考慮到他的形式。可是，如果音樂只是如此的話，它所帶給我們的滿足感就會像求出算數答數時所感到的滿足，不會是看到自己本性內在深處獲得表現時所感到的那種强烈快樂。所以，從我們的立場看，我們應當賦音樂以更爲嚴肅而深刻的意義，與世界及我們自己內在本質相關，算術上的比例（它可能化爲藝術上的比例）是和它有關的，不過，並非所指的東西，只是符號而已。從某個意義上說，音樂應當和世界有關，正如表現和被表現的東西有關一樣，正如摹本和原件有關一樣，我們可以基於其他藝術間的類似而獲得結論，所有其他藝術都具有這種特性，整個看來，也和它一樣地以同樣方式影響我們，只是音樂的效果更強烈、更迅速、更迫切和可靠而已。並且，它對世界的代表性關係必定非常深刻，絕對眞實而準確，因爲每個人都能立刻了解它，同時，它具有種可靠的外表，因爲它的形式可以還原爲以數字表現的完全確定的規則，它無法脫離這些規則，如果脫離的話，就不是音樂了。然而音樂和世界之間有可比較的地方，音樂和世界的關係好似摹本和原件之間的關係，不過這方面是非常模糊的。各種年齡的人都會音樂，可是都無法解釋這個，如果能夠直接了解它大多數的人便感到滿意了，而對這種直接了解的本身，根本不想獲得有關的抽象概念。

過去我的整個心思都放在各種音樂的印象方面，然後又回到本書中所說的反省思維和思統系統上來，因此，我對音樂的內在本質及其對世界的模仿關係，獲得了一種解釋——從兩者的類似上看，這是必須加以假設的——這種解釋，對我本人來說，是很够了，也滿足了我研究工作的要求，並且毫無疑問的，對那些一直相信我並同意我對世界看法的人，都是顯而易見的。然而，我承認，從根本上看，這個解釋是不可能證明的，因爲這個解釋先假設音樂（當作觀念）與那本性上不可能成爲觀念的東西有某種關係，同時，還要把音樂當作本身不可能直接表現爲觀念的原始摹本。所以，在本編結束時，我沒有別的可做，只能陳述我覺得滿意的解釋，同時，我要讓音樂本身以及本書中所表達的思想系統對讀者所產生的影響來決定別人是否接受我的看法。並且，爲了能够完全同意我對音樂意義方面將要提出的解釋起見，我認爲下述的情形是必需的，即我們應該時常去聽音樂，不應該只考慮我關於這方面的理論，且更要了解我的整個思想系統。

（柏拉圖）理念是意志的充分客觀化。用表現特殊具體事物（因爲藝術品本身永遠是表現特殊具體事物）的方式來產生或提示這種理念的知識，是各種藝術的共同目的，不過，只有在認知的主體方面也產生相應的變化才能達到這個目的。因此，所有這些藝術只是藉理念來間接把意志客觀化；同時，由于世界只是理念在雜多現象中的具體表現，儘管它們受「個別化原理」的支配（個體可能擁有的知識的形式），但是由于音樂忽視這些理念，完全獨立于現象世界之外，完全忽視現象世界，所以，卽使世界不存在，在某種範圍以內，音樂也還能存在，對其他藝術來說，便不可能有這種情形。音樂也像世界本身一樣，是整個意志的直接客觀化或摹本，不，甚至像理念，它的種種具體表現構成了個別事物的世界。音樂根本不像其他藝術一樣，它不是理念的摹本，而是世界本身的摹本，而理念則是意志的客觀性。這就是爲什麼音樂的效果要比其他藝術有力得多和透澈得多的緣故，因爲其他藝術只表達事物的影子，而音樂則表達事物本身。不過，由于理念和音樂中客觀化的意志雖然其表現方式完全不同，但却是同一個意志，在音樂和理念（理念在雜多現象中的具體表現以及理念的不完全性便是這可見的世界）之間，雖然沒有直接的相似，却必然有可以比較的地方，亦即必然有類似之處。確立這種類似可以使我們容易了解這個解釋，由於主題的不明，這種了解是相當困難的。

我們在低沉的和聲中，在低音中，發見意志客觀化的最低階段，無機自然及行星的物質團塊。大家都知道，所有易於發聲而消失也快的高音，都是接近于低音方面的震動而產生的。當低聲發聲時，高音往往發生微弱的反應，和聲學上有個規則，只有那些由於低音震動而與低音同時發聲的高音才可伴隨低音而起。這與下述事實相似，即宇宙間所有物體及自然結構都應視爲由行星的物質團塊逐漸發展而成的；行星的物質團塊是宇宙萬物的支持者和根源，同樣的關係也存在於高音和低音之間。低音有一定的限制，超出這一限制，便聽不到聲音。這一點符合下述事實，即如果沒有形式和性質，如果沒有表現一種不能進一步解釋而能藉以表現理念的勢力，便無法認識物質，說得更普遍一點，任何事物都不可能完全沒有意志的。這樣，如某一聲音高低度無法和音符分開一樣，意志表現的某一階段也無法和物質分開。因此，我們認爲，低音在和聲學上的地位，正如萬物賴以存在，萬物藉以產生和發展的無機自然在宇宙間的地位。再者，我們在構成低音和表現調子的主音間和聲的整個補充部份中，發見意志藉以客觀化的每個層次的理念。接近低音部份的是低等的理念，仍然是無機的，然而却是可以發覺的現象事物；我想較高的理念則代表動植物界。音階的固定音程相當于意志客觀化各固定的等級，相當于自然界固定的種類。由于調率或所選主調關係所產生的音程違反數學上的正確性，相當于個人違反所屬種類的型態。事實上，甚至那不產生固定音程的非完全不協和音也可以與因不同種類動物或人和動物相交所產生的巨大畸形相比。可是，對所有這些低音及構成和聲的補充部份來說，却缺乏那種只屬於表現調子高音的相續進行，它只在變調和急奏中急速而輕快地進行，而所有其他的，則只是緩慢的進行，每一部份都沒有關聯。低沉的聲音進行最緩慢，這代表最粗糙的物質。除非它是因雙重對位法而轉回的低音，否則，它的起落只藉三度音程、四度音程、五度音程等大音程而表現出來，從來不藉全音程來表達。這種徐緩的進行，對它來說，也是相當重要的；低音部份的急奏或顫音，甚至連想像都不可能。相當于動物生命的較高補充部份，進行得比較快，却沒有和聲的關係以及重大的進展。所有補充部份的不連續進程及其因規定法則而產生的規律相當于下述事實，即在整個無理性的世界裡，從結晶體到最完美的動物，沒有一樣具備了使其生命成一有意義整體的相關意識，沒有一樣經驗過相續的心理發展，沒有一樣到達了具有文化的完美階段，一切東西的存在都是依據本身的法則，爲固定的法則所決定。最後，在調子中，在引導整個曲子而以無限自由進展的主音中，在自始至終表現整體不間斷的同一思想的重大關聯中，我發見了最高階段的意志客觀化，我發見了智性生活和人類的力量。因爲人類賦有智性，所以，只有人類才能不斷地在其實際生活的途徑上及其無數可能情形中瞻前顧後，因此，產生了智性的生活，而且，這智性生活前後相關成一整體，樂曲中的調子與此相當，調子自始至終具有相當的意向關係。所以，調子記載着智性開化的意志歷史。在現實世界中，這個意志表現爲一連串的意志行爲；可是，調子所表現的還不止於此，調子記載着這個智性開化的意志的最秘密歷史，描寫此一意志的所有興奮、所有奮力、所有活動，所有歸屬於理性中消極感情觀念而無法藉抽象概念來進一步了解的一切東西。所以，我們常常說，音樂是感情和激情的語言，就像文字是理性的語言一樣。柏拉圖說它是靈魂被激情感動時所模擬的旋律運動（De leg vii），亞里士多德也說：雖然節奏和旋律只是聲音，它和靈魂却有着怎樣的類似呢？（Probl. c, 19.）。

人的本性是這樣的：他的意欲永遠向前奮進，一個意欲滿足了，又產生另一個新的意欲，永遠這樣地下去。的確，他的快樂和幸福只在從希望到滿足希望那過渡的一刹那，以及從滿足到希望產生的過渡一刹那。因爲，得不到滿足是痛苦，空等新希望則是煩悶倦怠。調子與此相當，調子的本質是以種種方式不斷地從主調音轉爲其他音，不但轉爲三度而有力的協和音程，而且還轉爲所有各種全音程，轉爲不悅耳的七度音程及多餘度數的音程；然而，總是回到原來的主調音。在所有這些轉調中，調子表現出意志種種不同的意志活動，但是，意志的滿足也往往是由于最後重新回到一種協和的音程，尤其是回到主調音。調子的產生及調子中人類意欲及感情的展露乃是天才的工作，這裡天才的活動比任何其他地方更明顯，遠離一切反省思慮和自覺意向，天才的活動可稱之爲靈感。這裡像藝術中所有其他地方一樣，這個概念是沒有用的。作曲家顯露世界的內在本質，用理性所不能了解的語言表達最深刻的智慧，像在被催眠狀態下的人可以說出自己清醒時毫無所知的事物。所以，在作曲家身上所表現的作者本人與作爲藝術家之間的完全不同情形，比任何其他藝術家爲甚。甚至在解釋這個奇妙的藝術時，概念也顯出它的貧乏和有限，即用概念不容易解釋這個奇妙的藝術。不過，我要盡力完成我們的類比。正如從希望到滿足以及從滿足到新希望的過渡刹那乃人類快樂和幸福所在，同樣，沒有多大轉調的快速調子是令人愉快的；表現令人痛苦的不協和音而只藉許多小節回到主調音的徐緩調子，相當于延滯而難于得到的滿足一樣，是令人憂傷的。除了始終保持的主調音以外，沒有其他的音能夠表現意志新起興奮的延滯，即厭倦，這樣的結果會很快使人覺得不可忍受，單調而無意義的調子便是此一結果。快速舞曲簡短分明的主題所表現的，似乎只是易於獲得的一般快樂。另一方面，那細密進行、變調多的活潑快速莊嚴調子，則表示追求一更遠目的及其最後完成的更大更高尙的活動。緩慢的調子表現那輕視一切微末幸福的偉大高尙活動的痛苦。可是，小調和大調的效果多麼奇妙呀！半音程的變化，引入三度音程的小調替代大調，立刻而無可避免地使我們產生焦急和痛苦的感覺，而大調又立刻使我們擺脫這種感覺，這是多麼令人驚奇的事！短調慢板延長最尖銳痛苦的表現，甚至變成一種令人震撼的哀哭。短調舞曲似乎顯示出我們應當輕視的那種微不足道幸福的缺陷，似乎表示辛苦所換來的卑下目的。調子的無窮無盡相當於自然界個人、相貌和生活過程上的差別無窮無盡。從某一主調轉變爲另一完全不同的主調，由於它澈底破壞了與過去事情的關聯，所以像是死亡，因爲個人終結於此；可是，此人身上表現的意志却一仍故舊，表示在其他個人身上，不過，這個人的意識與前一人的意識毫無關係。

我們不要忘記，我曾在研究這些對比時指出，音樂和它們沒有直接的關係，只有間接的關係，因爲音樂從不表現現象，只點出現象的內在本質，只點出現象的本體，卽意志。因此，音樂並不表現這個或那個特殊具體的喜悅，這個或那個特殊具體的憂愁、痛苦、恐怖、快樂、歡樂或內心的平靜；只以抽象方式在某種程度以內表現喜悅、憂愁、痛苦、恐怖、快樂、歡樂或內心的平靜本身，表現它們的主要本質，而並不表現附屬的東西，也不表現它們的目的。然而，從這些抽出的精華上，我們完全了解它們。因此，我們的想像力很容易爲音樂所激起，希望將我們直接接觸的看不見的主動精神世界具體地表現出來，使它有血有肉，也就是用類似的實例把它具體地表現出來。這是歌詞的起源，也是歌劇的起源，因此，它決不應捨棄其附屬的地位而使音樂只成爲表現它的工具，這是一種很大的誤解，也是一件完全不合理的事情；因爲音樂往往只表現生命的精華及其過程中的大事，而決不是這些東西，它們的區別永遠不影響它。正是它特有的這個普遍性及其最大的確實性，使音樂具備了很高的價值，音樂的此一價值是我們一切憂傷的萬應靈藥。因此，如果音樂與文字的關係太密切，如果音樂想要根據實際發生的事件而表現出來，便是想表達一種非本身所有的語言。沒有人能像羅西尼（Rossini）那樣避免這種錯誤；所以，他的音樂非常明顯而完全地表現本身特有的語言，它根本不需要文字，只有用樂器演奏時，才顯出它的完全效果。

根據以上所說的，我們可以視現象世界或自然界與音樂爲同一東西的兩種不同表現，所以，它本身是它們間類比的唯一媒介物，因此，我們需要一種知識來了解此一類比。如果視音樂爲世界的一種表現的話，便是最高級的普遍語言，其與概念普遍性的關係，很像與特殊具體事物的關係。不過，它的普遍性並非抽象觀念的那種普遍性，完全是另外一種，而具有完全和顯明的確定性。從在這方面看它好像幾何上的圖形和數字，幾何上的圖形和數字是經驗上一切可能對象的普遍形式，可以先天地應用到它們身上，然而又不是抽象的而是可以知覺的，也是完全確定的。意志的一切可能活動、興奮和表現，人類心中所發生的一切思想，理性所包括的一切，消極的情感觀念，都可以用無數可能的調子表達出來，但是，調子的表達方式總是普遍性的，總是純粹形式的，沒有內容，它所依據的總是物自體不是現象。像是現象的最內在靈魂而沒有肉體。音樂與萬物眞正本質間的這種深刻關係也說明了下列事實，卽任何情景、行動、事件或環境的適當配樂似乎展示出它最內在的意義，也像是它最正確最明顯的解釋。下面所說的確是實際情形，卽凡是專心傾聽交響樂的人，便似乎可以看到生命中一切可能的事情及其內心世界所發生的的一切現象，然而，如果他反省思考一下，却無法發現音樂與心中所發生的事情之間有何相似性。我們曾經說過，音樂與其他藝術都不同，音樂不是現象的摹本，或者說得更正確些，不是意志的完全客觀性，而是意志本身的直接摹本，因此，表現爲形下世界萬物的形上本體，也表現爲每一現象的物自體。我們可以稱這世界爲具體化的音樂，正如我們稱它爲具體化的意志一樣；所以音樂使現實人生和世界的每一情況、每一情景都富有意義，如果音樂的調子類似于特定現象的內在精神，便顯得更是如此。由于這種情形，所以我們可以把一首詩放進音樂中而成爲歌曲，或將易見的圖畫擺進音樂中而成爲啞劇，或將兩者放入音樂中而成爲歌劇。這種配合音樂普遍語言的人生特殊情景，決不是和它有必然的關係或有必然相應的關係；它們與它的關係只是隨意選取的實例與普遍概念之間的關係。從現實的確定性方面看，它們所表現的就是音樂以純粹形式的普遍性所表現的。因爲，在某種範圍以內，調子也像普遍概念一樣，是從現實中抽象出來的。那麼，這個現實世界，這個具體事物所在的現實世界，爲概念和調子的普遍性提供知覺對象，提供特殊具體事例。從某方面看，這兩種普遍性是彼此對立的；因爲所含的特殊具體事物，只是最初從知覺中抽象出來的形式，好像是事物分離的外殼；嚴格說來，它們是抽象物（abstracta），相反的，音樂則表現先於一切形式的最內在中心或事物中心。這個關係很可以用經院學派的術語來表達，說概念是後於殊相之共相（universalia post rem），但音樂則表現先於殊相之共相（universalia ante rem），而現實世界則爲內在于殊相中之共相（universalia in re）。對配上詩的調子的普遍意義來說，很可以配上這首詩中所表達的其他同樣任意選取的共相的實例，所以，同一曲子可以適用許多詩歌，這也是使歌舞輕喜劇可以存在的原因。我們曾經說過，一般而論，樂曲與可見圖畫之間，只有根據下述事實才可能發生關係，即兩者只是世界同一內在生命的不同表現。現在，在這特殊情形下，實際上有了這種關係時，也就是說，當作曲家能用音樂的普遍語言表現那構成事件中心的意志的感情時，那麼，歌曲的調子，歌劇的音樂便有意義了。但作曲家在兩者之間所發現的類似，必然是從爲理性所不知的有關世界本質的直接知識中得來的，必然不是藉概念作用而有意產生的模仿品，否則的話，音樂便沒有表現意志的內在本質，而只是不完全地模仿意志的現象。所有特意模仿的音樂都是這樣完成的，例如海頓的「季節」（The seasons），還有他的「創造」（Creation）中的許多節，是直接模仿外界的現象，還有他所有的戰鬪曲子也都是如此。我們要澈底排除這種音樂。

所有音樂的無法形容的深度，浮現在我們意識之中，成爲一個爲我們深深相信却遠離我們的天堂幻影，也使我們完全了解却無法解釋，這種無法形容的深度是由于下述事實，即音樂儲藏了我們內在本質的一切感情，却完全缺乏現實性而遠離感情的痛苦。音樂所必需並從它直接特殊範圍內排除荒謬不合理現象的眞切性，也應以下述事實來解釋，即它的對象不是那唯一可以產生欺騙和荒謬不合理的觀念；它的對象是意志，而這是最重要的，因爲這是一切所依賴的。我們從反覆唱奏中見到音樂語言的內容如何豐富如何富於意義，但文字語言作品中的同樣情形便使人不能忍受，在音樂中，却是非常恰當的，爲了要完全了解它，我們是應當聽兩次的。

在對音樂的這種解釋中，我一直希望明白表示，音樂是以完全普遍的語言，以同樣的材料、單純的聲音而以最大的確定性和眞理來表現世界的內在本質，來表現世界的本體，我們以意志觀念來思考此一本體，因爲意志乃世界內在本質的最明顯的表現。再者，根據我的觀點和主張，哲學只是以非常普遍的概念對世界本質作完全而確切的重覆或表現，只有這樣才能看到那到處適宜而可以應用的整個本質。如果我們可以完全正確而徹底地解釋音樂，甚至擴及特殊具體事物，這也是以概念來表示的世界的充分重覆解釋，因此，它將是眞正的哲學，凡是同意我的看法，而採用我的思想方式的人，都不會認爲這是矛盾不合理的。上面所引的萊布尼玆的話（從一較低的觀點看，是非常正確的）可用下列方式表示以適合我們對音樂的較高觀點：音樂是一種下意識的形上運算，心靈在運算中不知不覺地進行着哲學的思考，因爲，所謂認知往往是表示已用抽象概念確定了。但是，由于種種方式而證實的萊布尼茲所說的話的眞實性，如果誰用音樂的審美或內在意義來看，或只從外在純粹經驗的立場來看，音樂只是直接以具體數字及數字間複襍關係來了解的工具，否則，我們只能用抽象概念來確定它們而間接加以認識。所以，如果把這兩種對音樂的觀點合起來，我們可以得到一種數的哲學，如畢達哥拉斯的數的哲學，然後從這個意義上來解釋恩辟里卡斯（Sextus Empiri Cus）所引畢達哥拉斯學派的話（aw. Math., Vii）。所有事物都類似于數字。最後，如果我們用這個觀點來解釋上面所說的和聲和調子，我們將會發現，對自然未加解釋的純粹道德哲學如蘇格拉格底所希望建立的道德哲學，就好似沒有和聲的單純調子一如盧騷所期望的；反過來說，如果只有物理學和形而上學而沒有倫理學，便等於沒有調子的和聲。現在，我要在這些粗略的觀察之外再對音樂與現象世界間的類似方面略加說明。我們曾在本書第二卷中發現，意志客觀化的最高階段——人，是不可能單獨出現的，要假設人以下各個階段的存在，而這些階段之下，又要假設更低階段的存在。同樣，直接使意志客觀化的音樂，正如世界一樣，只有在完全和聲時才是完美的。爲了獲得它的完全效果，調子的主音需要伴以其他聲音，甚至包括那視爲一切聲音之源的最低音。調子成爲和聲的一部份，只有當和聲在完全和諧的整體中入於樂曲時，音樂才表現它所希望表現的東西。因此，超越時間的唯一意志只有在那上昇等級中顯示其本質所有階段的完全結合中才能完全客觀化。下面所舉的類似也是非常明顯的。我們在本書上一卷中看到，儘管所有意志現象在其種類方面彼此間相互適應而構成它們的目的而，然而，在這些個別現象之間，仍然有着不斷的矛盾衝突，這種矛盾衝突在每一階段都可以看得到，而且使世界成爲同一意志所有具體表現的不斷鬬爭場所，因此可以見到此同一意志的內在自我矛盾。在音樂中也有相似的情形，完整、純粹、和諧的音樂不但在自然法則上是可能的，從算學上看也是可能的。表現聲音的數字有着無可避免的不合理性。在任何音階中，所有五度音程都不會和2——3主調音有關，所有大調三度音程都不會和4——5主調音有關，所有小調三度音程都不會和5——6主調音有關，餘此類推。因爲，如果它們和主調音有正確的關係，彼此之間便不再有這種關係；例如，五度音程必定是小調三度音程到三度音程等。因爲音程上的音符可以比之於舞臺上的演員，演員時而要扮演這個角色，時而要扮演那個角色。所以，我們無法想像一完全確切的音樂結構，更無法產生出來；因此，所有的音樂都不是十分完美無瑕的，只能將它所必要的不協和音分散在所有音符之間，也就是說，只能藉調率來隱藏這些不協和音。關於這一點，請看克納德尼（Chladini）的音響論與音響音及其理論概觀。

我還可以說明人類察覺音樂的方式，也就是說，人類只有在時間中才能察覺音樂的存在，只有透過時間才能察覺音樂的存在，此與空間無關，也不受因果知識的影響，因此，無所謂悟性理解問題；因爲聲音使我們產生美感印象，並不像知覺情形下那樣强迫我們追究它們的原因。不遍，我不希望把我的討論拉長，在本卷中我對某些問題也許已經說得太過詳細了，或對某些事項討論太多了。但是，我的目的使我不得不如此，如果我們不想忽略那很少被人充分認識的藝術的重要性和高度價值的話，人們便不會反對我這樣做。根據我們的看法，如果那整個可知的世界只是意志的客觀化，只是反映意志的鏡子；如果在我們單獨看表象世界而擺脫一切意欲的束縛，只讓表象世界佔住我們的內心時，表象世界是人生中最使人快樂和唯一天眞無邪的一面；我們應當視藝術爲人生這一面的更高階段，爲人生這一面更完美的發展，因爲藝術所完成的主要是可知世界本身所完成的，只是更爲集中，更爲完美，更具有目的和睿智，因此，可以說是生命的花朵。如果整個表象世界只是可見的意志，藝術品便是要使這可見的意志更顯明。藝術品是暗箱，可以使對象顯得更淸楚，它可以使我們觀察對象時更明白地了解它們。是「哈姆雷特」裡的劇中之劇，舞臺上的舞臺。

我們從美的事物所感受的快樂，藝術所帶來的對人生的慰藉，藝術家的熱情——後者是天才比普通人有利的一點，天才的意識愈明，他所感受的痛苦也愈多，此一有利之點乃是對天才的報酬補償，也是對不同種族的人們間枯寂的補償——這些都是由於下述的事實，即生命的本質、意志、人生，是不斷的愁苦，一方面是不幸的，另一方面則是可怖的；相反的，如果只有純粹觀想的表象，如果只有爲藝術摹寫的表象而擺脫了痛苦的話，便在我們面前呈現一幕充滿意義的戲劇。世界的此一完全可知面，任何藝術中的世界摹本乃是藝術家的要素。藝術家不得不靜觀意志客觀化的一幕戲劇，他置身於外，永遠不厭倦於靜觀此劇，也永遠不厭倦於摹寫它；同時，他擔負起產生此戲劇的一切代價，也就是說，他本人就是這客觀化的意志，永遠在不斷的痛苦中。現在，對世界內在本質的那種純粹、眞實和深刻的認識，對他來說，已成爲一種目的：他就停留在此。所以，對他來說，這種認識不會成爲意志的寂滅者，不像第四卷中所看到的聖者那樣達到放棄一切的解脫境界；它沒有使他永遠擺脫生命的煩惱，只獲得暫時的解脫，對他來說，不是人生解脫之道，只能從其中獲得一時的慰藉，直到他的力量因此種觀想而增加，最後對此幕戲劇感到厭倦時而抓住眞相爲止。拉裴爾的聖西塞里亞（St. Cecilia）可以視爲這種過渡的代表。那麼，現在爲了把握世界的眞相，我們要轉入第四卷了。

卷四　意志世界

第二方面

達到自覺狀態時，生活意志的肯定和否定

四

45

我希望前面三卷已使讀者明確了解，表象世界完全是意志的反映，在表象世界中，意志的自覺一步一步地趨向明顯和完整，其最高階段則是人類，不過，人類的本性只有透過一套相互關聯的行動才能獲得澈底的表現。理性可以使這些行動達到自覺的境地，可以使人類不斷以抽象方式縱觀全體。

從意志本身來看，意志是不自覺的，只是一種不斷的盲目衝動，正如我們在無機界和植物界及其法則中所看到的一樣，也像我們自己生命中屬於生物部份中所看到的一樣，這種盲目衝動的意志，透過表象世界的附加物而獲得有關本身意欲活動及其所意欲者的知識。這不是別的，就是

表象世界，就是生命。所以，我們說現象世界是意志的反映，是意志的客觀表現。由于意志所意欲的往往是生活，而生活又不是別的，只是那意欲觀念的表現，所以，如果我們不說「意志」而說「生活意志」的話，那是多餘的贅言。

意志是物自體，是內在內容，是世界的本質。生命、可見的世界、現象，只是意志的反映。所以，生命因意志而起，如影隨形一樣地與意志分不開；如果意志存在，生命、世界便也存在。所以，生命就是確保生活意志，只要我們充滿着生活意志，就不必恐懼自己的生存，卽使面對死亡時也是如此。誠然，我們看到個體的生生滅滅，但個體只是現象，個體只在充足理由原則，個體化原則（Principium individuationis）分不開的知識上才存在。當然，對這種知識來說，個體由此獲得生命，而把生命當作一種賜與，然則個體實來自於空無，因此，由于死亡的關係，便失去了這種賜與，復歸於無物。但是，我們希望從哲學的觀點來看生命，換句話說，就是根據生命的理念來看生命，在這個範圍內，我們將發現，意志，一切現象中的物自體，知覺這些現象的認知主體等，根本不受生死的影響。生死只屬於意志的現象，因此，也只屬於生命；意志現象必定表現于生生滅滅的個體上，當作時間形式中出現的無常現象——這種現象背後的東西，本身根本不知道時間的存在，但必須以我們所說的方式表現出來，以便使它的特性客觀化。生死都屬於生命，是兩個彼此相互平衡的現象，如果願意的話，也可以說，生死是生命現象的兩極。在所有神話中最富于智慧的印度神話把死亡現象歸于象徵破壞之神（如三位一體神中最罪惡最低下的婆羅門象徵創造生殖，維修奴（Vishnu）象徵保存）來表示這種情形，就是說，不但以骷髏項鍊作宇宙破壞者濕婆（Siva）的象徵，也以男性生殖器作他的象徵，來說明生死現象，男性生殖器是生殖的象徵，這是表示與死亡對立，這告訴我們，生殖和死亡是兩個根本相關的現象，兩者相互沖淡、相互抵消。同樣的感情使古代希臘羅馬人裝飾他們昂貴而彫刻精美的石棺，正如我們現在所看到的一樣，這些石棺上刻飾着饗宴、舞蹈、結婚儀典、狩獵、狂歌熱舞等；這樣，他們表現着生命的熱情，不但藉這種狂歡和運動把生命的熱情擺在我們面前，而且還藉肉體的逸樂來表示，甚至表現人羊神和山羊的性交。顯然，他們的目的是用最動人的方式使人忘却個人死亡的悲傷而顯出自然的不朽生命，因此，雖沒有抽象的知識，却告訴我們整個自然都是生活意志的現象和完成。這個現象的形式是時間、空間和因果關係，由于這些個體化作用而帶來一種結果，即個體必將生生滅滅。個體只是生活意志的特殊表現，但個體的生滅對生活意志的影響並不大過個體死亡對整個自然的損害。因爲「自然」所關心的不是個體而是族類，自然盡量保存族類，自然供給族類豐富的種子和生殖衝動的大力量。相反的，對「自然」來說，個體既無價值，也不可能有價值，因爲自然王國是無限的時間和空間，也在這些無限雜多的可能個體中。所以，自然讓個體毁壞，因此，不但有千千萬萬的方式使個體因偶然事故而遭受毁滅，而且，也註定如此，自然在完成保存種族的目標時，就使個體具有趨向毀滅的命運。自然只表現下述偉大的眞理，卽只有理念才有實在性，個體是沒有實在性的，換句話說，只有理念才是意志的徹底客觀表現。現在，既然人就是自然，就是達到最高意識階段的自然，而自然又只是客觀化的生活意志，那麽，凡是了解而抱持這個觀點的人，當他想到自己和友人的死亡時，把眼光轉向自然的不朽生命便可以自我安慰，因爲他自己就是自然。這就是具有男性生殖器像的宇宙破壞者濕婆的意義，也是古代刻着光輝生命情景的精美石棺的意義。

我們要特別認淸，意志現象的形式，生命或實在的形式，只是存於現在，不是未來，也不是過去。後者只存在于槪念中，如果遵循充足理由原則的話，只存在于知識的關聯中。沒有人曾生活于過去，也沒有人會生活于未來；「現在」是生命的唯一形式，也是永遠不能從生命中拿走的可靠財富。「現在」永遠和它的內容同時存在，兩者永遠固定而不動搖，好像瀑布上空的虹一樣。因爲，生命固定于意志之中，而現在則固定于生命之中。當然，如果我們想想過去數千年，如果我們想想這數千年中千百萬人們，我們會問，他們是什麽樣的人？他們變成了什麽？但是，另一方面，我們只要回想自己過去的生活並在想像中重新恢復過去的情景，然後再問問，這整個過去的生活情景是什麽？它變成了什麽？這過去的生活對我們怎麽樣，對那千百萬人的生活也是怎麽樣。或者，我們是不是應該假設，因「過去」被死亡所決定，所以我們才能够獲得新的存在呢？我們自己的過去，過去中最近的一段時間，甚至昨天，在現在看起來，只是空虛的幻夢，千百萬人的過去也都是如此。過去是什麼呢？現在又是什麼呢？反映生命的意志，和擺脫意志的知識，知識在生命的鏡子裡清晰地看到意志。凡沒有認識這點的人，或不願意承認這點的人，一定要在上述關於過去許多世代人類命運問題之外，提出下述問題：爲什麼這問話的人如此幸運能够認識這寶貴的，匆匆卽逝的和唯一實在的現在，而過去許多世代中千百萬人們甚至英雄和哲學家却陷入黑暗中而歸於無物；只有他，只有他無足輕重的自我才實際存在呢？或者更簡單地說：爲什麼這現在，他的現在只是現在而不是長久以前呢？由于他提出這種奇怪的問題，因此，他認爲自己的存在和時間沒有關係，而認爲前者延伸到後者。他確具兩個「現在」——一個現在屬於客體，另一個現在屬於主體，同時，他對這兩個現在的一致性所帶來的偶然現象感到驚異。但是，事實上，只有客體（它的形式是時間）和主體（主體沒有把充足理由原則當作形式）的接觸點，才構成現在，正如在討論充足理由原則的論文中所表示的。現在，如果客體對象變爲表象，那麼，客體對象便是意志，而主體則與客體必然相關。但是，眞正的客體對象，只在現在，過去和未來只含有概念和想像；所以，「現在」是意志現象的根本形式，「現在」和意志是無法分開的。只有「現在」是永遠存在的和永遠固定的。從經驗上看，形上觀察力（看到經驗知覺形式以外的能力），把一切短暫事物中最短暫的事物看成唯一持久的東西，其內容的根源和支持者是生活意志或物自體——人類本身就是生活意志。凡是不斷變化和消滅的事物，凡是過去或現在存在的事物，由于種種產生生滅現象形式的緣故，都屬於現象界。因此，我們應該想：過去是什麼？是現在的玩藝兒，將來是什麼？是過去那玩藝兒。對意志來說，生命是確定的，對生命來說，「現在」是確定的。每個人都可以說，「最後，我是『現在』的主人，它會像我的影子一樣永遠隨着我：所以，它從那裡來，爲什麼正是現在，對于這些，我並不感到驚奇。」我們可以拿時間和不斷旋轉的球面相比：永遠下沉的一半代表過去，而永遠上昇的一半則代表未來，但切線所接觸的頂端不可分的點則代表沒有廣度的現在。切線不隨球面旋轉，「現在」也是如此，客體（它的形式是時間）和主體（沒有形式）相接之點，也是如此，因爲它不屬於可知現象，而是一切可知現象的條件。或者說，時間像永不息止的河流，而「現在」則是流水流過的石塊，但河水沒有把石塊捲走。作爲物自體的意志，和知識主體同樣不受充足理由原則的支配，從某方面看，知識主體最後就是意志本身或意志的表現。對意志來說，生命是確定的，生命的現象是確定的，同樣，「現在」也是如此，這眞實生命的唯一形式也是如此。所以，我們不必探討出生之前的過去，也不必探討死亡之後的未來：我們要認識現在，要認識這表現意志的形式。現在不會擺開意志，意志也不會擺開現在。所以，如果生命眞能令人滿足，那麼，凡是以各種方式肯定生命的人，都可以認爲生命是無限的，除去對死亡的恐懼，把死亡當作幻像，原來幻像使他變得愚笨地畏懼那可能永遠剝奪他的現在而預示沒有現在的時間；這是時間方面的幻像，與空間方面的幻像相似，由于空間的幻像，每個人都以爲自己在地球上所佔的位置在上，而其他所有地點則在下。同樣，每個人都把現在和自己的個體性連在一起，以爲整個現在完全在此，以爲過去和未來是沒有「現在」的。但是，正如地球表面每一個地方都是在上一樣，整個生命的形式也都是現在，因死亡奪去我們的現在而恐懼死亡，正如恐懼自己可能從地球表面滑倒一樣的愚笨。「現在」是意志客觀化最重要的形式。「現在」把時間分割，從兩個方向無限地延伸，好像數學上的點一樣，並且固定不動。像沒有淒冷夜晚而永遠的日正當中一樣，太陽似乎將沉入黑夜的懷抱，其實是不斷地燃燒着。所以，如果一個人恐懼死亡，以爲死亡是自己末日的話，就好像他以爲太陽會在夜裡大叫「傷心啊！我落入永久的黑夜。」相反的，凡是背負着生命重壓的人，凡是對生命抱着希望並肯定生命，但却憎惡生命的痛苦尤其是無法再忍受艱苦命運的人，將無法從死亡期求解脫，也無法以自殺來改進自己。冥府的悽冷陰影誘惑着他，成爲現在安息之所的虛假外表。大地日以繼夜地轉動，人一個一個地死去，但太陽却不斷地照耀着，永遠日正當中。對生活意志來說，生命是確定的，生命的形式是無窮的現在，儘管個體、理念的現象在時間中生生滅滅，像瞬息即逝的夢幻一樣。因此，縱使我們早已知道自殺是一種徒勞無益愚笨行爲；但是，當我們進一步探討時，更會覺得自殺是一種可恥的行爲。

這一點我們已經認識得很清楚，雖然意志的特殊現象在時間上有起始有終結，但作爲物自體的意志本身却並未受它影響，與一切對象相關的認知而不被認知的主體也沒有受它影響，對意志來說，生命永遠是確定的——這點不應算是不朽論。因爲永久性並不比短暫性更需要意志或認知主體即世界的靈魂之窗，因爲兩者都是只在時間中才有效的屬性，而意志和純粹認知主體却在時間之外。從我們以前所表現的觀點來看，個人的自我主義（認知主體所啓發的特殊意志現象）不能爲他永遠存在的願望帶來滿足和慰藉，正如他無法因知道在自己死後那永恒世界仍將繼續存在而感到滿足和慰藉一樣，知道自己死後這世界仍將繼續存在，這一點正是那由客觀看來同一觀點的表現，也是從時間上看來同一觀點的表現。只有當作現象時，個人才是短暫的，但是，在作爲物自體時，則是超時間的，是無限的。但，只有當作現象時，個人才和這世界上其他東西不同；如果作爲物自體，便是出現于一切東西中的意志，死亡打破了那個將他意識和其他的意識分開的幻象錯覺：這就是不朽。他的不死（這只屬於物自體），對現象來說，和外界其他東西的不滅是一樣的。因此，又產生了下述情形，即雖然已被我們變爲明白知識的那種內心所感覺到的不朽意識，像以前所說的，的確够使我們想到死亡時而不致毒害理性的生命，因爲，只要它面對生命並注意到生命，這個意識便是一種對生命的愛，這種愛維持萬物生存並使萬物像繼續存在下去，然而，却不會使人不受死亡恐懼的侵襲，而當某種特殊實際情形甚或想像中碰到死亡威脅時以種種方法逃避死亡，並且，他亦不得不考慮死亡。正如只要他認識那種生命時，便不得不承認生命中的不朽一樣，當他面對死亡時，也不得不承認死亡的事實，卽時間中的特殊現象在時間中的終結。我們在死亡中感到恐懼的根本不是痛苦，因爲痛苦顯然是死亡以前的事，並且，我們時常藉死亡來逃避痛苦，正如有時候在相反情形下，雖明知死亡卽將來臨，却只爲暫時逃避死亡而忍受極大痛苦一樣。因此我們把痛苦和死亡區別爲兩種完全不同的災禍。我們在死亡中所恐懼的是個人的終結，同時，由于個人是生活意志的特殊客觀化，所以它的整個本性都在與死亡博鬪。現在，當我們的感情使自己感到無助時，我們的理性便加入進來，而且大多是克服了不利影響，因爲理性使我們達到更高層次，從這較高層次，我們所想的不再是特殊的東西，而是全體。所以，在這個觀點之下，獲得了本書中現已達到而過去未曾超越的關於世界本質的哲學知識，也能克服對死亡的恐怖，克服的程度則視個人思想力量大過感情力量到什麼程度而定。如果一個人徹底了解我們早就提出的眞理，但未從本身經驗或更深一層的領悟中認識痛苦乃生命之所必需，如果他在生命中尋求滿足自己所希望的一切東西，如果他能平靜而審愼地希望自己的生命像向來所了解的一樣，將永遠繼續存在或不斷更新，如果他對生命的愛非常强烈，强到足以使自己願意接受爲追求快樂而帶來的一切艱苦和不幸——這種人會無所畏懼。他會懷着我們給他的知識，漠然無動于衷地等待卽將來臨的死亡。他會把死亡看作是虛假的幻象，看作是沒有力量的幽靈，這些可以使弱者感到害怕，對他却毫無力量，因爲他知道自己就是那具體表現整個世界的意志，他永遠相信生命，也永遠相信那意志現象唯一特殊形式的現在。他不會因無限的過去或將來而感到可怕，他會把過去或未來當作魔耶之網的空虛幻象。因此，他對死亡不會感到恐懼，就像太陽不會恐懼夜晚一樣。在「薄迦梵經」（Bhagavad-Gita）中，當有修將軍（Arzuna）看到成列的軍隊感到良心不安，而灰心喪氣希望放棄戰爭以避免成千成萬的人死亡時，黑天上帝（Krishna）便提醒這位弟子的注意。黑天上帝使他認識這一點，成千成萬的死亡不能再阻止他了；於是，便發出戰爭的信號。在哥德的「普羅米修斯」（Prometheus）中，尤其是當他說下面這段話時——

「我坐在這裡，用自己的形相
塑造人類，
一種像我自己的種族，
受苦、哭泣，
像我一樣，
看不到你們
歡樂、享受。」

所謂「意志自我肯定」意思是說在意志的客觀表現中，換句話說，在意志客觀化于現實世界和生命中，意志所具有的本質使它明顯地成爲表象時，這種認識根本沒有阻礙它的意志力；但是，具有這種認識的意志却自覺而深思熟慮地欲求生命，正如過去盲目地欲求生命一樣。如果，獲得這種知識時意志力終結了，那麼，生活意志的否定便表現出來了，因爲，所知的特殊具體現象不再是意欲活動的動機，但那因認識理念而形成的關於世界本質的知識卽意志的反映，却成爲意志之火的熄滅者；經過這樣自由化以後，意志自行抑制了。這些不常見的概念，如果用一般方式來表示，是很難了解的；但是，我們希望透過卽將提出對現象的解釋，尤其是關於行動方面的解釋，來了解這些概念，這些對現象的解釋一方面表現意志各個階段的肯定，另一方面又表現各個階段的否定。因爲兩者都是從知識來的，不過，不是從那以語言文字表達的知識來的，而是從活的知識來的，這種活的知識只是以行動和行爲表示的，也是不受獨斷見解影響的。我的目的只是顯示兩者並使兩者成爲清晰的理性知識的對象，不是規定這個或規定那個，這樣不但愚笨，也沒有用；因爲意志本身是絕對自由和完全自決的，也無任何法則可循。在我們繼續前面所說的解釋以前，先要解釋並確切界定這種自由及其與必然之間的關係。而且，關於生命問題（生命的肯定和否定是我們所要討論的問題），我們應該揷上幾句與意志及其對象有關的話。透過這些，會更容易了解我們現在所追求的知識的內在本質，會更容易了解行動方法的道德意義的內在本質。

46

所謂意志是自由的，這種看法是下述事實的結果：即根據我們的觀點，意志是物自體，是一切現象的內容。另一方面，我們認爲一切現象都是絕對服從充足理由原則的四種形式的。同時，由于我們知道必然性和特定理由的結果是完全相同，且是可以彼此通用的概念，所以一切屬於現象的東西，換句話說，一切成爲個別認知主體的對象，一方面是理由，另一方面又是結果；同時在最後性能方面，是以絕對必然性而決定的，所以在任何方面，都不能和現在情形有異。因此自然界的全部內容，一切自然現象，完全是必然的，而每一部份、每一現象、每一事件的必然性都是可以證明的，我們一定可以找出產生它的理由。這一點沒有例外：這是因爲充足理由原則無限有效的結果。不過，另一方面，對我們來說，這同一世界，這世界中一切現象都是意志的客觀表現。而意志呢，因爲它不是現象，所以不是表象或對象，而是物自體，同時也不服從一切對象形式的充足理由原則；因此，不是任何理由所決定的結果，沒有必然性，換句話說，是自由的。正確地說，自由概念是個消極性概念，因爲它的內容只是對必然性的否定，換句話說，只是對結果和理由之間根據充足理由原則所產生的關係之否定。現在，我們明顯地看到解決自由和必然性合在一起時所產生這個大矛盾的方法，近來常常有人討論這個問題，不過，就我所知，他們的討論絕對是不淸楚、不充分的。就作爲現象，作爲對象來說，一切東西都是絕對必然的：本體是意志，而意志則是澈底自由的。現象、對象必然無法改變地決定于那不容間斷的因果連鎖。但是，這個對象的普遍性存在和特殊本質，亦卽對象中顯示的理念，或者換句話說，對象的特性，是意志的直接具體表現。因此，和意志的自由一致，對象可能根本不存在，或者說，從根本上看，對象可能是和實際情形完全不同的東西，不過在這種情形下，作爲其中一環並爲同一意志具體表現的整個連鎖，也會完全不同。但是，如果一旦存在，便已進入因果連鎖中，便永遠決定于它，既不能變爲別的東西，換句話說，既不能改變自己，也不能脫離這個連鎖，也不能消滅。像自然界其他部份一樣，人也是意志的客觀表現；所以，我們所說的一切也可以用在人身上。正如自然界一切東西都有其力量和性質，而當這些力量和性質受到外來影響時便以一定方式發生反應並形成本身的特性一樣，人也有性格，基於他的性格，種種動機必然導致種種的行動。他的經驗性格表現于這個行爲方式中，他的睿智性格卽意志也表現于這個行爲方式中。人是意志最完全的現象表現，同時，像我在本書第二篇中所解釋的，人需要高度知識的幫助來保存自己，在這種知識中我們可以看到在一種表象形式下關於世界本質完全充分的摹本：這是對理念的了解，是世界的明鏡，像我們在本書第三編所認識的。因此，在人類身上，意志可以達到充分的自覺，可以明白而澈底了解自身的本質，像在整個世界中反映出來一樣。在前編中，我們知道，藝術產生于這種知識的實際顯現；而在全書最後結束時，我們更會看到，由于這種知識的關係，意志可能表現出澈底的自我否定。在其他情形下決不能表現于現象中的自由，然則在這種情形下，却表現于現象中了，同時，由于廢除了現象基礎中的本質而後者却仍然存在于時間中，便產生了現象的自我矛盾，並在這種方式下表現出神聖和自我犧牲的現象。但是，只有在本書結束時，才能充分了解這一點。剛剛所說的，只是從下述事實中概略表示人如何和意志的其他一切現象不同，這裡所謂的事實是指：自由，換句話說，只屬於物自體（意志），和現象相矛盾的那種獨立于充足理由原則的情形，在人類身上，也可能表現于現象中，不過，它必然表現爲現象的自我矛盾。在這個意義上說，不但意志可以稱爲自由的因而和其他一切東西不同，人也是如此。只有透過將要跟着發生的一切才能瞭解應該如何去了解這點，目前，我們要完全離開這一點。因爲，首先，我們要認清一個錯誤的看法，卽認爲個人行動並沒有必然性，換句話說，認爲動機的力量不像原因的力量那樣確定，或者說，不像從前所提出的結論那樣確定。如果，像我們所說的，離開前面提到的特殊例外情形，那麼，意志（物自體）的自由便根本不會直接涉及它的現象，甚至在現象達到最明顯地步的情形中也是如此，因此，也不會涉及具有個性的理性動物卽人類身上。雖然人是一種自由意志的現象，但是，人決不是自由的；因爲人是這意志自由決意作用的所決定的現象，同時，由于人受對象形式卽充足理由原則的支配，所以，人在許多行動中的確顯示了意志的統一性，但是，由于意志活動本身超時間的統一性，這許多行動便顯示出和某種自然力量的法則一致。不過，可以在人身上及其所有行爲中看到的，就是那自由決意活動，這自由決意活動和人之間的關係就像概念和定義之間的關係，人的每一個別行動應該歸因於自由意志並在意識中直接顯示如此。所以，像本書第二編中所說的，每個人都先天地認爲自己的個別行動是自由的，意思是說，在每一特定情形下，對他來說，每一行動都是可能的，他只是從經驗和基於經驗的思想中了解，自己的行動絕對必然地產生于性格動機的一致。我們發現，沒有受過教育的人，因爲只受感情的支配，所以在種種特殊行動中顯然主張完全的自由，可是，所有各時代的偉大思想家和比較有深度的宗教教義却都否定這一點。如果一個人明白了解，人的整個本質是意志，人本身只是這意志的現象，同時，卽使從主體來看，這現象也是以充足理由原則爲其必然形式，這裏，充足理由原則是以「刺激法則」（law of motivation）的方式出現的——那麼，這種人會認爲，當某一特定性格得到動機時，如果我們懷疑某一行動的必然性質，那是荒謬不合理的，就像我們懷疑任何三角形之三角等於兩直角一樣。

從理智的態度看意志，便會在意志的經驗自由方面（不是超驗自由，其實，只有超驗自由才屬於它）產生錯誤，也在意志特殊活動的自由方面產生錯誤，這與事實不符，事實上，作爲眞正物自體的意志，確是原始的和獨立的，並且，當我們感覺到它的原始性和絕對性以後，隨之而來的必然是它的自覺活動，不過，這裏，它們早被決定了。理智只是從經驗中認識意志的最後決定；所以，當遇到需作選擇的情形時，理智沒有任何資料可以預知意志將作何種決定。因爲，理智只會透過意志的不斷特殊活動而認識經驗性格，卻不會認識睿智性格，根據睿智性格，當遇到幾種刺激時，只能有一個選擇，因此，也必然只有一個選擇。所以，對理智來說，在某一特定情形下，意志似乎可作兩種完全相反的決定。但是，這種情形好像我們看到一具已失平衡兩邊上下起落的天平時說「它可能落到右邊，也可能落到左邊」一樣。這一點只能具有主觀的意義，實際上也是指「就我們所知的資料而論」。從客觀立場看，一旦失去平衡，下落的方向必然確定了。因此，一個人意志的決定只有旁觀者看來是不確定的，只有自己的理智看來是不確定的，對認知的主體來說，則是相對的和主觀的。另一方面，從它本身客觀地來看，遇到任何需作選擇的情形時，它的決心便是確定而又必然的。但是，只有透過決心才能認識這個決定。的確，當我們處在一尚未到來而只是希望的情況下，面對任何困難和重要選擇時，於此我們便獲得一種經驗的證明，這個時候，我們什麼也不能做，只要保持被動。現在，我們想想，當某些情況中意志給我們自由活動和選擇的機會時，我們會怎樣做。一般地說，理性深思熟慮的遠見要我們作某一決定，可是，我們的直接意願却傾向其他決定。只要我們保持被動時，理性的一面似乎希望保持優勢；但是，當行動的機會來臨時，直觀這一方面却會如何强烈地影響我們。到那時候，我們會很想冷靜地思考正反兩面以便澈底看清兩方面的動機刺激，因此當時機來臨時，每個動機刺激都會盡量影響意志，同時，如果一切動機刺激都對意志有適當的影響力，那麼，理智方面的錯誤就不會使它誤作不當的決定。兩種相反動機刺激的明顯展開，是理智唯一能够有助于選擇的。理智被動地並且帶着好奇心等待實際的決定，好像是外來似的。從它的觀點來看，兩種決定似乎都是可能的，這就是意志在經驗自由方面的錯誤。當然，從經驗上看：這個決定完全屬於理智範圍之內，是這問題的最後結果；它是個人意志與種種特定動機相衝突因而也與必然性衝突時，其內在本質、睿智性格所產生的。除了澈底顯示這些刺激動機的本質以外，理智更無別的事可做了，它無法確定意志本身；因爲意志是很難爲理智接近的，也是無法加以研究的。

肯定意志的經驗自由、絕對自由，正符合那種將人類內在本質置於「心靈」（Soul）中的說法，心靈本是一種認知活動，一種抽象思維性質，也因這個緣故才是一種意欲性質——這種說法把意志看作次要的性質，其實，知識才是次要的。過去有人把意志視爲思想活動，認爲意志和判斷相同，尤其是笛卡兒和斯賓諾莎主張這種說法。根據這個說法，每個人只需透過自己的知識而成爲什麼樣的人；他必然來到這世界，像一個在道德上無價值的人，去認識這世上的事物，由此決定成爲這樣的人或那樣的人，做這樣或那樣的事情，他也可以透過新知識而獲得新的行動路線，換句話說，變成另外一個人。並且，他先要知道某個東西好，然後才欲求它，並不是先欲求它，然後才說它好。根據我的看法，這種說法眞是把關係顚倒了。意志是最先的、最根本的，知識只是加在意志之上的，是屬於意志現象的工具。所以每個人之所以成爲什麼樣的人，是因爲他的意志的緣故，而他的性格是最先的，因爲意欲活動是他所具本性的基礎。透過加在意志上的知識，他可以在經驗過程中漸漸認識自己是什麼樣的人，換句話說，他瞭解了自己的性格。由于他意志的本質以及根據意志的本質，他認識了自己，並不是由于他的認知活動以及根據他的認知活動，來從事意欲活動。根據後一種看法，只要他想一想自已喜歡成爲什麼樣的人，就會成爲什麼樣的人；這就是所謂意志自由的說法。這種看法的實際意義是說，人是自己根據知識而創造的結果。相反的，我却認爲，人是在一切知識之前由自己所創造的結果，人的知識只是後來加上去以便開導認識這創造結果的。所以，人不能決定自己成爲這樣的人或那樣的人，也不能變爲另外一種人；他一旦成爲什麼樣的人，就是什麼樣的人，而人在經驗過程中認識自己是什麼樣的人。根據前一種說法，人欲求自己所知的東西，根據後另一種說法，人認識自己所欲求的東西。

確定性格或行爲具體表現的刺激動機，透過知識的媒介影響性格或行爲的表現。但知識是可以改變，而且常常在眞理和錯誤兩方面遊移不定，可是，通常會在生活過程中不斷加以矯正，雖然矯正的程度有很大的差別。所以，一個人的行爲可能有明顯的改變，然而却不能說他的性格已被改變了。人實際上所欲求的，他內在本質的奮鬪以及根據這奮鬪而追求的目的，這些是我們永遠無法用教育方式以外來影響力使它發生變化的，否則的話，便可以改變人了。辛尼加（Seneca）說得好，意志活動是不能教導的；所以，他寧願要眞理而不要他的斯多噶派哲學家，因爲這些哲學家教我們說美德可以授受。意志只能受外來刺激動機的影響。但是，這些決不能改變意志本身；因爲，外來刺激動機只在下述前提之下才能影響意志，即意志本身希望如此。這些刺激動機唯一能做的就是改變意志的活動方向。換句話說，使意志覺得應該用另一種方式來追求它不斷在追求的東西。所以，教育、進步的知識，換句話說，外來的影響，確能使意志知道所用的方法有錯，因此也能使意志知道，根據自身內在本質堅決追求的目的，應該從另一條與過去完全不同的道路去追求，也應該在某一與過去完全不同的對象上去追求。但是，却永遠無法使意志欲求那與向來所欲求者不同的東西，這一點仍然是無法改變的，因爲意志只是這欲求活動本身。不過，前者，即知識的可能改變性，以及因知識而來的行爲的可能改變性，所能達到的程度，以意志所要達到它不能改變的目的爲限，例如追求穆罕默德的天堂，有時在現實世界中用這種方法，有時在想像世界中又用那種方法。因此，在第一種情形中，運用智慮、勢力和欺騙的方法；在第二種情形中，則運用禁戒、正義、施捨和麥加朝聖等方法。但是它的活動並沒有因此而有所改變，意志本身更不會改變。儘管它的活動在不同時間有不同的表現，然而，它的意志活動却永遠是一樣的。

對那些引起行動的刺激動機來說，它們不但應該表現出來，也應該爲人所知；根據經院派哲學家一句有名的話：最後因並不依照它的眞正「存在」發揮影響力，所依照的只是被認知的「存在」。例如，要使某人身上自私與同情之間的關係能够表現出來，光是擁有財富並看到別人的貧乏是不够的，還要他知道能用自己財富爲自己和他人做些什麼事：不但要使他看到別人痛苦，還要他知道所謂痛苦和快樂到底是怎麼回事。也許，他對這種情形的瞭解，頭一次不如第二次清楚；如果在同樣情形下他的行爲有不同的表現，那只是因下述事實的結果，即他所認知的那部份環境，雖然表面看來一樣，實際上却是不同的。正如忽略實際存在的種種情況會使其失去影響力一樣，另一方面，想像的情況，也可能表現得像眞實情況一樣，不但在特定的欺騙情形下如此，而且普遍如此。例如，如果一個人相信一良善行動會使他在來生獲得百倍的報償，那麼，這種信心對他的影響正如遠期票據一樣，他可能基於自私心理來佈施。他不曾改變自己：意志活動是不能教導的。在意志仍然不能改變的時候，就是由于知識對行動的這種巨大影響力而使性格發展，也使性格種種不同特徵一點一滴地表現出來。所以，生活的不同時期，它的表現便各不相同，同時，在衝動、放蕩的少年時期以後，接着來的可能是沉着、冷靜的壯年時期。尤其是，性格中不好的部份往往會隨時着時間的前進而表現得更強烈，然而，有時候，少年時期支配着人的情緒，以後會自動地受到約束限制，因爲只有這時侯才認識與此相反的刺激動機。我們都知道，每個人最初都是純潔的，而這只表示，人都不知道自己本性的邪惡；本性的邪惡只有因動機才表現出來，而動機也只在時間中才出現于知識中。最後，我們所認識的自己和當初想像的完全不同，由此之故，遂時常對自己產生一種悲懼之感。

作爲刺激動機媒介物的知識對意志在行動的表現而非對意志本身所發揮的影響，也是人類行動和動物行動間主要不同的原由，因爲人類和動物的認知方法不同。動物只有感覺知識，而人類因有理性的關係，所以也有抽象觀念卽概念。雖然人類和動物都同樣必然地受各自的刺激動機所決定，然而，人與動物不同，人有完全的自由選擇，這種完全的選擇，儘管只是幾個動機之間可能有的對立衝突，其中最强烈的必然會決定這種選擇，但却時常被看作特殊行動中的意志自由。因此，動機必須採取抽象思想的形式，因爲，實際上，只有透過這些採取抽象思想形式的動機，才能產生深思熟慮卽權衡行動的對立相反理由。動物只能在自己面對的知覺刺激動機中加以選擇，因此，選擇的範圍有限，只限于當前的感官知覺。所以，像原因決定結果那樣的動機決定意志的必然性，只能在動物身上直接感覺出來，在這裡，旁觀者也直接面對着與其結果完全相同的刺激動機；而在人類身上則不同，動機幾乎都是抽象觀念，這些抽象觀念沒有傳達給旁觀者，甚至對行動者本人來說，其結果的必然性也隱藏在矛盾衝突背後。因爲只有在抽象方式中，幾個觀念諸如判斷和一連串結論，才能同時存在于意識中，因此，不受時間的決定，彼此對立，直到較强烈的觀念壓倒其餘觀念而決定意志爲止。這是人與動物不同，且特別具有的完全選擇或深思熟慮的能力，由于這種能力，人類才被認爲具有意志自由，相信他的意欲活動只是理智作用的結果，並不當作基礎的確定傾向，可是，事實上，動機只有在基礎上以及假設他具有確定傾向的情形下才發生作用，在人類身上，這個基礎是性格。我們將在「倫理學上兩個基本問題」(Ist edition, P. 35, et seg.; 2d edition, P 34, et seg.) 中，對這種深思熟慮能力以及這種能力所帶來的人類和動物選擇間的區別，得到更詳細的解釋。人類所具有的這種深思熟慮的能力，是使人生比動物永遠爲不幸的許多原因之一。一般說來，我們最大的痛苦不在當下的知覺表象或直接感覺中，而在抽象觀念的理性中，在痛苦的思想中，動物則完全不受這種思想所支配，動物只活在當下，只活在令人羡慕的無憂無慮之中。

使笛卡兒和斯賓諾莎把意志的決心與肯定及否定能力（即判斷的能力）看成一個東西的原因，似乎是我們所謂人類深思熟慮的能力乃依賴抽象思想功能，因而也依賴判斷和推論能力的那種說法。基於這種說法，使笛卡兒產生一種看法，那就是，根據他的觀點，意志是自由的，是罪惡的原由，也是一切理論上錯誤的原由。另一方面，斯賓諾莎則認爲，意志必然決定于動機，就像判斷決定于理由一樣。從某種意義上看，後一種說法眞實不虛，不過，好像是從假前提得出的眞結論。

我們在動物和人類各自受動機影響的方式方面所作的區別，對兩者的本質有很大的影響，並且與兩者生存方式的不同，有著極大的關係。雖然在一切情形下知覺觀念都是決定動物的動機，然而，人類却想澈底排除這種刺激動機，並想完全以抽象觀念來決定自己。他盡量運用自己理性的特權。他不受當下環境的影響，既不選擇目前的快樂或痛苦，也不避免目前的快樂或痛苦，只考慮兩者的結果。在大多數情形下，除了不重要的行動以外，我們都是決定于抽象的思想動機，而非決定于當下的印象。所以，短暫的困乏對我們來說，是比較輕易的，而自制則相當艱難；因爲前者只涉及短暫的現在，而後者則涉及未來，而且其中還包括無數艱辛。我們痛苦或快樂的原因，大部份不在實際的現在，只在抽象的思想中。使我們無法忍受的往往就是這些——使我受折磨，與這比起來，動物的一切痛苦都是很小的；因爲，當它們出現時，即使自己肉體上的痛苦也感覺不出來。的確，在極度心理痛苦之下，甚至故意使自己肉體上受苦以便使注意力從前者轉移到後者。這就是爲什麼人類在內心極度苦悶時扯頭髮、抓臉皮、搥胸頓脚，在地上打滾的緣故，所有這些動作爲的只是使我們的注意力從那無法忍受的思想中分散出來的激烈方法而已。只因爲心理的痛苦遠比肉體的痛苦爲大，因此，使我們感覺不出肉體的痛苦，對一個身處絕境的人或因沮喪而消沉的人來說，自殺是非常容易的，儘管以前身處順境時連想也不敢想它。同樣，憂慮和激情（因此，思想的運用）總比肉體上的勞苦更容易使身體精疲力竭。根據這一點，伊皮克特塔斯（EPictetus）說得對：使我們煩惱的不是事物，而是我們對事物的看法。辛尼加也說：使我們恐懼的多過于直接壓迫我們的，我們常在觀念上受折磨。（EP.5）。尤倫斯皮吉爾（ulenspiegel）對人性的諷刺嘲弄也很透徹，他嘲弄人往上爬時便笑而往下走時便哭。受傷的孩子往往不是因痛苦而哭，而是當別人安慰他們時使他們想起痛苦而哭。行爲和生活方面這種巨大的差別起于動物和人類知識方法的不同。並且，明顯而確定的個人性格之出現，人與動物之間的主要區別（這只是類的性格）取決于那只能透過抽象概念才能從事的幾種動機之間的選擇。因爲，只在作了某種選擇以後，因人而異的種種決心才表示每個人不同的性格；但是動物的行動只依賴印象的出現或不出現，認爲這個現象是它所類屬的動機。最後，在人類身上，對他自己和別人來說，性格的有效表示只是他的決心而不是他的單純願望；對他自己和別人來說，只有透過行爲才使決心成爲事實。願望只是當前印象的必然結果，不管這結果是外來的刺激還是內心目前的心境；因此，也像動物的行動一樣，是直接必然的，也是缺乏考慮的。所以，像動物的行動一樣，只表現類的性格而不表現個人的性格，換句話說，只表示一般人能做些什麼，而不表現體驗這願望的個人能做些什麼。只有實行——因爲，像人類行動一樣，往往需要某種深思熟慮，並且因爲他具有理性的命令，所以是顧慮周到的，換句話說，是根據經過考慮的和抽象的動機來決定的——這才是他行爲的睿智格言，才是他內心意欲活動的結果，所以，在健全的心理狀態下，只有行爲才會使良心負重荷，願望和思想都不會；只有行爲才會向我們顯示自己意志的反映。完全不經考慮而在盲目熱情下做出來的行爲，在某種範圍內說，是單純願望和決心之間的中間物。所以，這種行爲爲另一種行爲所消滅，像一根畫得不對的線，從那構成我們生活方向的意志圖形中塗去一樣。這裡，我可以插一段話來比較一下，即願望和行爲之間的關係與蓄電和放電間的關係，具有純粹偶然但却準確的類似。

由于對意志自由以及與此有關者所作討論所得的結論，我們發現，雖然離開現象而從意志本身看來意志是自由的，甚至是萬能的，然而，在其爲知識所啓導的特殊具體現象中，如在人類和動物身上，意志却爲動機刺激所決定，特殊性格永遠而必然地對這種動機刺激發生反應，而且往往出以同一方式。我們知道，由于人類具有抽象或理性知識，所以人與動物不同，人類可以自由選擇，這使他成爲許多動機的矛盾衝突場所。所以，這個選擇確是個人性格得以完全表現的條件，但是不應視爲特殊意欲活動的自由，換句話說，不應視爲獨立于因果法則之外，因爲因果法則的必然性廣及人類和所有其他現象。理性或由理性所構成的知識所帶來的人類意欲活動和動物意欲活動之間的差別，只到達我們所指的那一點，沒有擴到更遠的範圍。如果人類完全不顧那種服從充足理由原則的有關特殊事物的知識，而只藉自己的理念知識去透視「個體化原理」，那麼，情形便完全不同了，可能產生在動物界完全不可能的一種人類意志現象。那麼，作爲物自體意志的眞正自由便可能表現出來，由于這種眞正自由，現象便會發生一種像「自我犧牲」所表示的自我矛盾；最後，它那具性質的「本體」抑制了自身。意志自由在現象中的這個唯一實在和直接表現，這裡不能加以明白的解釋，但將構成本書最後部份的主題。

旣然在這些討論中我們已明白表示經驗性格無法改變的本質以及行動與動機的必然接觸，在不良傾向的影響之下，很快就會預料一種容易從這點而作出的結論。我們的性格應視爲一種短暫、看不見和無法改變的意志活動的展開或睿智性格。這一點應當決定我們生活中行爲所需的一切東西，換句話說，即必然決定它的倫理內容，這必定在其表面現象即經驗性格表現出來，而只有其中不重要的東西卽我們生活方向的表面形式才依賴種種動機表現的方式。所以，我們可以說，如果要改進一個人的性格，那是浪費心力，最好聰明一點，心甘情願去接受無法避免的東西，欣然接受每一傾向，卽使是不好的，也加以接受。但是，這正與所謂「疏懶的理性」卽最近所謂「土耳其人的信仰」的一種無法避免的命運的理論相同。它的眞正反駁已爲西塞羅（cicero）

在其著作「運命論」第十二章第十三節中加以解釋過。

雖然一切東西都可以認爲無法挽回地爲命運所預定，然而，只有透過一連串原因的媒介才是如此的；所以，在任何情形下，我們都不能確定某種結果可以沒有原因而出現。它不但是預定的事件，而且也是先前種種原因的結果；命運不只決定結果，也決定那預定某項結果的方法。我們相信，如果缺乏某種方法，結果也不會出現：每個結果往往都是根據命運的決定而出現，但是，不到事後，我們是決不會知道這一點的。

正如許多事件都是因命運而發生，換句話說，都是因無窮的連鎖原因而發生的，同樣，我們的許多行動往往也是根據我們的睿智性格而發生的。但是，正如我們事先不知道前者一樣，同樣，我們也沒有先天地認識後者，只是從經驗中後天地去認識自己，正如以同樣方式認識別人一樣。如果睿智性格含有下述意義，即我們只能在和不良傾向經過長時期衝突以後才能夠作成良善決定，那麼，便要先等這種衝突發生。思考性格無法改變的本質，思考我們所有行動根源的統一性，不應該使我們要求性格的決定有利于這一邊或那一邊；在繼之而來的決心中我們會看到自己是那種人，也在自己的行動中反映出自己。這是對我們賴以回顧過去生活歷程的心靈滿足或苦悶所作的解釋。我們之所以能夠體驗這兩種感情，並非因爲過去的行爲仍然存在，它們早已過去了，它們曾經存在過，可是現在已經不再存在了；但是，對我們來說，它們的重要性在它們的意義，在下述事實，即這些行爲乃性格的表現，意志的反映，我們可以藉這種表現或反映認識內在的自我，意志的中心。因爲我們並非事前體驗到這點，而是事後體驗到這點，所以我們應當在時間中奮發追求，這樣，我們藉自己行爲所產生的記憶印象便可以使我們觀想它時儘量冷靜而不會感到煩惱。我們曾經說過將進一步探討這種心靈的安慰或痛苦的意義，但是，這裡我們只探討它本身。

除了睿智性格和經驗性格之外，我們必須指出第三種性格，這種性格和前兩種性格都不同，這種性格稱爲後得性格，後得性格的養成是一個人在其生活過程中與世界接觸而得來的，當我們說某人有性格或某人沒有性格時，便是指的這種性格。當然，我們可以假設，由於經驗性格的無法改變，同時，像所有自然現象一樣，也是自相一致和前後一貫的，因此，人類往往要表現一致和前後一貫，他不必得到一種透過經驗思想等方式而後方能獲得的性格。但是，實際情形却並非如此，雖然人是永遠一樣的，然而，他並不永遠了解自己，只會常常誤解自己，直到他在某種範圍以內獲得眞正的自覺爲止。就作爲單純的自然趨勢來說，經驗性格本身是不合理的，甚至它的表現也爲理性所阻擾，一個人愈是擁有理性和思想能力，便愈是如此；因爲，理性和思想能力經常使他看到一般人的情形以及自己意志和行爲中可能完成的東西。這使他更難看到其所以使他從事和完成意欲活動的力量究竟是多大。他發現自己具有從事各種活動的能力和各種生涯的因素，但是由于缺乏經驗的關係，不明白自己個性中這些因素各自程度的差別；同時，如果他從事那唯一適合自己性格的生涯，他仍然會感覺到相反的傾向，尤其是在特殊時刻和特殊心情時爲然，不過，這些生涯和原來的生涯無法連在一起，如果他想過原來的生涯而不受阻擾的話，便應該完全壓制它們。正如我們在地球上的自然之道往往只是一條線，沒有擴大爲面，同樣，在生活過程中，如果我們想要把握和擁有某個東西，便必須放棄和擱置其他東西。如果我們不能下定決心而像市集上的小孩一樣看到任何好玩的東西都想要的話，便是誤想把我們的路線擴大爲面；最後我們會像在一條彎彎曲曲的路上奔跑，像鬼火一樣的來回跳動，其結果乃是一無所成。或者用另一個比喻來說，根據霍布斯法律哲學的看法，每個人對于每種東西都享有原始權利，但是對任何東西都沒有獨佔的權利，不過，他可以放棄自己對其餘東西的權利而對某些特殊東西享有獨佔權，別人對於他們所選擇的東西也可以這樣做；同樣，生活中也是如此，在生活中，只有當我們放棄和自己所追求者無關的一切要求權時，只有當我們放棄別的一切東西時，才能一心一意追求某一確定的目標，無論是快樂、榮譽、財富、科學、藝術或德行。因此，僅有意願和能力是不够的，一個人還要知道自己想要什麼，還要知道自己能做什麼；只有這個時候才會顯示其性格，也只有這個時候才能完成某項目標。雖然經驗性格是前後一貫的，但是，在他達到那個地步以前，他還是沒有性格的。從整個看起來，雖然他仍然忠于自己，而且走完該走的路，然而，他的路不會是直線，而是崎嶇不平的。他會徘徊猶豫，脫離正軌，轉回頭去，爲自己累積悔恨和痛苦。所有這些情形都是因爲他在自己面前看到那些一般人所能獲得大大小小的東西，却不知道這些東西中那一部份才適合他，那一部份可以爲他所完成，那一部份可以爲他所享有。所以，他會羨慕別人佔有某種地位和環境，這些地位和環境只適合他們的性格而不適合他自己的性格，同時，在這種地位和環境中，如果他眞的發現可以永久保持的話，他會感到不快。正如魚只能活在水中，鳥只能在空中飛行，鼹鼠只適于活在地上一樣，每一個人也只是活在適于自己的環境才會感到舒適。例如，並非所有的人都能活在宮廷生活的氣氛中。由于對這些缺乏正確的認識，許多人會作出許多無結果的企圖，會在許多特殊具體事物方面破壞自己的性格，然而，從整個看來，又要重新受它的支配，而他如此費力得來的東西不會爲他帶來快樂，他如此這般地認識的東西仍然是沒有生命的；甚至在倫理道德方面，如果某種行爲太過高尚不適合他的格性，不是由于直接衝動而是由于概念教條而產生的話，那麼，卽使從他自己的立場看起來，這個行爲也會失去一切優點，因爲由于自私的立場，事後他會懊悔的。「意志活動是不能教導的」。只有從經驗中我們才能認識另一性格的剛强不撓，一直到現在爲止，我們都幼稚地相信可以藉合理觀念、祈求、懇求、例證和心地高尙來說服任何人離開自己所走的路，改變他的行爲方式，脫離他的思想方法甚或擴大他的能力：我們自己的情形也是一樣。我們先要從經驗中知道自己希望什麼以及能做什麼。直到這個時候之前，我們一直不知道這一點，我們是沒有性格的，時常受外來的打擊而不得不回到自已的路上去。但是，如果我們認淸了這一點，那麼，便具備世上所謂的性格，即後得性格。因此，這只是關於我們自己個性可能有的最完全的知識。這是關於我們所具有經驗性格無法改變的種種性質的抽象而明白的知識，也是關於我們身心能力的大小和方向抽象而明白的知識，因此，也是關於我們自己個性的力量和弱點的抽象而明白的知識。這一點使我們處在一種地位，可以謹愼而嚴格地完成我們任務，並在確定概念的引導下去充實那因缺乏理性欲望所產生的裂縫。

47

這種自由，這種全能，整個可見世界的存在，以及根據那知識形式法則的發展都是它的表現，現在在它最完全的具體表現中對自身本質獲得最澈底認識的時候，能在兩種方式之下重新表現出來。在達到自覺的最高峯時，或是只欲求過去盲目欲求過的東西，這樣的話，在整個情形和特殊情形中都一樣，知識永遠是它的動機刺激，或是相反地，這種知識已成爲意志之火的熄滅者，緩和並壓抑一切意欲活動。這就是上面我們用一般名詞所表示的生活意志的肯定和否定。在說到個別行爲時，就作爲意志的普遍表現而非特殊表現來說，它並不阻礙和限制性格的發展，也不表現于特殊行動之中，而是或藉一向遵循的行動方式更明顯地表現，或用完全壓抑的方法，以生動方式表達意志根據本身所獲知識其自由採取的那些格言。由于我們剛才對自由、必然與性格所作的種種解釋，已經使本書最後一篇主要問題更易於展開。但是，如果我們已將注意力轉向生活本身（對生活的欲求或不欲求是一個大問題），如果我們已經盡力找出這意志本身（無論什麼地方，它都是生活的內在本質）因其肯定實際將要獲得的東西——在什麼方式之下，在那種範圍以內，這個肯定滿足或能滿足意志；總之，一般地看來，在各方面都屬於它的這個世界中，它的地位應該是什麼。

首先，我希望讀者同想一下我們在本書第二編中最後所說的一段話——這段話是我們遇到關於意志最後目的問題所引起的。在意志各階段的具體表現中，從最低階段到最高階段，擺在我們面前的，不是這個問題的答案，而是意志如何拋棄最後目的。意志永遠在追求，追求是它唯一的本質，任何已經達到的目的都無法中止這種本質。所以，它無法獲得最後的滿足，只能爲障礙所阻，然則它本身却會永遠繼續向前。我們在自然現象中最簡單的重力現象中看到這種情形，重力永遠壓向數學上的中心位置，可是永遠不會達到，因爲一旦達到了，就會使本身和物質都消滅，同時，卽使整個宇宙已旋成一個圓球，它也不會停止。在其他簡單的自然現象中，我們也看到這種情形。固體因溶解或分解關係而易于變成流體，因爲唯有這樣它的化學力量才會釋放出來；剛性是因冷却關係所維持的一種狀態。流體易于變成氣態，一旦把所有壓力移去，流體就立刻變成氣態。像波恩（Jakob Böhm）所說的，沒有任何物體是能够脫離關聯的，換句話說，沒有任何物體是沒有傾向或欲望的。雖然地球的質量吸收電的效果，但是電却無限地傳導它的內在自我拒斥作用。只要電池有效，由化學作用所產生的電是斥力和引力的一種無目的，不斷重復的活動。植物的生存正是這種沒有止息的，永不滿足的奮發，正是一種透過不斷上昇方式的不止息的傾向，直到最後，種子又重新成爲新的起點；這種情形無限地重複——沒有終結、沒有最後的滿足、沒有止息的地方。在本書第二編中，曾說明了許多自然力量和有機形態到處彼此爭奪本身希望藉以表現出來的物質，因爲每種力量或形態都只擁有從別的力量或形態爭奪過來的東西；因此，自然界便發生一種毁滅性的血戰，由于這種血戰而產生一種阻力，且由于這種阻力，使那構成萬物內在本質的奮力完全受阻；一切奮鬪都徒勞無益，然而，由于本質的關係，又無法除去這種奮鬪；艱苦的工作繼續進行，直到這種現象消滅爲止，可是，這個時候，別的力量又急切地奪取它的位置和物質。

很久以來我們就認爲構成萬物中心和「本體」的這種奮力和人類身上所謂的意志是相同的，不過，在人類身上，這種奮力，因爲澈底自覺的關係，表現得最爲明顯而已。那一種使它不能達到目的的阻力和所產生的障礙，我們稱爲痛苦，另一方面，達到了目的，我們便稱爲滿足、幸福、快樂。我們也可以把這種名詞用到無意識界的現象，因爲，雖然在程度上比較弱一點，然而在本質上却是相同的。我們發現無意識界的種種現象也陷于不斷的痛苦中，毫無存在的快樂。因爲一切努力都是由于缺陷——由于對自己地位的不滿——如沒有滿足，便是痛苦；但是，任何滿足都不是持久的，相反的，往往只是新的努力起點。我們知道，奮力在許多方式之下到處受阻，到處處在矛盾衝突之中，因此也處在痛苦之中。如果奮力沒有最後目的，痛苦也就沒有限度了。

但是，我們藉銳敏的觀察在無意識自然界所發現的東西，在心智世界的動物生活中，明顯地呈現在我們面前，動物的不斷痛苦很容易證明。然則我們不必停留在這些中間階段，我們要直接轉到人生方面，在人類生活中，痛苦表現得最明顯，我們對痛苦的認識也最清楚；因爲，當意志現象變得最完全時，痛苦也更爲明顯。在植物中，因爲還沒有感覺能力，所以也沒有痛苦。最低等的動物生命——纖毛動物和海星——只感到最輕微的痛苦；甚至在昆虫中，感受力和感覺痛苦的能力還是有限的。痛苦的高度表現，最初出現在有完整神經系統的脊椎動物身上，智力愈發展，感受痛苦的程度便更高。因此，根據知識所達到的明晰程度，根據意識所達到的明顯程度，痛苦也增加，所以，在人類身上便達到最高程度。而在人類身上，我們更發現，人的認識愈清楚，人的智力愈高，他的痛苦便愈多；賦有天才的人，在所有人類中所感受的痛苦最大。我在在這個意義下，也就是說，在關於一般知識程度而非僅抽象理性知識的意義下，了解並運用傳道書上的話：加增知識的就加增憂傷。那位哲學家畫家或畫家的哲學家蒂斯齊賓（Tischbein）在一幅畫中，用顯著的方式表現意識程度和痛苦程度之間的關係。他畫中的上半部描寫女人，她們的孩子被偷走，她們一羣一羣地以種種姿態、用種種方式表現出母性深深的痛苦、焦急和絕望。畫的下半部則描寫被偷走小羊後的母羊。下半部的安排組合和上半部完全一樣；上半部的每個人，每個人的姿態，在下半部則以動物代替。因此，我們明顯地看到遲鈍的動物意識中所有的痛苦如何和極端的憂傷有關，只有透過明顯的知識和淸晰的意識才會產生這種憂傷。

我們希望用這種方式考察人生中意志的內在根本命運。每個人都很容易看到，在動物生命裡，也以各種不同程度表現出同樣的命運，只是程度比較弱而已，同時人從動物世界的痛苦中，也可以使自己覺得安慰，因爲他發現，對一切生命來說，痛苦是根本的。

48

在每一被知識啓導的階段中，意志表現爲一個體。人類發現自己是無限時空中的有限個體，因此，和無限的時空比起來，簡直接近零數。他被投擲到時空裡，而由于時空的無限性，使他在時間中只有相對的存在而沒有絕對的存在；因爲，他在無窮無邊的時空裡只佔着有限的一部份。他眞正的存在只是現在，他的無限奔向過去則是不斷的躍向死亡，是不斷的消逝。因爲，他的過去生命，除了對現在的可能結果以外，除了其中所表現的意志的表示以外，已是完全過去了的，沒有生命的，不再存在的了；所以，在理論上看，不管過去生命的內容是痛苦還是快樂，對他來說是無關重要了。但是，現在的生命永遠從他手上成爲過去，未來又完全不定也永遠短暫。因此，卽使我們只考慮形式的一面，他的存在也只是迅急的從現在奔向沒有生命的過去，也只是一種不斷的消逝。如果我們從肉體方面看；正如我們走路顯然只是不斷地防止倒下一樣，我們身體的生命也只是不斷地防止消逝，也只是永在延遲的死亡：最後，我們心靈的活動，同樣也是不斷延遲的倦怠。我們所吸的每口氣都是抵擋那不斷降到自己身上的死亡。我們用這種方法時時刻刻和死亡搏鬪，並且，我們每吃一次飯，每睡一次覺，每次防寒保暖，都是經過較長間竭力來和死亡搏鬪。最後，死神勝利了，因爲，我們出生卽受他的支配，在他吞嚙犧牲品以前，只有極短暫時間戲弄着犧牲品。不過，我們懷着極大的興趣和懸慮儘可能地延長我們的生命，就像儘可能地將肥皂泡吹得大吹得時間長一樣，雖然我們明知肥皂泡終必脹裂。

我們曾知道，無意識自然的內在生命是一種沒有終結沒有休止的不斷奮力。而當我們考慮到動物和人的本質時，這種情狀就更爲明顯。意欲和奮力是它的整個生命，這種情形可以和口渴的情形相比。但是一切意欲的基礎都是「需要」、缺乏，因此也是痛苦。從根本上以及透過它的生命來看，動物和人的本質是受痛苦支配的。另一方面，如果因爲太容易得到滿足而使它沒有欲求的對象，便會產生可怕的空虛和無聊感，換句話說，它的生命和存在本身便成爲無法忍受的負擔。因此，它的生命像鐘擺一樣的在痛苦和厭煩之間來回擺動着。這一點也必須以這個方式表現出來；在人類將一切痛苦和煩惱歸之于地獄以後，那麼，天堂所剩下來的除了厭煩以外便一無所有了。

但是，構成意志每一具體表現之內在本質的不斷奮力，在客觀化各個較高階段中，獲得最主要和最普遍的基礎，事實上，意志在這裡表現爲生物體，時刻都需要去滋養；而使這個需要獲得力量的正是下述事實，卽，這個生物體不是別的，就是客觀化的生活意志本身。作爲意志最澈底客觀化的人類，在同樣程度之下，是所有生物中最貧困的：他是具體的意欲和需要，他是無數需要凝結起來的。他懷着這些需要活在這個世界上，依靠自己，除了自己的需要和不幸以外，對任何東西都不相信。一般說來，佔住整個人生的，是擔心如何在那日新月異、難得滿足的需要品之下維持生命的存在。還有一種需要直接和這個需要有關，卽類的繁殖。在同一時間內，他受到各方面極不相同的危險威脅，需要不斷地注意避免這些危險。他小心翼翼地以焦急的眼色環顧自己周圍來找尋他的道路，因爲有無數意外事件和敵人在等待着他。對他來說，沒有安全的地方。

大多數人的生活只是一種不知不覺的生存競爭，並且相信最後會在競爭中失敗。但是，使他們繼續這個令人厭煩的戰爭的，與其說是對生命的愛，不如說是對死亡的恐懼，現在，死亡必將來臨，隱藏在看不見的地方，隨時都可能落到他的頭上。生命好像一片海洋，充滿着暗礁和旋渦，人類以最大的謹愼小心翼翼地避過這些暗礁和旋渦，雖然他知道，卽使他盡全力和技巧而能通過去，然而，還是一步一步地接近那最大的，無法避免的以及無法挽回的暗礁——死亡；正向着它航行：這是辛苦航行的最後目標，對他來說，比他所逃過的一切暗礁更壞。

現在，値得注意的是，一方面，生命的痛苦和不幸可能增加到使那整個人生都在逃避的死亡變成人們追求的目標，我們自願早點死亡；另一方面，一旦擺脫了痛苦和困乏，厭煩又立刻接近他，使他不得不需要娛樂消遣。生存競爭是使一切生物忙碌不息和繼續活動的原因。但是，當生存一有了確保以後，它們却不知道應該做些什麼；於是，使他們繼續動個不停的另一件事是努力擺脫生存的重擔，是設法不感到生存的重擔，是「消磨時光」，換句話說，是逃避厭煩感。因此，我們看到，幾乎所有擺脫困乏和憂慮的人，最後拋掉了一切重擔的這回事實，對他們來說，又成爲一付重擔了，他們認爲能够消磨每個時刻是一種收獲，在此以前他們運用所有力量儘量保持長久的生命，現在却認爲每短少一刻是一種收獲。厭煩不是一種應輕視的災禍；最後，它在人們臉上刻劃出眞正的絕望。它使那些彼此不相愛的人熱切地彼此尋求，於是便成爲社交的來源。並且，基於政策的動機，到處採取公共預防的方式來預防它的發生，就像預防其他普遍性的災難一樣。因爲這種災禍使人變得毫無節制，正如與此相反的飢荒一樣：人們需要規矩節制。費城（philadelphia）嚴格的感化制度只用「厭煩」當作唯一的懲罰手段，他們所用的方法是單獨禁閉和閒暇，人們發現這種方法非常可怕，甚至使犯人自殺。正如困乏是人們不斷的禍患一般，厭煩則是時現代世界的禍患。在中產階級的生活中，星期日代表厭煩，一星期其他六天則代表困乏。

因此，整個人生完全在欲望和滿足欲求之間。從本質上看，希望就是痛苦，希望的達到立刻帶來滿足之感：這個結局只是表面的，佔有使被佔有的東西失去引誘力，希望、需要以新的方式表現出來；若希望、需要不以新的方式表現出來，那麼，接着來的便是絕望、空虛、厭煩，對抗這些東西的爭鬪和對抗困乏的爭鬪是一樣的困苦。

希望和滿足便這樣彼此相隨，既不太快也不太慢的這一事實減少了痛苦並構成快樂的生活。如果使我們變爲一個超越現實存在且漠不關心的旁觀者，則我們用諸多方式稱之爲生命中最美部份的——卽與一切意欲無關的純粹知識、美感快樂、藝術中的眞正樂趣——將只是少數人所賦有的，因爲這需要稀有的才能，而對這些少數人來說，只是短暫的夢。甚至這些少數人，由于較高理智能力的關係，也比那些比較遲鈍的人更容易感受痛苦，同時，由于一種與他人不同的本質，也被迫不得不處在寂寞的孤立狀態中。但是，對大多數人來說，純粹理智上的快樂是不容易得到的。他們幾乎完全不能獲得純粹知識的喜樂。他們完全沉溺于意欲活動中。所以，如果要他們對任何東西產生同情感，如果要他們對任何東西發生興趣，便要（如這個字的意義中所包含的）用某種方式刺激他們的意志，即使只透過遙遠的以及不可靠的關係；不要將意志排除在這問題之外，因爲他們的生存大多靠意欲而不是靠認知——行動和反應是他們生存的唯一因素。我們可以在許多微不足道的小事以及日常生活中所見的事情中看到這種情形。例如，他們把字寫在自己可能到過值得一看的地方，以便影響這個地方，因爲這地方沒有影響他們。當他們看到一隻珍奇動物時，亦不能自制地只在旁邊觀看，而一定要逗它、弄它，和它玩玩，他們的目的只是去經驗行動和反應；意志的這種需要刺激，在牌戲現象中表現得非常特別，這是人類不幸一面的非常特別的表現。

但是，不管自然和命運所能完成的是什麼，不論一個人是什麼樣的人，不論他擁有什麼，那構成生命本質的痛苦都是無法除去的。不斷的努力除去痛苦，除了使痛苦改變表現的方式以外，無法做到其他的了。從根本上看，痛苦就是缺乏、欲望、希望保全生命。如果我們能够（事實上很難的）用這種方法除去痛苦，它會隨着年齡和環境的不同而以其他千千萬萬的方式出現，諸如色慾、熱愛、忌妒、羡慕、憎恨、焦慮、野心、貪慾、疾病等等。最後，如果它找不到其他出路，會以厭倦，憂傷的方式表現出來，然後我們又以種種方法擺脫厭倦。即使我們最後能够驅走厭倦，也是有代價的，因爲我們很難驅走厭倦而不讓痛苦以先前種種方式之一重新落到我們頭上，因此，意志的把戲又重新從頭開始，整個人生都在厭倦和痛苦之間來回擺動。人生觀既然如此抑鬱，我會把注意力放到那可以使人生得到安慰，甚或達到斯多噶學派那種對自己眼前不幸漠不關心的一面。我們之所以不能忍受這些，大部份是因爲下述事實，即我們認爲它們是由于一連串很可能並非如此的原因所造成的。一般說來，我們不會對那些必然而普遍的不幸感到悲傷；例如，老年和死亡的必將來臨以及許多日常生活中的不如意處。使我們感到憂傷的是想到環境的偶然性質。但是，如果我們認識，那種痛苦是無法避免的，也是生命中的主要現象，如果我們認識，除了此種方式以外沒有東西是依賴偶然機會的，即使沒有現在的憂傷，也會有另一種現在還沒有出現的憂傷來佔住它的位置，所以，在根本方面看，命運能夠影響我們的少之又少；這種想法，如果變成了活的信念，可能產生相當程度的斯多噶式內心平靜，也會大大減少我們對自己幸福的焦慮。但是，事實上，理性對直接感到的痛苦這種有力控制的情形很少出現甚或決不出現。

除此以外，透過這種對痛苦必然性的看法，透過所謂另一痛苦替代這一痛苦，以及因前一痛苦的消逝而帶來新痛苦的看法，可以使人達到那矛盾但非荒謬的假設，即在每個人身上，他所必然具有的痛苦的限度決定于他的本性，不論痛苦的形式如何變化，但痛苦的限度既不可能是全無，也不可能忍受不了。因此，他的痛苦和快樂根本不是受外來因素決定的，只是在某種限度下某種自然傾向所決定的，而這種限度這種自然傾向，由于物質環境的關係，在不同時間確可感到某種程度的增加和減少，然而就整個看起來，却永遠是一樣的。這個假設不但爲下述大家熟知的經驗所支持，卽大痛苦使我們不再感到較小的不幸，反之，解脫了大痛苦則使最微不足道的不如意事也會折磨我們並且使我們心情不佳。而且經驗還告訴我們，如果大的不幸（只要想到它便會使我戰慄）眞的落在我們頭上，一旦我們克服它的最初痛苦，那麼，我們的性情大體上便不會有所改變；反之，在獲得預期的快樂以後，從整個和長久方面來看，我們並不會感到自己的景況比以前好得很多，也不會感到處境比以前更適意。只有產生這些變化的時刻才會對我產生極大的影響，如深憂和狂喜，但兩者很快就消逝，因爲它們是建築在幻想錯覺上面。它們不是來自于當下的快樂或痛苦，而是來自于它們之中預期的新未來的開啓。只有借未來之助，痛苦或快樂才能反常而暫時增加。基於上面提出的假設，我們可以說，大部份痛苦感和快樂感都是主觀的和先天決定的，「認知」的情形就是如此，我們可以加上下面一段話以作證明。人類的快樂和沮喪顯然不是決定于外在環境如財富或地位，因爲我們在家人當中見到的愉快面孔，至少和在富人當中見到的一樣多。並且，引起自殺的種種動機是非常不同的，對任何動機我們都不能說它強烈到足以導致自殺，甚至也不能說它很可能導致自殺，同時很少動機會弱到可以說它決不會引起自殺。現在，雖然我們心情開朗或憂愁的程度不是和往常一樣，然而，由于這個看法的結果，我們不會把它歸因于外在環境的改變，只會歸因于內在情況的改變，如身體狀況的改變。因爲，當我們的心情愈爲平靜（雖然只是暫時的）甚至達到喜悅的程度時，這種情形的發生，並沒有任何外來的因素。誠然，我們時常發現自己的痛苦只是由某種確定的外在關係而產生的，顯然我們也只因這外在關係而變得抑鬱悲傷。因此我們相信只要除去這外在關係，就必然會產生最大的滿足。但是，這是幻想錯覺。整個地看來，根據我們的假設，痛苦和快樂的限度時時刻刻都是主觀所決定的，而憂愁的動機也和那種情形有關，正如身上一個膿疱關係整個身體一樣。那個時期以內我們本性所必然具有因而無法擺脫的痛苦，在沒有遇到外來確定原因的情形下，會化分爲許多細碎的項目，並且以現在完全沒有注意的許多小小煩惱和掛慮方式表現出來，因爲我們忍受痛苦的能力早就爲那將一切痛苦集中於一點的主要的不幸災禍所佔滿了。這種情形也和下述觀察結果相符，即如果一個大而急迫的憂慮因其幸運結果而從心中拔除了，另一個同樣的憂慮立刻會取代它的位置，整個事實早就在那裡了，只是無法進入我們意識之中而形成憂慮，因爲沒有形成憂慮的餘地，所以，這個憂慮的事實還不明顯，它隱藏在意識深處沒有被人發現。但是，現在既然有了表現的餘地，這個已經存在的事實便立刻表現出來並且佔住原有憂慮的地位。如果它的內容比起那已經消失了的憂慮更爲明白的話，便會知道如何把自己弄小一點以便在大小上和原來的憂慮相等，像原來的憂慮一樣，完全佔住它的位置。

過份的喜悅和刻骨的痛苦往往發生在同一個人身上，因爲它們彼此互爲條件，也都決定于非常的心靈活動。像我們剛剛看到的一樣，兩者的產生都不是由于現在所有的東西，而是由于對未來的期望。但是，由于痛苦乃生命中的必然現象，而痛苦的程度也決定于主體的本性，外在突然的變化總是外在的，便無法眞正改變痛苦的程度。在極端喜悅或憂傷的基礎上往往有着錯誤和謬見，在這裡，這兩種過份的心靈緊張必須藉知識來避免。所有過份的喜悅（exultatic, insolens laetitia）往往建築在錯誤的想法上，即一個人在生命中發現決不能發現的東西——即令人煩惱的欲望和需要及長久的滿足這種欲望和需要。過後，他必然會從這種錯誤想法中回過頭來，這個時候，必須爲它付出劇烈痛苦的代價，就像產生時所引起的喜悅那樣的深刻。所以，必須避免它們；而所有突然產生的過份悲傷却像是從高處墮下，因此這種錯誤想法的消失，也爲它所限制。如果我們充分控制自已冷靜地就全體及其關係方面去看事物，始終不要給予它們以我們所希望它們具有的種種特色，那麼，就可以避免它們。斯多噶學派倫理學的主要目標是使心靈擺脫一切妄念及其種種結果，也是使心靈獲得一種無法擾亂的平靜。就是這種洞察力使賀拉西（Horace）在下述詩歌中表現他的靈感——

我們要經常記住

處逆境應保持平靜
處順境也不可過份喜悅

可是，大體說來，我們不願意接受那種可比苦藥的知識，卽痛苦是生命中的必然現象，因此不是從外面加在我們身上的，而是每個人的內心都帶有這種痛苦的永久性泉源。相反的，我們却不斷尋找外在的特殊原因，尋找一種解釋何以痛苦永遠隨着我們的理由，正如自由自在的人把自己當偶像以便有一主人似的。因爲我們不停地追求，從一個願望到另一個願望；雖然所有的滿足，不管能給我們多大希望，當我們想到它時，就不能滿足我們了，只會成爲使人感到羞恥的錯誤，然而，我們却不知自己是白費氣力，依然在促起新的欲望。因此，它或是永遠繼續向前進行，或是變得更爲希奇的，假設以某種性格的力量爲先決條件，直到我們最後達到一種不會滿足也無法放棄的願望爲止。在那種情形下，我們似乎發現了自己所要尋求的東西，似乎發現了某種能够歸咎爲自己痛苦來源的東西，而沒有發現自己的本性。於是，雖然我們和自己命運相左，然而却使自己的生存感到滿足，因爲我們又完全不知痛苦是生存本身中必然的現象，而眞正的滿足是不可能的。這種發展的結果多少有點令人形成悲傷的傾向，是不斷地忍受一種巨大的痛苦以及忽視由此而來的一切較小的憂愁或快樂；因此，也是比那不斷地抓住日新月異的錯誤想法較爲高尙的現象。

49

一切滿足，或普通所謂的幸福，從事實上和根本上看，只是消極的，不是積極的。不是自動落到我們頭上的原始滿足感，永遠是對某一願望的滿足。願望卽某種需要是所有快樂的先在條件。但是，由于滿足的關係，願望和快樂便不再存在了。滿足或快樂只是痛苦的解除，只是需要的滿足；因爲這種東西不但是明顯的憂愁，也是我們內心不勝其煩的欲望，事實上也是使我們覺得生命是一種負擔的厭煩之感。可是，我們却很難獲得或完成任何東西；任何目標都會碰到無謂的困擾，而每一步都有着許多阻礙。最後，當我們克服並獲得了一切時，除了解除憂愁或欲望以外，什麼東西也不能得到，我們還是發現自己所處的地位與憂愁或欲望出現之前所處的地位完全一樣。甚至我們直接得到的一切也只是需要，換句話說，也只是痛苦。我們只能間接地從回想先前的痛苦和需要（現在因滿足或快樂而不再存在了）而認識滿足和快樂。因此，我們可以說，我們並沒有確切地意識到現在實際擁有的快樂和便利，也不會重視它們，只會把它們當作一件當然的事實，因爲它們只是消極地使我們避免痛苦。只有當我們失去它們的時候，才會感到它們的價值；因爲欠缺、貧乏、憂愁才是積極的，才是我們直接感受到的。當我們回想過去的困難時光、疾病、欠缺以及其他類似情形時，也會感到快樂，這是享受目前快樂的唯一方法。而且，我們無法否認，在這方面以及基於這種自我主義立場（此卽生活意志的形式），當我們看到或聽到別人說到他人的痛苦時，也會以盧克理細斯（Lucretius）在本書第二編開頭處所坦白表現的同樣方式爲我們帶來滿足和快樂——

我們得不到的，就視爲珍貴，
但一旦得到了。就立刻變得和原來不一樣了；
類似的盼望使我們疲於奔命，
我們渴求生命、眷戀生命

因此，我們知道，所有的快樂只屬於消極性質，不屬於積極性質，正因爲這個理由，所以，它不是持久的滿足或快樂，只會使我們擺脫某種痛苦或那必然帶來新痛苦的，或倦怠、空虛的想望和厭倦感的欲望；我們可以在眞正反映世界和人生的藝術中，特別是詩歌中證明這一點。所有的史詩和戲劇詩只能表現人類追求快樂幸福的一種競爭、努力和奮鬬，決不能表現持久而完全快樂的本身。史詩中描寫的英雄人物，要經過千辛萬苦歷盡險阻才能達到目標，而一旦達到了目標，便立卽落幕；因爲，現在，除了表示英雄所期望尋求那種幸福的輝煌目標，最後只有使他失望而已，而幸福達到以後也並不比往日更好，除了重複往日的事沒有其他的事可做。眞正持久的快樂是不可能的，這不可能是藝術的題材。當然，田園牧歌的目的是描寫這種快樂，但是，我們也知道，這樣的田園牧歌是無法傳之久遠的。詩人往往發現，田園牧歌不會成爲純粹敍事詩。在前一種情形，一種不重要的史詩，所描寫的題材只是一些微不足道的憂愁、快樂和努力——在最普遍的情形下，它是——在後一種情形下，則是描寫自然之美，換句話說，是描寫擺脫意志束縛的純粹認知活動，當然，就事實而論，這是純粹的快樂，既無先前的痛苦或欲望，亦無必然繼之而來的悔恨、憂愁、空虛或饜足；但是，這種快樂不能概括生活全部，只在偶然的時刻才能如此。同樣，我們在音樂中也發現在詩歌中所發現的東西；也就是說，在普遍表現自覺意志內在歷史、神秘生命、期望、痛苦和快樂的曲調中，也發現詩歌中所發現的東西：人類內心的起伏。曲調總是從主調音出發，經過無數的變化，甚至變化到最不和諧的程度，最後又重新回到那表現意志之滿足和平靜的主調音，不過，這時，這個主調再也不能完成別的了，如再延長主調也將變爲一種令人討厭和無意義的單調音。

在這些研究中，我們想要明瞭的東西，即無法獲得持久的滿足以及一切快樂的消極性質，在本書第二篇最後結束處所說的話中找到了解釋：客觀化爲具體人生的意志，是一種沒有目標或目的的奮力。我們在意志具體表現的所有各部份中，發現這種深刻的無目的性，從最普遍的形式即無限的時空一直到所有現象中最完美的現象，即人類的生命和努力爲止。在理論上說，我們可以假定三種極端不同的人生作爲現實人生的成份。第一、是强有力的意志即强烈的情感。這表現于偉大的歷史人物身上，這是史詩和戲劇中所描寫的。但是這也能表現于小世界中，因爲，這裏，對象的大小是以它們影響意志的程度來量度，不是根據它們的外在關係。第二、是純粹認知活動，卽理念的把握，以知識擺脫意志的役使爲條件：如天才的生命。第三、也是最後一個，是意志的徹底倦怠，也是屬於意志知識與空虛想望的完全止息。個人的生命並不永久固定于這些極端情形中的任何一種情形，很少接觸到其中任何一個，大部份只是稍微近這一面或那一面，只是一種對微不足道瑣細東西的貧乏欲望，不斷地重覆出現，因而避免厭煩之感。極大多數人的生活途徑，如果從外面去看，是沒有意義和缺乏重要性的，如果從內面去感覺它，又是晦暗和不曾受理智之光所引導的。這種生活途徑是令人生厭的渴望和抱怨，是從生到死：經歷幼年、青年、壯年、老年四個階段，像夢幻似的躊躇猶豫，以及一連串的瑣細念頭。這種人就像鐘錶的發條一樣，被人絞緊了以後，自己運行着，也不知消爲了什麼；人隨時在誕生，人生的鐘錶也重新絞緊了，一再地重覆着過去無數次所玩的老套，一段一段地，很少有變化。每一個體，每一個人和他的生活途徑，只是無限自然精神的另一短暫夢幻，只是持久的生活意志另一短暫夢幻；只是自然在其無限時空中不經意地描畫出的另一匆匆卽逝的形相；允許存留的時間如此短促，因此和時間空間比起來，幾乎等於零，然後又消失不見，讓後來者接下去。然而，生命嚴酷的一面就在這裏，這些匆匆卽逝的形相中每一形相，這些空幻的幻想，生活意志還必須在其所有活動中爲它付出代價，要遭遇許許多多銘心的痛苦，最後終不免接受那經長時間恐懼而終於來臨的痛苦的死亡。這就是爲什麼當我們見到死屍時會突然湧現一種非常冷酷感覺的緣故。

如果我們從整個以及一般立場去看，如果我們只強調最重要的特性，的確，每個人的生命往往是一個悲劇，但是，如果我們仔細去體認，則具有喜劇性。因爲每天的作爲和苦惱，時刻不停的煩燥，一星期的欲望和恐懼，每個小時的不幸之事，都是偶然而來的，這些永遠傾向于滑稽可笑性，有喜劇的傾向。但是，那永遠沒有滿足的期望，那挫敗的努力，那些爲命運無情地粉碎的希望，整個一生的不幸錯誤以及不斷增加的痛苦和最後的死亡，則往往是一個悲劇。好像命運捉弄我們生存的不幸似的，我們生命中必須含有悲劇的一切憂患，然而，我們甚至無從維護悲劇人物的尊嚴，只在生命的廣大範圍內，無可避免地成爲可笑的喜劇人物。

50

由于最廣泛的考察，由于對人生主要和基本特性的探討，到現在爲止，我們先天地相信着，從整個人生的層面來看，人是無法得到眞正快樂的，透過對它本質的了解，人生只是種種不同的痛苦罷了，自始至終都是不幸的，而且，如果我們更在後天方面注意一些較確切的實例，實際來印證我們的想像，以及用實例來說明各方面經驗和歷史所帶給我們無法形容的不幸，我們的內心就能更生動地喚起這種看法。但是這部份將會沒有終結，並且會使我們遠離哲學所必需的普遍立場；而且這種描述很容易被人當作一種對人生不幸的單純雄辨一如平常所看到的一樣，如果只是這樣的話，也可能被人責爲只是片面性，因爲它是從特殊事實出發的。我們對生命本質中無可避免的痛苦所作完全冷靜而哲學式的研究，沒有被責難和懷疑之虞，因爲它是從普遍者出發，也是以先驗方式處理的。但後天的證實則是很容易在每個地方發現的。每一個人，如果他從少年時期最初的夢中覺醒過來，如果他考察了自己和別人的經驗，如果他在人生中，在過去以及自己所處時代的歷史中，最後在偉大詩人們的作品中仔細觀察人自己，而他的判斷又沒有被那難以磨滅的成見所痲痺的話，他一定會得到一個結論，那就是，這個人類世界是偶像機遇和錯誤的王國，無情地支配一切大大小小的事物，而愚昧和邪惡也揮舞着它的鞭子。因此，我們可以說，任何較好的東西只有經過困苦的奮鬪才能得到；高尙而智慧的東西通常是不可見的，它很少以引人的方式顯現出它自己，也很少爲人所注意。一切顯發出來，爲我們所注意的，在思想方面常只是荒謬和錯誤，在藝術方面則只是了無趣味而不引人的，在人類行動方面，只成爲邪惡和欺人的東西，只有這些東西得到優勢的地位，高尙與智慧則否。另一方面，特別好的東西往往只是例外，只是千百萬事例中的一個特例，如果這個特例是由一部有永久留存價値的作品所描寫的話，那麼，當同時代的其他作品煙沒無聞而它還繼續留存時，這個特例便處在孤立狀態中，像隕石一樣的被保存着，是從那些與現在流行者不同的東西中產生出來的。就個人的生命而論，每個人的生命史都是一頁痛苦的歷史，所有的生命都是一連串大大小小繼續不斷的憂患，對于這些不幸憂患，每個人都盡量隱藏起來，因爲他知道，他人很少會表示同情或憐憫，相反的，當他們看到別人遭遇到自已目前所沒有遭遇的憂患時，總是感到幸災樂禍的滿足。因此在生命的終點時，如果一個人誠摯而富于才能的話，決不會希望再過這種生活，相反的，他會祈求絕對的寂滅。哈姆雷特劇中有名獨白的主要內容是這樣的：人生的處境是如此的不幸，使我們祈求絕對的寂滅。如果自殺眞能帶給我們解脫，那麼，「生或死」的選擇便擺在我們面前，因此，我們無疑會選擇自殺爲「全心全意希望完成的東西」。但是我們內心却有某種東西告訴我們，事實並非如此：自殺不是終結，死亡不是絕對的寂滅。同樣，歷史之父希羅多德❶所說的話，自他開始一直到現在，還沒有人否認過，他說，凡是活在世上的人沒有一個人不是再三希望第二天不要再活下去。根據這個說法，人們所經常悲嘆的短促生命中的可能是生命所具有的最好性質。最後，如果我們讓一個人淸淸楚楚地看到自已生命經常遭遇到的可怕痛苦和不幸的話，他會感到恐懼；如果我們引那堅定的樂觀主義者去看看醫院、療養所和手術室，看看監獄、刑房和奴隸畜

❶ 希羅多德（Herodotos, 484-424 Bc），希臘的歷史學家，著有著名不朽的「史記」一書。

養場，看看戰場和執行死刑的地方；如果我們讓他看到一切不幸的黑暗角落，最後，如果我們讓他看看烏格利諾（ugolino）的饑餓地獄，最後他也會了解這個「可能世界中之最好世界」❷的究竟本質。因爲，除了我們這個現實世界以外，但丁描寫地獄的材料從什麼地方來的呢？然而，他把這界世看作一徹底的地獄。可是，另一方面，當他要描寫天國和天國的快樂時，就面對極大的困難，因爲我們這個世界根本沒有供給這方面的材料。所以，他除了重覆描寫他的前輩比阿垂斯（Beatrice）以及其他聖者告訴他的話以外，沒有旁的可做，他並沒有描寫天堂的喜樂。從這一點，我們就相當清楚這個世界究竟是一個怎樣的世界。的確，像所有不好的器物一樣，人生的表面也蓋上一層假的光彩：人生所遭遇的往往隱而不現；另一方面却公然嘲弄任何人所能獲得的光輝，他愈是得不到內心的滿足，便愈是希望別人認爲他活得幸福：這種情形甚至於達到愚昧的程度，別人對我們的看法是每個人努力的主要目的，儘管事實上這是毫無意義的事，因爲幾乎在一切語言中，虛榮兩字所指的，本來就是空無。在所有這種虛假的表演之下，生命的不幸可能大大地增加——而這種情形是每天都在發生的——因此，使得人們反而熱切抓住那一向使人感到恐懼的死亡。的確，如果命運極端惡劣的話，那受苦者甚至連這種安慰也得不到，同時

❷ 萊布尼玆所說的話。

在被激怒的敵人手中，可能還要遭到無可補救可怕而緩慢的折磨。受苦的人求助于神也沒有用，他仍然要面對自己無情的命運。而這種無可補救只是他自己意志難以克服之本質的反映而已。正如任何外在力量很難改變或壓抑這個意志，同樣，任何外來力量也無法使它擺脫從意志現象之生命而來的種種不幸。在主要問題方面，像在所有別的東西方面一樣，人往往被帶回到自己。他想爲自己創造神藉祈禱和奉承以獲取那只能靠自己意志力量才會完成的東西，可是沒有用。舊約把世界和人看作上帝的作品，但新約却說，爲了使大家知道神聖和拯救脫離現世的憂患只能來自于這世界本身，這位神必須成爲人。對他來說，一切東西所依賴的仍然是人的意志。宗教的狂熱主義者、殉道者，所有宗教方面的聖者，都是自願而欣然忍受痛苦的折磨，在他們身上，生活意志已自動壓抑下去了，甚至他們對意志現象的緩慢消滅也不願意。至於其他，我不得不告訴大家，

51 我覺得樂觀主義如果不只是一種沒有思想的話題的話，那麼，它不但是一種荒謬之談，而且是一種眞正不懷善意的思想方式，是對人類無法形容的痛苦難堪的嘲笑。大家不要認爲基督敎傾向于樂觀主義，相反的，在福音書中，世界和罪惡幾乎是用作同義詞的。

現在我們已經完成了兩種解釋：對意志本身之自由和意志現象之必然性所作的解釋，以及對意志反映自身本性並藉知識以肯定或否定自身世界中的命運所作的解釋。所以，現在我們可以進一步認識這種肯定或否定的本質。我們會表示唯一顯示它的行爲以及從它內在意義上去看它從而達到這個目的。

意志的肯定乃繼續不斷的意欲活動，當一般人的生活中充塞着意志時，是不受任何知識阻礙的。因爲，當意志出現于這個階段和這個體身上時，甚至人的身體也是意志的客觀性。因此，時間中展開的意欲活動似乎是他身體意義的解釋，似乎是它整體和各部份意義的解釋；這是顯示同一物自體（身體是物自體的現象）的另一方式。所以，我們可以說肯定身體而不說肯定意志。意志各色各樣活動的基本主題或題材是那與健康身體之存在無法分開的種種欲望的滿足，它們早就表現在健康的身體上，並且可能關係到個體的保存和種族的繁殖。但是，各種極不相同的動機在這方式之下間接地獲得了支配意志的力量，並且帶來了極不相同的意志活動。這些活動中的每一活動只是普遍表現出來的意志的一個特例。主要的是這個特例屬於什麼性質，這個動機具有什麼形式，以及傳給這特例時採取什麼形式，這裡，最重要的是，有些東西普遍地被欲求着以及這東西被欲求的强烈程度。意志只能在動機中表現出來，正如眼睛只能在光線中表現它的視力一樣。一般說來，動機以各種不同方式表現于意志之前。它經常使人們有得到完全滿足的希望，它經常使人們有熄滅意志渴求的希望。但是，每當人們得到了滿足，便立刻以另一種方式出現，因此重新影響意志，往往是根據這個意志的强烈程度及其與這些特例中表現爲經驗性格之知識的關係而重新影響意志。

自從最初的意識出現以後，人就發現自己是個意欲活動的動物，通常，他的知識總是和他的意志保持着不斷的關係。他先要澈底知道希望得到的東西是什麼，然後要知道獲得這些東西的工具手段。現在，他知道自己應該做什麼，通常，他並不追求其他知識，他進行活動；他的意識使他直接而主動地永遠在設法完成意志的目標，他的思想則放在動機的選擇方面，這幾乎是所有人類的生活。他們希望知道自己所希望的東西，他們追求這個東西，在使自己不會絕望這方面，得到充分的成功，可是，在使自己擺脫厭煩感及其種種結果方面，則相當地失敗。從這一點產生了某種內心的平靜，至少產生了一種冷漠之情，貧富都不足以影響它；因爲富人和貧人都沒有享受他們所具有的東西，我們曾經說過，它的作用完全是一種消極方式，他們所享受的，只是他們希望以自己努力來獲得的東西。他們以相當的熱情，亦卽以嚴肅的態度向前擠去；小孩子們也用這種方式遊戲。如果，事實上因一種不受意志役使並指向世界普遍本質的知識產生審美上的需要觀想，或倫理上的需要放棄而使這種生命受到阻斷，那麼，這總是一種例外情形。大多數人一生都離不開欲望需要，根本沒有醒悟的時候。相反的，另一方面，意志往往激動到遠超過維護身體的程度，因此，表現出激烈的情緒和强烈的感情，在這種情緒和感情中，個人不但維護自己的生存，而且當別人的生存對他有所防礙時還要否定並力求壓抑別人的生存。

透過自身力量來保存身體是意志肯定的一種很低的程度，如果它自動停留在這個程度，我們就可以說，由于身體的死亡，出現于這身體中的意志也會跟着消滅。但是，甚至性慾的滿足也不只是自己生存的維護，性慾的滿足所佔的時間非常短暫，但却在個人死亡以後無限地維持着生命。自然界永遠向我們顯示出生殖活動的內在意義。我們自己的意識，衝動的强烈，告訴我們，在這種活動中，表現出最確定的生活意志的肯定，純粹而不帶任何附帶的東西（任何對別人的否定）。現在，由于這種活動的結果，在時間和因果系列中卽自然中產生一個新的生命；被生者出現于生產者之前，從現象方面看，兩者不同，可是，從他本身看，換句話說，根據理念來看，和他是相同的。所以，使各種生物和所屬連在一起並永遠延續下去的就是這種活動。生對產者來說，生殖只是他生活意志堅決肯定的表現或徵象，對被生者來說，生殖不是出現于他身上的意志之原因，因爲意志本身不知原因也不知結果，而像所有的原因一樣，只是這個意志出現于此時此地的一個偶然原因而已。就作爲物自體來看，生產者的意志和被生者的意志並非不同，因爲，服從「個體化原理」的，只是現象而不是物自體。由于這種超越自己身體之外的肯定以及新個體的產生，那屬於生命現象之痛苦和死亡便也被重新肯定了，而由于知識的完整能力所帶來解脫的可能性，這個時候也變得沒有結果了。有關生殖過程的害羞心理，其原因就在此。基督教神學的教條中也以神話方式表現出這個看法，基督教神學認爲，所有人類都帶有亞當最初犯的罪（很顯然的，這只是性慾的滿足），因此，人類因自己的罪惡而痛苦死亡。在這個神學教條中，超越了根據充足理由原則來考慮事物並且認識了人的理念，從人的理念透過那使人類結合一起的生殖連繫關係而分化爲無數個體中，重新建立它的統一性。一方面，它把所有個人都看作和亞當亦即生命肯定之代表者相同，因此，必然是有罪（原罪）的，必然要受苦和死亡的；另一方面，人的理念知識使它把所有個人看作和救世主亦即生活意志之肯定的代表者相同，就作爲分擔他的犧牲者來說，由于他的功蹟而得救，並且解脫了罪惡和死亡的桎梏，換句話說，即解脫了這個世界（羅馬書V一二——二一）。

另一以神話方式解釋我們所謂性的快樂爲超越個人生命之外的生活意志之肯定，爲達到一種最初用這方法來產生生命的看法的，是關於地獄之后普洛絲派妮（Proserpine）的希臘神話，根據希臘神話說，如果普洛絲派妮未食地獄的果子，她可以從地獄再回來，但因她吃了地獄中的石榴，所以完全屬於地獄了。在歌德對于這個神話無與倫比的描寫中，非常明顯地表現這個意義，尤其是當她吃過石榴以後那命運之神看不見的合唱隊唱出下面的歌詞時爲然——

「你是屬於我們的！

如果你不吃東西，就會回到你來的地方：

而你吃了蘋果，使你屬於我們的了！」

性衝動也是生命的堅決而最强烈的肯定，因爲事實告訴我們，對于處在自然狀態的人而言，就像動物一樣，性衝動是最後的目的，是生命的最高目標。自我保存是他第一個努力的目標，當他一旦完成了這個準備工作時，便只有致力于種族的繁殖：就作爲單純自然物而言，他不可能有其他要求。自然（其內在本質卽是生活意志）也盡量使人和動物從事繁殖。因此，它藉個體完成了它的目的，而對于個體的死亡全不關心，因爲，就作爲生活意志來說，它只關心種族的保存，個體對于它是無關重要的。因爲生活意志在性衝動中表現得最强烈，在這自然的內在本質中表現得最强烈，所以，那古代詩人和哲學家——海希澳德（Hesiod）和巴門尼底斯（Parmenides）——說得很有意義，愛是產生萬物的原則，愛是最先的，愛是創造者。

生殖器比身體上任何其他部份更加爲意志支配，而根本不受知識的影響。的確，這裡，意志的表現，幾乎完全獨立于知識之外，幾乎是在那些只根據刺激而活動的促進植物生命和生殖的部份中，在這些部份中，意志的作用是盲目的，正如無意識的自然界一樣。生育只是產生新個體的生殖，它是二次乘方的生殖，正如死亡只是二次乘方的分泌一樣。依據這些話，我們知道，生殖器是意志集中之處，也是和代表知識的大腦處在相反的地位，換句話說，是世界的另一面，卽表象世界。前者是保證在無窮生命的時間中維護生命的原則。在這方面，它們是古希臘酒神祭時陰莖之圖像（phallus）中所崇拜的，也是古印度婆羅門教象徵濕婆神（Siva）的男性生殖器像中所崇拜的，這些都是意志肯定的象徵。相反的，另一方面，知識則使我們超越意欲活動，可以因自由自在而得解脫，可以征服和消滅這世界。

在本書第四篇開始的時候，我們早就詳細地討論過，生活意志的肯定要如何地注意它和死亡的關係。我們曾知道，死亡不會替它帶來困擾，因爲死亡包含在生命之中，也是屬於生命的。它的反面，生育，則完全和它對立；同時，儘管個體死亡，却永遠保證生活意志的存在。爲了表示這一點，古代印度人將男性生殖器看作死亡之神濕婆的屬性。我們也在本編開頭處詳細解釋過一個澈底自覺採取肯定生命立場的人如何毫無恐懼地等待死亡的來臨。所以，關於這一點，我們在這裡不再多所描述了。大多數人並不明白自覺地採取這種立場，並繼續肯定生命。這世界的存在，就是這種肯定的反映，在永遠終結的生育和死亡之間，有無數的個人活在無限的時間和空間中，有無窮的痛苦。然而從任何方面看，關於這一點，都不應再有任何抱怨；因爲，意志犧牲自己來導演偉大的悲劇和喜劇，同時，也是它自己的觀賞者。世界就是那個樣子，因爲意志（世界是意志的具體表現）就是那個樣子，因爲意志就是那樣地欲求。痛苦的理由是這樣的，即在這個現象中，意志也自我肯定；而這個肯定也爲下述事實所證明和相抵消了，那便是意志也帶有痛苦。這裡，我們窺見了整體中永久的公理：以後我們會對它認識得更確切和更明白，也會在特殊具體事物中認識它。但是，首先我們要考慮暫時的或人類的公理。

52

從本書第二篇中，我們可以記得，在整個自然中，在意志客觀化所有各階段中，個體和種類之間，有一種必然的和經常的矛盾衝突；並且，在這方式之下，也表現出生活意志本身的內在自我矛盾。在意志客觀化的最高階段中，這個現象，像所有其他現象一樣，會更明顯地表現出來，因此，也更容易解釋。有了這個目的，下一步我們想要追溯自我主義的來源，以作爲一切矛盾衝突的起點。

我們曾稱時間和空間爲「個別化原理」，因爲，只有透過時間和空間，也只有在時間和空間中，性質相同的東西才可以分化爲雜多現象。它們是自然知識即從意志而來的知識的主要形式。所以，意志到處表現于雜多的個體中。但是，這個雜多性和作爲物自體的意志無關，只和意志的現象有關。在這些個體的每一個體中，意志都是當下的、整個的和未分化的，同時，在它四周看到它自己本質的無數重覆出現的影像；但是，它只直接在它的內在自我中發現這個本質，發現這眞實存在的東西。所以，每個人都爲自己欲求一切東西，都想擁有一切東西，至少想要控制一切東西，而任何和此相反的，就要加以破壞。在這種具有知識的情形下，我們要加上一句話，卽個體乃認知主體的支持者，而認知主體又是世界的支持者，換句話說，認知主體之外的整個自然界，以及其他所有個體，只存在于認知主體的表象中；認知主體只知覺它們爲自己的表象，只間接地知覺它們爲依賴自身本質和存在的東西；由于認知主體的意識，世界必然因它而消失不見，換句話說，它的存在和不存在變成了同義詞而無法區別的了。因此，所有認知的個體都處于眞理之中，並發現本身是整個生活意志或這個世界的內在本質，也是表象世界的補充條件，是一個和大宇宙具有同樣價値的小宇宙。隨時隨地那眞實的自然界都給他這種原始的和一切思想之外的簡單而確實的知識。現在，基於我們所提出的這兩個必然屬性，這個事實可以作如下的解釋，卽，每一個個體，儘管在這無限的世界上渺少得幾乎等於零，然而，却都把自己看作世界的中心，視自身的存在和幸福重於一切；的確，從自然的立場看，打算犧牲一切其他東西來達成這個目的——打算消滅世界以使自己能够稍微活得長久一點，以保存這蒼海中之一粟來使它稍微活得長久一點。這種傾向就是自我中心主義，這是自然界一切東西的必然現象。然而，正由于這種自我中心主義使得意志本身的內在自我矛盾衝突表現到可怕的程度；因爲這個自我中心主義產生並繼續存在于小宇宙和大宇宙之間的對立或下述事實中，卽意志客觀化以「個別化原理」爲形式，透過「個別化原理」，意志以同一方式表現于無數個體中，並且整個而完全地表現于每一個體的兩方面（卽意志和表象）。因此，每一個體直接感覺自己完全是意志，完全是表象的主體，可是，却只感覺到其他個體只是表象罷了。所以，每個個體都感到自己的存在以及自己生命的保全重於其他個體的存在和保全。每個人看自己的死亡之重就如世界的末日一樣，可是，如果對他毫無影響的話，那麼，他看自己相識者的死亡則像是無足輕重的事情。在達到最高階段的意識中，在人的意識中，自我中心主義和知識，痛苦和快樂，也一定達到了最高限度，而爲它所限制的個體的矛盾衝突也必以最可怕的方式表現出來。的確，在大大小小的事物中，我們到處看到這種情形。現在，我們在大專制暴君和大惡棍的生活中看到它可怕的一面，在慘極人寰的戰爭中也看到這一面；現在，它的荒謬不合理的一面（在這一面，自我中心主義是喜劇的題材），非常特別地表現爲自欺和虛榮。羅傑福柯特（Rochefoucault）對這方面的了解比任何人都更清楚，他用抽象方式把它表現出來。我們在世界歷史和自己經驗中看到它。當一羣人脫離一切法律和秩序時，這種情形表現得最爲明顯；那麼，便會立刻以最明顯的方式表現爲霍布斯在其國家論（De Cive）第一章中所描寫的「一切自相抗衡的戰爭」。我們不但看到每個人想從別人手中奪取自己希望得到的東西，也看到一個人爲了增加自己一點點的幸福和快樂，便如何地不惜破壞全體的幸福或另一個人的生命。這是自我中心主義最澈底的表現，這方面的種種具體表現，只有那些冷漠無情地希望看到別人創傷和痛苦而毫不利己者的邪惡才會超過。

我們在前面發現爲一切生命現象中必然且無可避免的痛苦的主要來源，當它實際上以某種確定方式表現出來時，是希臘神話中的不和諧女神（Eris），是一切個體中的矛盾衝突，是矛盾的表現，由于這種矛盾衝突，在其內在自我中，生活意志受到影響，同時，由于「個體化原理」的關係，這種矛盾衝突便明顯地表現出來了。野獸間的爭鬪是直接而生動地顯示出這一點的一種最殘酷的方式。儘管我們已經採取種種方式來防止，然而，在這個原始的不和諧中，有着無法消滅的那種產生痛苦的來源，在這一方面，現在我們要加以更爲密切的考察。

53

我們早就解釋過，生活意志最初和最簡單的肯定，只是對於人類自己身體的維護，換句話說，如果身體的體形方面顯示出空間中的同樣意志而更無別的話，只是意志透過時間中種種活動的顯示。這個肯定便是藉它自身種種力量的運用來保全身體。性衝動的滿足和它有直接關係；其實，就是屬於它，因爲生殖器屬於身體。所以，沒有任何動機會自願放棄這種衝動的滿足，否則便是生活意志的否定，是由于那使意志之火熄滅的知識介入而自願的對生活意志加以自我壓制。這種對自己身體的否定便是一種由于本身現象之意志而帶來的矛盾。在這裡，雖然身體也在生殖器上把延續種族的意志客觀化，然而，這不是有意欲求的。因爲它是生活意志的否定或壓制，正由于這個緣故，這種放棄是一種困難而艱苦的自我克制。但是，由于意志在無數個體之間顯示人類自身的那種自我肯定，由于他們共同所具有的自我中心主義的關係，在一個個體身上，便會很容易超越這個肯定而達到那出現于另一個體身上之同一意志的否定。前者的意志突破另一個體意志肯定的界限，因爲不是這個體破壞或損害另一身體本身，正因爲它迫使這別的身體的力量爲它自身的意志役使，而不是迫使那表現于別的身體中意志爲它自身的意志役使。因此，如果它將這個身體的種種力量從那表現爲另一身體的意志中收回，並使自身意志所役使的力量增加到超過自己身體的力量，那麼，它會藉着否定那出現于另一身體中的意志而肯定自身的意志以超過自己的身體現象。我們往往明白地認識這種突破另一個人的意志肯定的界限，而「不義」（wrong）兩字則表示它的概念。因爲兩方面都認爲這個事實不是我們以明顯抽象作用所能認識的，而是感情所認識的。凡是犯有錯誤的人，都覺得因另一個體對它的否定而侵犯到自已身體的肯定範圍，乃是一種直接和心理的痛苦，這種痛苦與那因行動或損失而引起苦惱時所體驗到的身體上的痛苦完全無關，也完全不同。另一方面，對不義的人來說，知識告訴我們，在他自身中，也是出現于那身體中的同一意志，這同一意志非常强烈地在某一現象中顯明地表現出來，由于踰越自身身體及其力量的界限，所以，擴而否定另一現象中的同一意志，因此，如果把它本身看作意志的話，由于這種强烈性而自相衝突並自相分裂。並且，這種知識立刻表現于他面前，不是以抽象的方式，而是以模糊感覺的方式；這就叫做悔恨，或者，在這個情形中說得更正確一點，這叫做作不義之舉的自覺。

不義（我們剛才已用最普遍而抽象的方式分析過它的概念）以具體方式，在殘忍野蠻中澈底、特別和明顯地表現出來。這是它最明顯的型態，這是意志在客觀化最高階即人類中最大的自相矛盾衝突的可怕情景。其次，在謀殺行爲中也表現得最爲明顯；所以，從事謀殺行爲之後，會立刻感到悔恨，關於它的抽象而明白的意義，我們剛才已經指出過，這種悔恨會在我們平靜的內心留下一道傷痕，終生無法消去。因爲我們對于謀殺行爲的恐懼，也像不敢從事這種行爲一樣，相當于那一切有生命者如生活意志現象所洞識的對生命的無限執着。殘害身體或只是傷害另一身體，一切打擊，從本質上看，都應看作和謀殺一樣，只是程度上不同而已。並且，不義表現于對另一人的支配行爲中，表現于使他人成爲奴隸的做法中，最後表現于掠奪他人財貨的行爲中，只要這些財貨視爲他勞力的結果，那麼，掠奪他人財貨的行爲，和使他成爲一奴隸的行爲，完全一樣，同時，它與後一種情形的關係，正如僅僅傷害身體和謀殺之間的關係。

54

我們知道，在國家中佔有重要地位的「暫時公理」（temporal justice）是報復和懲罰，我們也看到，這「暫時公理」只有透過未來發生關聯時才成為公理。因為，如果沒有這種關聯，那麼，一切懲罰和報復都是一種沒有理由的迫害，實際上只是另一種惡行而已，沒有什麼意義可言。可是，「永久公理」（eternal justice）則完全不同，「永久公理」我們前面已提到過，它所支配的不是國家而是整個世界，它不依賴人類的制度，不是偶然的，不是欺人的，不是搖擺不定和有錯的，而是絕對可靠，固定和確定的。所謂報復觀念，其中含有時間概念；所以，「永久公理」不可能是報復。不像「暫時公理」一樣能够容許中止和遲延，也不像「暫時公理」一樣需要時間來得到勝利，它不像「暫時公理」一樣只透過時間藉惡果來報復惡行。這裡，懲罰和犯罪必須連在一起以致兩者合而為一。

凡是把握我們一向展開的整個思想的人，會立刻明白，這種「永久公理」事實上是在世界的本質之中。

世界各部份和形式的雜多現象都是那同一生活意志的具體表現、客觀化。存在本身以及存在的種類，從集合的整體和所有各部份兩方面看，都是從那唯一的意志而來。意志是自由的，意志是萬能的。意志出現于一切東西之中，正如它在自身中和時間之外決定自己一樣。世界只是這個意欲活動的反映；而這世界中一切有限的東西，一切痛苦，一切不幸，都屬於意志所欲求者的表現，都是那個樣子，因爲意志是如此欲求的。因此，所有的東西都有擁有全部的權利以維持一般的存在，也有權利維持所屬種族的和它特有個體性的存在，完全保持它的本來面目，也完全處在原有的種種環境中，處在一個爲偶然機遇和錯誤所支配的，短暫的以及不斷痛苦的本來如此的世界中；在它所經驗或能經驗到的一切東西中，往往得到應得的東西。因爲意志屬於它。同時，意志怎麼樣，世界也怎麼樣。只有這個世界本身才能擔負自身存在和自然的責任——沒有其他能够擔負。因爲，另一個世界能用什麼方法擔負這個責任呢？如果我們想知道，從道德方面看，那一種人是値得生存的，只要我們看看他們的命運就可以了。這是欲望、不幸、痛苦、災難和死亡。「永久公理」支配一切；如果他們都不會如此悲慘。從這個意義上看，我們可以說，世界本身就是這世界的裁判。如果我們能够把世界上一切痛苦不幸放在天平的一端，而把這世界的一切罪惡放在天平的另一端，指針一定會指向中央。

不過，爲意志所用而發展的個體的知識，所認識的世界並不如此，因爲，探究這世界者最後發現這世界是那唯一生活意志的客觀化，而他自己就是這生活意志。但是，像印度人所說的，不開化者的視力爲魔耶的障幕所掩蓋。他看到的不是物自體，而是空間、時間，「個體化原理」以及充足理由原則其他種種形式之下的現象。在他這種有限知識的方式下，他所看到的，不是事物的內在本質而是現象，前者是統一的，後者則是分裂的、不統一的、無數的，不同的以及互相對立的。因爲對他來說，快樂是一回事，而痛苦則是完全另外一回事：一個人是折磨人者和謀殺者，另一個人却是殉道者和犧牲者；邪惡是一回事，而災禍又是另一回事。他看到某個人活在歡欣、富裕和快樂之中，而另一個人甚至因饑寒交迫可憐地死在他的門口。於是他問，因果報應在那裏？而他自己呢，在意志（意志是他的根源和本質）的强烈壓力下，他抓住生命中的快樂和享受，緊緊地把握住它們，他並不知道，由於意志的這種活動，他緊抓住那些一見之下便使他感到恐懼戰慄的痛苦和憂患。他看到不幸的災禍，也看到世上的邪惡，但是根本不知道兩者只是同一生活意志具體表現的不同面而已，他把它們看作不同的，對立的，並且時常想藉邪惡行爲即使別人受苦以避免自身的不幸災禍，避免自己的痛苦，因爲他聚精會神于「個體化原理」，爲魔耶的障幕所惑。正如坐在孤舟上的水手，在暴風雨的海洋中，憑藉着一葉孤舟，沒有方向，隨着洶湧的海浪起伏；同樣，個人憑藉着「個體化原理」或以個人認識現象事物的方式默默地呆在這個充滿憂患的世界裏。這無邊的世界，在無限的過去和無限的未來，到處充滿着痛苦，對他來說，這個世界是陌生的，其實只是一個虛構的世界；他短暫的生命，他瞬息的現在，他一時的滿足，對他來說，只有這些才是最眞實的；只要他的眼光沒有因更深刻的認識而打開的話，便會儘力保持這些。一直到這時候爲止，他的意識深處只有一種非常模糊的預感，覺得所有那些現象對他來說終究是陌生的，雖然和他有關聯，而「個體化原理」無法使他擺脫這種關聯。從這個預感產生了所有人類（事實上，甚至包括最敏感的動物在內）共有的那種根深蒂固的敬畏之情，如果偶因充足理由原則某一形式容許例外而使他們對「個體化原理」感到困惑的話，這種敬畏之情便突然抓住他們。例如，如果在沒有原因的情形下發生某種變化，或某個死了的人重新出現，或者說，如果過去或未來以任何方式變爲現在或遠的變成近的。對這種事情的恐懼感是由于下述事實，即他們突然之間對那唯一使他們的個性和世界其餘東西分開的關於現象知識之形式感到困惑。但是，甚至這種分離也只在現象方面，而不在物自體方面；而永久公理就建築在這一點上面。事實上，一切暫時的快樂都依靠那逐漸損毀的基礎，而一切智慮也都是由這基礎產生的。他們使身體不受偶然事故的影響，並使它獲得快樂；但人的身體只是現象，而它和其他個體的區別以及他們所受痛苦的避免只基於現象的形式，即個體化原理。從事物的眞正本質看，每個人都把這世界的一切痛苦當作自已的痛苦，事實上，只要他是固定的生活意志，換句話說，只要他全力肯定生命，每個人都必須把一切可能的痛苦看作自已實際的痛苦。對那看透「個體化原理」的知識而言，顯現在無數他人憂患中的一種快樂生活，偶然機會所賜或或因智慮而獲得的東西，只是乞丐的夢，在夢中他是國王，但是他總要從夢中醒來，也總會從經驗中得知，使他和自已生活中的痛苦分開的只是一短暫的幻夢。

「在個體化原理」中隨充足理由原則而來的知識所包含的觀點中，永久公理不見了，除非以某種想像虛構的方式爲它辯解，否則，這個觀點便會完全失去它。它看到壞人在多行不義和種種殘忍行爲後還活在幸福之中，不讓世人受到懲罰。它看到被壓迫的人苟延殘喘地過着充滿痛苦的生活，最後也不見因果報應出現。但是，只有在那超越充足理由原則引導之下所產生的限于特殊事物之知識的人，只有那認識理念，看透個體化並了解現象的形式不適用于物自體的人，才會把握和理解永久公理。而且，由于透過同樣知識的關係，只有他才能了解德行的眞正本質，因爲，雖然這抽象知識根本不需要實踐德行，然而，我們很快就會看到它和我們現在的探討有關。因此，凡是獲得上述知識的人，都會明白，由于意志是一切現象的本體，所以，別人所遭遇以及自己所體驗的不幸，不道德的和邪惡的，儘管在現象中兩者顯示爲完全不同的個體，也爲時間和空間所分開，却往往只和那永遠不變的內在本質有關。他知道，使別人受苦者與必須忍受痛苦者之間的區別只是現象，也與物自體無關，因爲正是兩者之中的此一意志，受那爲本身役使知識之欺騙而竟不自覺，同時，因想在某一現象中尋求增加的快樂，却反在另一現象中產生巨大的痛苦，所以，在激動的壓力之下，他往往是在自我殘害，他並不知道往往只是損害自己而已，透過個體性的媒介而以這種方式顯示它內在本質中所具有的自我矛盾。使人痛苦者和受苦者根本是一個人。前者的錯誤在相信自己不是分擔痛苦的人，後者的錯誤則在相信自己不是分擔罪惡的人。如果把兩者的眼睛放亮，那麼，使人受苦者就會知道，自己原來也是活在這世上受苦的人當中，同時，即使賦有理性，但是，如果他問這世界爲什麼爲這巨大的痛苦而產生，爲什麼不知其本身應得的懲罰，也只是徒勞無功罷了。而受苦的人也會知道，這世上現在和過去所作的一切惡都是來自構成自己本性的意志，也出現在自己身上，他還會知道，透過這個現象及其肯定，只要他是這個意志的化身，就已把這意志所產生的一切痛苦承受下來，把它們當作自己應得的東西。基於這種認識，詩人喀爾得隆在其「生命是一個夢」（Life a Dream）中說——

「因爲人類最大的罪行
是他曾出生。」

根據一種永久的法則看，死亡是生之結果，因此，爲什麼生不是罪行呢？喀爾得隆在這幾句話中所表達的，只是基督教的原罪說而已。

關於永久公理生動的知識，關於那使懲罰的惡（malum Culpae）和被懲罰的惡（malum paenae）結合在一起的均衡的生動知識，需要澈底超越個體性及其可能性的原則。所以，大多數人往往無法得到這種知識，關於所有德行本質的純粹知識，情形也是一樣，這種知識和它關係密切，我們將要加以說明。經由概念和語言所能了解的以及他們那種永遠生動而史詩般的說明方法所允許的，明智的古代印度人在吠陀經典（只有改造過的三個階級中的人才允許讀吠陀經典）或他們秘密教義中表達了這種情形；但是，在民衆宗教中或秘密教義中，他們只用神話來表達這一點。我們在吠陀經典中所發現的直接解釋，人類最高知識和智慧的成果，這種知識和智慧的中心，最後使我們接觸奧義書，這是本世紀最偉大的賜予。它以各種方式表示出來，特別是使世上一切有生命和無生命的東西繼續不斷地閃過學者的眼前，對其中每樣東西都宣示那個已成公式的字，這個字叫做Mahavakya：Tatoumes——說得更正確一點，是 Tat Twam asi——這幾個字意思是說「這就是你」（This thou art）。但是對一般人來說，就他們在有限條件下所能了解的而言，那偉大眞理被認爲是充足理由原則所產生的一種知識。事實上，從它本質上看，這種知識完全無法徹底了解那眞理本身，甚至和它矛盾，然而，若以神話方式表示，却會得到一種代替品，這代替品是足够作爲行爲指針的。因爲，神話能使知識方法依據充足理由原則而藉象徵的描述去了解行爲的道德意義，但這道德意義本身是永遠和它無關的。這是一切宗教體系的共同目的，因爲，整個說來，它們都是用神話的外表去表達那種理智未開的人們所無法了解的眞理。從這個意義上看，用康德的話來說，這個神話可以稱爲實踐理性的一種假設；但是，如果這樣去看它，便有最大的好處，就是，它所包含的，除了實際經驗過程中擺在我們眼前的以外，絕對沒有其他因素，因而能够維持它的一切概念和知覺。這裏所指的是關於靈魂轉生的神話。這個神話告訴我們，一個人在生時加給別人的一切痛苦，在來生一定要補償，一定要遭受同樣多的痛苦；這種說法甚至認爲，只殺了一隻動物的人，未來的無窮時間中，總會生爲同樣的動物並且遭受同樣的死亡。這神話告訴我們，邪惡的行爲會使人一輩子變成痛苦而被人輕視的動物，那人或會重新生在下層階級，或成爲女人，或成爲動物，或成爲最低階級的人民（Pariah），或成爲屠戶，或成爲痲瘋病患者，或成爲爬蟲等等。它透過那些不知自己爲何遭受不幸的受苦動物，從現實生活的感覺來證實神話所預示的一切痛苦，並且，它不需透過任何悲慘世界的情形來提醒它這些痛苦。另一方面，就果報而言，它使人覺得有重生的希望，覺得自己有變爲婆羅門智者或聖者等比較高貴人物的希望。這種最高的果報需待最高尙的行爲和最澈底的自我犧牲，這種最高的果報也給予那位七世以來都自願死在丈夫火葬柴堆上的女人，也同樣給予那口齒清淨從來沒有說過謊話的男人——神話只能消極地用這世界的語言來表示這種果報，讓他們有一個希望，就是，使他們永遠不再來到這個世界，「你將不再有現象的存在」；或者，像那既不承認吠陀經典也不承認階級存在的佛教徒所說的「你應得涅槃」，換句話說，這是達到一種境界，在這個境界裏，生、老、病、死不再存在了。

過去，從來沒有一種神話，將來也不會有一種神話比這最高貴和古老民族的這種原始看法，更能成爲那只有少數人才能了解的哲學眞理的一部份。儘管這個民族現在已四分五裂，然而這個神話仍是一般人民的共同信仰，對今天的生活具有決定性的影響，其情形和四千年以前一樣。所以，畢達哥拉斯和柏拉圖大爲讚賞，並且從印度或埃及接受神話，重視它、利用它，可是我們不知道他們如何地相信它。相反的，現在，我們派遣英國牧師和信奉新教亞麻布織造者去糾正他們的信仰，並且告訴他們，他們是從無中創造出來的，應該懷着感恩的心情去接受這個事實。但是，這正像我們向懸崖絕壁放槍一樣，我們的宗教信仰決不會在印度生根。人類古代的智慧不全爲加利利（galilee）發生的事情所取代。相反的，印度哲學思想流回歐洲，會在我們的知識和思想中產生根本的改變。

55

在前面對人類行爲所作的許多研究觀察中，我們一直進行着，漸次達到最後的研究，並且在相當範圍內減輕那種將人生所謂善惡行動的特殊道德意義超昇爲抽象和哲學明晰性以及成爲我們中心思想中一分枝的工作。

不過，首先，我想從被現代哲學家當作簡單概念因而不能加以分析的那些善惡概念追溯它們的實在意義；讀者不必再專心于那無意義的繆見，即認爲它們所包含的比實際多，也可以就這些概念本身來表達這裡所必需的一切。現在，我要做這個工作，在倫理學上，我打算不再像過去借重「美」和「眞」兩字一樣再借重「善」這個字，這樣，我可以在今天所謂具有特殊「莊重」，因而在各種情形下都有幫助的符號加上一個表示性質狀態的符號，以及採取嚴肅的態度而歸納出下述信念，即說出三個這樣的字，那麼，我所做的就不止表示三個來源及意義均不相同的非常廣泛、抽象且空洞的概念而已。今天，有誰認識我們這個時代的作品呢？有誰在千百次看到那些最沒有思想能力的人如何地相信自己只需大聲而裝作有智慧似地說出這三個字，便可表示最大智慧以後而不對這三個字（像它們本來所指的一樣的值得讚賞）感到厭惡呢？

我們早在論充足理由原則一書第五章第二十九節及其以後各節中解釋過「眞」這個概念。在本書第三篇全篇中則對「美」這個概念作過適當的解釋。現在，我們希望發現「善」這個概念的意義，達到這個目的，沒有什麼困難。從根本上看，這個概念是相對的，意指「一個東西符合意志的任何確定努力」。凡是和意志任何表現一致並完成意志目的一切東西，儘管在其他方面如何不同，但都是透過「善」這個概念而想到的。因此，我們常常說到好吃、好路、好天氣、好武器、好預兆等等；總之，我們說一切合乎自己希望的東西是好的東西。所以，在這人眼裡認爲好的東西，在另一個人眼裡可能認爲不好。善或好的概念分爲兩部份——一部份是意欲作用的當下直接滿足，另一部份則是它的間接滿足，這種間接滿足涉及未來，換句話說，涉及合意的和有用的東西。如果我們說到無意識的存在，相反者的概念是用「不好的」（bad）幾個字來表示，如果用比較少用的方式或抽象方式表示，則用「不善的」三個字，這表示與意志的任何努力不相符合的一切東西。像所有能和意志發生關係的東西一樣，在同樣意義之下以及所謂「我發現這是好的而你却沒有」這句話中所表示的相對限制之下，凡是有助于達成期望目的的人，凡是促進並協助這些目的的人，都稱爲好的。無論如何，那些本性不喜歡阻難別人而喜歡幫助別人的人，那些一向助人、仁慈、親切和慈悲的人都稱爲好人，因爲他們的行爲和一般人的意志有着這個關係。在有意識的生物（動物和人類）的情形中，近百年左右，在德文和法文中，表示相反概念的字，是和用來表示無意識存在者不同；德文中用 böse，法文中用 méchout；可是，幾乎在所有其他語言中，這區別並不存在；Kakos malus cattivo bad 這些字，用在人類身上就像用在與確定意志之目的相反的無生命東西上一樣。由于我們完全從被動方面出發而達到「善」，所以，以後我們的研究只能進行到主動方面，也只能研究所謂好人的行爲，不再涉及其他東西，只涉及人；特別從事兩方面的解釋工作，一方面解釋這種行爲在他人身上所產生的純粹客觀一面，另方面則解釋這種行爲在自已身上產生的一種對自身的特有滿足，因爲他犧牲另一種滿足而得到這種滿足；而且，另一方面還解釋那隨着不好性情而來的內在痛苦。哲學的以及由宗教信仰所支持的倫理體系，就是從這個來源產生的。兩者不斷想以種種方式把幸福和德行連在一起，前者不是藉矛盾原則就是藉充足理由原則，因而往往認爲幸福與德行同一或將幸福看作德行的結果；後者則除了唯一能爲經驗所知的世界以外還肯定其他種種世界的存在。相反的，在我們的體係中，德行不會是追求快樂的努力卽追求幸福和生命的努力，而是另一種方向完全不同的努力。

從以上所說的，我們知道，根據善的概念來看，善是「屬於相對性質的某物」；因此，從根本上看，所有的善都是相對的，因爲善的本質在它對某一欲求意志的關係。所以，絕對的善是名詞上的矛盾；最高的善，實際上指的是同一個東西——意志的最後滿足，在滿足之後不可能有新的欲望產生——一種最後的動機，完成了這個動機就會爲意志帶來持久的滿足。但是，根據我們在第四編中研究的結果來看，這種成就是無法想像的。意志不能因爲某種特殊滿足而停止意欲活動，正如時間不能結束或開始一樣；對意志而言，根本沒有所謂永久滿足這樣的東西。這是白費氣力，對意志而言，沒有最高的善，沒有絕對的善，只有暫時的善。可是，如果我們因習慣關係不想拋棄善的一向表現方式而希望給善的表現方式以一種光榮地位的話，我們可以稱意志的澈底自我消除和否定，意志的眞正消失（只有這樣才會平息意志的鬪爭，才能使人獲得那種決不會再被阻撓的滿足，才能使世界得救，而我們現在在整個探討結束時立刻會考慮到這一點）——爲絕對的善，——並且將此視爲病害的唯一澈底治療，所有其他的治療只是減輕病情的藥物和止痛劑而已。從這個意義上看，希臘的 τέλος 及拉丁文 finis bonorum 更符合這東西。我們對善這個字說得太多了，現在，要看看事物本身。

如果一個人一有機會便想做不義之事，又無外力限制他的話，我們稱他爲惡的。根據我們對

「不義」所持的看法，表示這種人不但肯定自己身上的生活意志，而且這種肯定甚至使他否定他人身上表現的意志。這一點可以從下述事實中看出來，即他希望別人的能力爲他的意志役使，並且當別人妨礙他意志的努力時，還想破壞他們的生存。這個事實的最後根源是高度的自我中心主義，關於自我中心主義的本質，我們早已說明過了。這裡有兩件事很明顯。第一，一種特別强烈的生活意志表現在這種人身上，遠超過他自己身體的肯定之外；第二，他那完全服從充足理由原則並全心全意注視個體化原理的知識，他不能超越後一原則在自身和別人之間所顯示的區別。所以，他只追自己的幸福，而不顧別人的幸福，別人的存在和他完全無關，在別人的存在與他自己存在之間有一條鴻溝隔離着，其實，他看別人只是一種沒有實在基礎的面具。這兩種性質就是構成邪惡性格的要素。

意志的這種强烈性，成爲了痛苦的永久來源。第一，因爲意欲作用都起于缺乏，換句話說，都是痛苦的。（所以，我們會記得本書第三篇中所說的話，所有意欲作用的暫時停止是我們欣賞美時所獲快樂中的主要因素之一，每當我們全心全意從事美感觀想而成爲完全沒有意志的知識主體和理念的關係者時，便會發生這種意欲作用暫時停止的現象。）第二，由于事物的因果關聯，我們大部份欲望必然未獲滿足，而意志受阻的時候又多于滿足的時候，所以，强烈的意欲作用便帶有强烈的痛苦。因爲一切痛苦都只是未得滿足的和受阻的意欲作用，甚至我們身體受到損傷或毀壞時所感到的痛楚，只有透過下述事實才可能如此，卽我們的身體只是客觀化的意志。由于劇烈的痛苦和劇烈的意欲作用不能分開，所以，壞人臉上的表情中便常帶有內心痛苦的痕跡；甚至當他們獲得了一切外在的快樂，如果不因短暫的狂喜而心曠神怡並且也不隱藏掩飾的話，那麼他們看起來也是不快樂的。內心的折磨是他們無法避免的，由于這種內心的折磨，最後產生了一種幸災樂禍的心理，看見別人痛苦會使自己感到快樂，這種情形不只是自我中心主義產生的，而是一種漠不關心，也是澈底的邪惡，達到極點時候成爲殘忍。由于這個原因，別人的痛苦不是達成自身意志目的的工具，它本身就是目的。下面是這個現象更確定的解釋：——由于人是被最清楚的知識所開化的意志具體表現，所以，往往把自己意志實際感到的滿足和知識所告訴他的可能的滿足相比。於是便產生羨妒：所有的困乏都因別人的享受而無限加重，但是，如果知識告訴我們別人也遇到同樣的困乏之時，那麼這種困乏之感便減輕了。所有人類所遭受那種與人生無法分開的不幸災禍，不會使我們感到困擾，正如那些屬於氣候方面，屬於整個國家方面的不幸災禍一樣。想到比我們痛苦更大的痛苦時，會解除自己的痛苦；看到別人的痛苦會減輕自己的痛苦。現在，如果一個人內心充滿着意志的强大壓力——如果他熱切地期求積聚一切東西以解除他的自我中心主義的渴望，因而他必然感覺到，所有的滿足只是表面的，達到了的目的決不會滿足所求東西給于我們的希望，當這種希望得到滿足時，它只是改變一種方式而已，而現在又以新的方式來折磨他。的確，如果一切願望都完了，意志的壓力仍然是沒有任何自覺的動機，使他痛苦地認識它是可怕的孤獨和空虛感。由于這些，在意欲作用的普通程度下，只是稍微感覺到，也只產生普通程度的憂傷，如果達到特別邪惡意志的具體表現，那麼，這個人必然會產生內心的份外痛苦，長久的不安，無可補救的痛苦；他間接期求自己直接得不到的安慰——希望因看到別人的痛苦而減輕自己的痛苦，同時，他認爲這種現象是自己力量的表現。對他來說，現在，別人的痛苦本身就是目的，也是使他快樂的情景；因此便產生澈底的殘忍現象，澈底嗜殺的現象，這種現象在歷史上表現于尼祿和杜米仙③時代，表現于非洲的 Deis，羅伯士比爾④以及其他類似的人物身上。

復仇的願望是和邪惡密切相關的。它是以寃報寃，並非涉及未來，這是屬於懲罰性質，是因爲已經發生的事情，已經過去了的東西，這樣，便不是一種手段，而是一種目的，因爲想要在報復者加于侵犯者的折磨中得到快樂。報復與純粹邪惡不同的地方是在於公理正義的表面現象。因爲，如果當作報復的行爲是根據法律而做的，換句話說是根據以前決定和公認的規則而做的，並

③ 杜米仙（Donitian），爲羅馬皇帝。

④ 羅馬士比爾（Robesperre），爲法國大革命時代主持恐怖大屠殺的人。

且是在認可這規則的社會中做的，那麼，這個行爲便是懲罰，因此，也是公理正義。

除了上面所述的以及因來自同一來源，卽過份強烈的意志而與邪惡不能分開的痛苦之外，另一種與此完全不同的特殊痛苦也和邪惡有關，在所有不好的行爲中都可以感到這種特殊痛苦，不論這種行爲只是由自我中心主義而來的不義或是純粹的邪惡，同時，根據它的持續時間，稱爲良心的責備或悔恨。現在，凡是沒有忘記本書第四編前半部內容的人，尤其是沒有忘記本篇開頭所解釋的眞理的人，一定會發現，除了下述的意義之外，良心的責備不可能有其他意義，或者，抽象地說，它的內容如下面所述，其中區分爲兩部份，不過，又彼此一致，並且應視爲完全結合在一起的。

不論魔耶的障幕如何籠罩壞人的心靈，換句話說，不論他多麼全心全意注視個體化原理，然而，根據這方面，他認爲自己因爲一條鴻溝而與其他的人絕對不同也互不相關，這裡所謂的鴻溝是指他全力抱持的一種知識，因爲唯有這種知識才適合和支持他的自我中心主義，所以，知識幾乎爲意志所敗壞，然而在他內心深處却產生一種奧秘的表示，告訴我們，事物的這種秩序只是現象的，它們的眞正性質却是完全不同。他有一種模糊的預感，覺得不論時間和空間如何地將他和他人以及他們遭受的無窮不幸災禍（甚至因他而遭受的不幸災禍）分隔，不論時間和空間如何地顯示這些不幸災禍是與他完全無關的，然而，從它們本身看，除了表象和它的形式以外，就是那表現于這些不幸災禍中的唯一意志，因爲沒有認識自身而對抗自己，同時，因爲想在它許多現象中的一個現象上得到更多的快樂，因此把更大的痛苦加在另一現象上。他模糊地看到，他自己這個壞人就是這整個意志；他不但是痛苦的給予者，也是痛苦的忍受者，只是由于幻夢的關係而使他和自己的痛苦分開並且避免這種痛苦，這個幻夢的形式卽是空間和時間，不過它會消失。實際上他必須爲快樂付出代價，如果時間和空間中所謂的可能和現實，遠和近只是個人的知識認爲如此，只是由于個體化原理的關係，而並非本身如此的話，那麼，他認爲可能的一切痛苦，其實和他的生活意志是相關的。這就是以神話方式亦卽用在充足理由原則因而變爲現象形式的方式在靈魂轉生中所表現的眞理。然而，它有最純粹的表現方式，沒有外來的雜質，在這種表現方式中，那模糊感覺到却又使人覺得安慰的痛苦叫做悔恨。這也來自於第二種直接知識，這種知識和第一種知識密切相關——這種知識是關於生活意志在邪惡者身上肯定自己力量的知識，是關於那遠超越他自己個人現象而否定別人身上同一意志之力量的知識。因此，邪惡的人企圖掩飾的內心對行爲的恐懼，除了那空虛的表示以外，所包含的只是個體化原理的虛幻性，只是個體化原理在他和別人間所顯示的區別的虛幻性；也是關於他自己意志的强烈知識，甚至他從那些受他壓制的痛苦不幸中，看到其可怕的一面，然而他却緊緊和它合在一起，因爲這個緣故，便從他本人身上產生了極大的兇暴，當作肯定自己意志的工具。他發現自己就是生活意志集中的具體表現，他感到自己總是屈服于生活之下，因此也屈服于生活中必然出現的痛苦之中，因爲它有無限的時間和空間來除去可能者和現實者之間的區別，將他所知的一切痛苦變爲實際體驗的痛苦。千百萬年一代一代不斷的產生，但像整個過去和未來一樣，只是在想像中而已；實際佔住的時間即意志現象的形式只是現在，並且對個人來說，時間是不斷更新的：人似乎永遠覺得自己在不斷新生。因爲生命不能離開生活意志，而生命的唯一形式是現在。死亡好似太陽下山，太陽下山只是表面上爲夜色所吞沒，實際上，它本身就是一切光的來源，不斷地燃燒，爲一切新的世界帶來新的日子，永遠在興起，也永遠在落下。只有透過時間，亦即透過表象所感到的現象的形式，個人才與始末有關。在時間之外只有意志，只有康德所謂的物自體以及這物自體的充分客觀化，亦即柏拉圖的理念。所以，自殺是不能逃避的；每個人內心所意欲的必然是他現在的情況，而每個人現在的情況，就是他內心所意欲的。除了對那使個人分開的表象形式的虛幻性和空虛所感到的知識以外，使良心感到痛苦的是自己意志的自覺程度。生活過程刻畫出經驗性格的影像（經驗性格的根本是睿智性格），這個影像使邪惡者感到恐怖可怕。不管這影像是在大的特徵中刻劃出來因而這世界分擔他的恐懼，或在小的特徵中刻畫出來因而只有自己才可以看到它，因爲它只直接關係着一個人，然而，他還是一樣的感到恐懼。如果性格沒有擺脫時間的影響也不可能受時間改變的話，那麼，只要它不否定自己，則過去的將是無關重要的事。所以，早已過去的事情，對良心仍然有着壓力。祈禱文說「不要讓我受誘惑」、「不要讓我知道自己是那種人」。他用壞人肯定生命的力量，壞人加給別人的痛苦所表現的力量來測度自己離開意志的否定究有多遠，來測度那唯一從這世界及其痛苦不幸解脫的可能性究有多遠。他知道自己屬於它的程度究有多大，也知道自己如何地受它約束；他所知道的別人的痛苦並沒有力量改變他，他完全受生活和生活中感受的痛苦所累。我們還不知道這個意志是否打破和克服了自己意志的強烈性。

如果只當作感覺看待，換句話說，如果當作爲明白，抽象的知識看待，那麼，對于「惡」的意義及其內在本質所作的解釋便是悔恨的內容，如果我們對那當作人類意志一種屬性的「善」加以同樣的考慮，如果我們對絕對的忍受順從和神聖（當「善」達到最高階段時，從「善」中所產生的）加以同樣的考慮時，那麼，這種解釋就會更爲明白和完全。因爲對立的東西往往彼此有助，而像斯賓諾莎所說的一樣，白天不但顯示了它本身，也顯示了黑夜。

56

一種無法證實即純粹說教的道德理論，不可能有任何結果，因爲它的作用不是當作動機。不是作爲動機的道德理論，只在影響自愛時才有結果，由此而產生的東西沒有道德價值。因此，任何眞正的德行都不能從道德理論或普遍抽象知識產生，這種德行必須產生于那種從別人個性中認識自己身上同樣本性的直觀知識。

因爲，德行確實產生于知識，但不是產生于能够透過語言文字表達的抽象知識。如果這樣的話，德行便是可以教導的，而用抽象語言表示本質以及作爲基礎的知識，就會使人在道德方面有所改進。但是，實際的情形並非如此。相反的，倫理上的課程和說教不會造成一個有道德的人，正如亞里士多德以來所有美學體系沒有造就一個詩人一樣。對德行的眞正內在本質來說，概念是沒有用的，正如概念在藝術中沒有用一樣，概念只處于次要地位，因此，去保存以其他方法獲得的結果中，概念能够作爲一種工具。「意志活動是不能教導的」。事實上，抽象教條對德行是沒有影響力的，換句話說，對性情的善良是沒有影響力的。錯誤的教條不會阻撓德行，眞實的教條也很少對它有所幫助。事實上，如果人生的重要事實，人的道德價值，那種永久價值依賴任何像教條、宗教教義和哲學理論那樣偶然成就的東西，那麼，便是一個壞的守望者。道德上的教條只有下述價值：如果一個人由于另一種知識而變成有德行的人，這個人便在道德教條方面擁有一種公式，根據這個公式向他自己的理性來解釋自己的非自私行動，這個非自私行動的本質，他自己也不了解，只是因此緣故使理性習于滿足而已。

的確，教條，也像習俗和慣例一樣，對人的行爲，人的外在活動發揮很大的影響力（後者之所以能够發揮很大的影響力，是因爲普通一般人不相信自己的判斷力，他知道這方面的弱點，可是却只遵循自己或別人的經驗），但人的性情傾向並不是以這種方式改變的。所有抽象知識只會帶給我們動機；但是，我們前面說過，動機只能改變意志本身。不過，所有可以表達的知識只能影響當作動機時的意志。因此，當它受教條引導時，人眞正意欲的仍然是一樣。他只接受種種關於獲得它的方式的不同思想，而想像的動機和實際的動機一樣的支配他。例如在倫理價值方面，無論他大量施捨給窮人而相信自己來生會獲十倍的報償，或是化費同樣多財物來促進一種地位以備將來獲得更大的利益，其結果都是一樣的。爲了正統而燒死異教徒的人，就像爲了財物而教人放火的强盜一樣，都是謀殺者；如果在聖地屠殺土耳其人的人也像燒死異教徒的人一樣，其目的只是爲了身列天國，那麼，這個人也是謀殺者。因爲這些人只顧自己，只顧自己的自私，就像强盜一樣，他們和强盜唯一不同的地方是他們所用方法的荒謬性。我們曾說過，從外面看，只能透過動機才能達到意志，而動機又只能改變意志表現的方式，決不能改變意志本身。「意志活動是不能教導的」。

可是，在善良行爲的情形下，從事善良行爲的人訴諸教條，我們要辨別這些教條是否眞是導致善良行爲的動機，或者像我們前面所說的一樣，是否只是在某一善良行爲方面，行爲者用來藉以滿足自己理性動機的騙人理由，這裡所謂某一善良行爲實際上是從完全不同的來源產生的，他之所以從事這種行爲，是因爲他的善良，雖然他不了解如何對它加以正確的解釋，却希望考察和它有關的東西。但是，很難判斷這兩者的區別，因爲它存在于人的內心。所以，我們很難對別人的行動作出正確的道德判斷，　也很少對自己的行動作出如此判斷。一個人和一個國家的所作所爲，透過教條，慣例和習俗可有很大的改變。然則從它們本身看，所有的作爲都只是空洞的形式，只有導致這些作爲的性情才賦予它們道德意義。可是，當它的外在具體表現不同時，這種性情傾向可能完全一樣。雖然兩個人的邪惡程度完全一樣，可是，一個人可能死於輪下，另一個人則可能壽終正寢。同樣程度的邪惡，在某個國家，可能表現于謀殺和殘忍的粗魯特性中，在另一個國家，則可能表現于宮廷陰謀、壓制和各種細密的謀略中；可是，其內在本質則永遠一樣。我們可以想到，人們堅信死後得到報應的看法，可以防止一切罪行，政治上可能因此大有收穫，在道德上，却會一無所獲；只有生活中意志的表現會受到限制而已。

因此，性情傾向的眞正善良，不偏不倚的德行以及澈底的高尙不是產生于抽象知識。然而，它們確是產生于知識；但這種知識是當下的直觀知識，旣不能用理由來推翻這種知識，也不能用推理方式獲得這種知識，正因爲它不是抽象的，所以不能表達，只能產生于每個人的內心，只能自己體驗到，不能爲他人所知，它的眞正表現，不是用語言，而是透過我們的所作所爲，是用行爲，用人的生活過程。這裡，我們尋求關於德行的理論，因此也要抽象地表現道德理論基礎的知識的本質，然而，我們却無法用這種方式來表達那種知識。我們只能表示這種知識的概念，因此往往從那唯一使其表現于外的行動出發，同時，也指出行動是它唯一適當的表現。我們只能說明和解釋行動，換句話說，我們只能用抽象方式表達其中眞正發生的東西。

57

我們已知道公理正義如何以較低的程度產生于個體化原理的貫澈之中，又知道如何以較高的程度從個體化原理產生性情的善良，而這種性情的善良是對他人純粹的卽公正無私的愛。當後者達到完美境界時，將他人及其命運與本身及自身的命運放在同一水準上，也不能比這更進一步，因爲，沒有任何理由使它喜歡別人的個體性而不喜歡本身的個體性。然而，幸福和生命都處在危險中的其他個體的數量，可能比重視個人自已特殊福利份量更重。在這種情形下，已達到至善和完全高尙的性格，將會犧牲自身的福利甚至生命去完成多數人的福利。柯德拉斯（Codrus）、利奧尼得斯（Leonidas）、里格拉斯（Regulus）、穆斯（Decius Mus）以及溫克里德（Arnold von Winkelried）都是這樣而死的；每個爲朋友和國家自動自覺地面對死亡的人也都是這樣死的。他們和那些爲了維護有助于和屬於整個人類的幸福而自願接受痛苦及死亡的人處於同一等列；換句話說，和那些爲了維護普遍和重要眞理的人處於同一等列。蘇格拉底和白魯諾以及很多爲眞理被教士們燒死在火刑柱上的英雄們便是這樣死的。

現在，關於上面所說的矛盾不合理的話，我要提醒讀者注意，以前我們發現，痛苦是生命中的必然現象，也是和生命無法分開的。我們也知道，所有的願望都來自缺乏、需要、痛苦，所以，一切的滿足都只是痛苦的除去，不能帶來積極的快樂；歡樂欺騙我們的願望，表現爲積極的善，但是實際上，歡樂只具有消極性質，只是惡的終結。所以，善、愛和高尙等有助于他人的地方，也只是減輕他們的痛苦而已，能够促使他們從事善良行爲以及愛別人的，只是對別人痛苦的認識，這是直接從自己痛苦中了解的，也和自己的痛苦同等看待。從這點我們可以知道，從本質上看，純粹的愛就是同情心。所以，我們會毫不猶豫地反對康德的說法，如果眞正的善和德行來自于抽象思想，來自于義務觀念和範疇命令的話，康德認爲只有這種眞正的善和德行才是這樣，並且認爲我們所感到的同情心只是弱點，根本不是德行，所以我說，我們反對康德的看法，我們認爲：對眞正的德行來說，純粹概念是沒有用的，正如純粹概念對眞正藝術沒有用一樣：所有眞正而純粹的愛都是同情心，而所有非同情心的愛都是自私。這兩者經常結合在一起。的確，眞正的友誼往往是自私和同情心的混合物；前者是朋友出現時所感到的快樂，朋友的個性合于我們自己的個性；同情心則表現在誠心誠意地分享他的歡樂和憂愁，以及爲後者所作的毫無私心的犧牲中。爲了證實我們的矛盾命題，我們可以說，語言的聲調和用字以及純粹愛的撫慰，和同情的語調完全一致；而我們也可以說，在意大利文中，同情心和眞正的愛是用同一個字來表示的，這個字就是 pietá。

現在，我開始討論有關行動的倫理意義，我的目的是表示，產生善、愛、德行、和高尙性格的同一根源，如何產生了我所謂的生活意志的否定。

以前我們說過，憎恨和邪惡產生於自我中心主義，而自我中心主義則建築在個體化原理中的知識繫縛上面。因此，我們曾發現，個體化原理的貫澈是公理正義的來源和本質，如果再向前推進一步，甚至推到極點的話，又是愛和高尙性格的來源和本質。只有個體化原理的貫澈，因消除自己個體性和他人個體性之間的區別，才能產生性情傾向的完善性，也才能解釋性情傾向的完善，甚至擴充爲沒有私心的愛以及爲他人而自我犧牲。

可是，如果這種個體化原理的貫澈，以及意志所有具體表現中相同性的直接知識明白地表現出來的話，便會立刻顯示出對那擴展得更遠的意志影響力。如果使人看不到魔耶的障幕，如果使人看不到個體化原理因此不再在自身和他人之間作出自私的分別，而關心別人的痛苦就像關心自己的痛苦一樣，因此不但有高度的慈悲心腸，甚至每當犧牲自己個體性便會拯救他人時便會犧牲自己的個體性，那麼，很顯然的，這種從一切存在者認識自己內在眞正自我的人也必定會把受苦者的無限痛苦看作自己的痛苦，並讓自己承擔整個世界的痛苦。對他來說，任何痛苦都是切切相關的了。他所看到和很難減輕他人的一切痛苦不幸，他直接認識的一切痛苦不幸，甚至他只認爲可能的痛苦不幸，對他內心的影響就像自己的痛苦不幸。他不再像自我中心主義時一樣，心中只關心個人的歡樂和憂愁；由于他看透了個體化原理，所以，一切都離他不遠。他認識整體，了解它的本質，並且發現，它就是不斷的消逝，徒勞無益的奮鬪，內在的鬪爭，和不斷的痛苦。每當他看到痛苦的人們時，便看到受苦的萬物以及逝去的世界。但是，現在，所有這些就在他身邊就像自己身體在自我中心主義者身邊一樣。現在，有了這種對世界的認識，爲什麽還要透過不斷的意志活動來肯定這個生命呢？爲什麽更緊緊地執着這個生命，使生命更緊緊地屬於他呢？那仍然跳不出個體化原理，跳不出自我中心主義的人，只認識特殊具體事物及其對他自身的關係，而這些又不斷地成爲他意欲活動的新動機。但是，另一方面，那關於整體的知識，那關於物自體之本質的知識，使一切意欲活動都停下來了。現在，意志轉變方向，離開生命；現在，意志一看到認識生命之肯定時所感到的快樂便驚震戰慄。現在，人達到了一種自願克己、忍讓、眞正無動于衷和完全無意志的境界。如果體驗自己的痛苦或認識別人的痛苦時，關於人生虛幻和悲苦的認識時，使我們也接近那些仍然爲魔耶障幕所蒙蔽的人，我們就要消滅欲望的刺激，封閉一切痛苦之門，以完全和最後的自我克制來淨化和神化自己；然而，現象的虛幻又立刻繫縛着我們，而它的刺激又重新影響意志，無法使自己解脫出來。希望帶給我們的誘惑，「現在」帶給我們媚惑，快樂帶給我們的甜蜜，他命中註定的幸福，在受偶然機遇和錯誤所支配的痛苦世界的悲嘆中，使我們重新回到它，又重新繫牢我們的桎梏。所以，耶穌基督說：「要駱駝穿過針眼還比要富人進入上帝之國容易。」

如果我們把生命比作一條需要不斷經過的道路——一條鋪滿熾熱煤屑的路，在這條路上，只有很少幾處涼爽的地方；那麼，陷入迷惑妄想中的人，對自己現在所處的或附近看到的幾處涼爽地方感到安慰，而且準備走完全程。但是，那看透個體化原理並認識物自體眞正本質因而認識整體的人，便不再感到這種安慰；他發現自己同時處在不同的地方，並且向後退却。他的意志作了一百八十度大轉變，不再肯定自身的本質（這本質在現象中反映出來），反而否定它。顯示此一改變的現象是從德行過渡到禁慾主義。就是說，對這種人而言，只像愛自己一樣愛他人以及只像爲自己打算一樣的爲他人打算還是不够的；他內心對那表現自己現象存在的本質產生一種恐懼，也就是說，他內心對生活意志，對那被認爲充滿痛苦不幸的世界之中心和內在本質產生一種恐懼。所以他否定自己心中早已透過身體表現出來的此一本質，而他的行動也證實他的現象存在是虛假的，也以和它明顯矛盾的方式表現出來。從根本上看，除了意志的具體表現以外，沒有別的東西，他不再欲求任何東西，他不讓自己的意志執着任何東西，他想在自己心中印證那對任何東西的澈底漠不關心。他健康而强壯的身體，透過生殖器來表現性的衝動，但是他否定意志並證實身體是虛幻的；他在任何環境下都不期求感官上的快樂。在禁慾主義或生活意志的否定中，自動而完全的貞潔是第一步。因此，它否定那超越個體生命之外的意志的肯定，並且保證，由于這個身體的生命、意志之火熄滅了。永遠貞樸的自然界向我們宣示，如果這個格言普遍化，那麼，整個人種便會漸漸消滅；我想，我可以根據本書第二篇討論意志所有具體表現之關係時所說的話來假定，由于意志最高具體表現的關係，它較弱的反映也會消失不見，正如朦朧的光線隨着天色大亮而消失一樣。隨着知識的澈底消除，世界其餘的一切也會自動消失不見；因爲，如果沒有主體，就會沒有客體。這裡，我想引用吠陀經典中一段話，吠陀經典中說：「就像世上饑餓的嬰兒抱住母親一樣，一切東西都等待着神聖的奉獻。」（亞洲研究卷八；柯爾布洛克（Colebrooke）論吠陀經典，沙摩吠陀摘要；也見柯爾布洛克雜論卷一第七九頁）一般說來，供奉意志卽忍受順從，而自然其餘部份必須爲那同時爲僧侶和供奉者尋找拯救之道。的確，我們要注意，在那可敬而深不可測的西利西斯（Angelus Silesius）一首題名爲「人把一切歸于上帝」（Man brings all to God）的短詩中也表達出這種思想；這首詩說「人啊！一切事物都在愛你；在你周圍的是大量的羣衆。萬物都歸向你，因此，它們都可以到達上帝。」但是，還有一位更偉大的神秘主義者艾克哈特（Meister Eckhard），由于 Eranz Pfeipfer 圖書公司的出版，他偉大奇妙的著作終於問世了（一八五七年），他完全用這裏所解釋的意義表達相同的思想（四五九頁）：「我爲耶穌基督的話作見證，『我若從地上被舉起來，就要吸引萬人來歸我』（約翰福音第十二章第三十二節）。因此，善良的人也應吸引萬物歸于上帝，歸於萬物最初所來的地方。大師們對我證明說萬物都是爲人而造的。在一切造物中，事實證明了這一點，因爲一切造物彼此互相利用：牛利用草、魚利用水、鳥利用天空，野獸利用森林。這樣，一切造物都對良善的人有用。良善的人將他物中的一個造物歸上于帝。」他的意思是說，人在此生利用動物，因爲，他也在自己身上拯救它們。我也覺得，聖經中那難解的一段話卽羅馬書第八章二一——二四節，應該從這個意義上去解釋。

在佛教中，也不乏這種眞理的表現。例如，當釋迦牟尼佛還是菩薩的時候，最後一次把馬鞍套在馬背上準備離家出走，他對他的馬這樣說：「你已歷經生死，但是，現在你要停止載運拖拉。只讓我騎這一次，犍陟哪（Kantakana）呀，離開這裏，當我得道（成佛）時，我不會忘記你」（佛國記 P Abel Rémusat，譯本 P.233）。

禁慾主義更表現于自願和故意的貧乏中，這種自願和故意的貧乏不是起于偶然，因爲把財物拿來施捨本是爲了減輕別人的痛苦，而且，在這裏，貧窮本身就是目的，是用來當作意志的不斷苦修，所以，願望的滿足，生活的快樂，不應再激起意志的活動，面對着意志，自覺地把它當作極度憎惡的對象。達到這個地步的人，就作爲生物體而言，作爲意志的具體表現而言，往往還感覺到各種意欲作用的自然傾向；但是，他故意壓制這種傾向，因爲他强迫自己不要去做自己喜歡做的一切事情，也強迫自己去做自己不喜歡做的一切事情，即使除了當作意志的苦修以外沒有其他目的。由于他否定自己身上表現的意志，所以，如果另一個人也否定他的意志，換句話說，如果另一個人對他有不利行爲時，他也不會抗拒。所以，由于偶然機會或別人的邪惡而從外面加在他身上的一切痛苦，都是他所歡迎的，一切傷害、惡行、侮辱也是一樣；他欣然接受這一切，他認爲這是一個機會，讓他知道自己不再肯定意志，而欣然袒護所有意志具體表現（即他自己的身體）的敵人。所以，他以無限的忍耐力和溫順來忍受這種惡行和痛苦，以德報怨，並且盡量讓心中的怒火不起，就像不讓欲望之火燃起一樣。他不但磨練苦修意志本身，而且也折磨意志可見的形式，意志的客觀性亦即身體。他吝惜于補養身體，以免身體過份的精力旺盛會更強烈地激起意志的活動（身體只是意志的表現和反映）。他實行齋戒絕食，甚至用鞭打和折磨自己的方法，以使他可以因經常的貧困和痛苦而更加瓦解和破壞意志，因爲他討厭意志，認爲意志是自身痛苦生存和世界的根源。最後，如果死亡來臨，死亡使意志的這一具體表現終結，這裏，意志的存在早就因自動的自我否定而消滅了，唯一的例外是意志的微弱殘留者，這殘留者即是身體的生命；死亡是最受歡迎的，他們欣然接受死亡，把死亡當作長久期望的解脫。這裏，像許多情形中一樣，和死亡一塊終結的，不只是意志的具體表現，而且，內在本質也被消滅了，那內在本質本身只存在于具體表現之中，現在，這最後的脆弱的桎梏也突破了。對於這樣死去的人來說，世界也終結了。

我在這裏所描述的東西，不是自己創造的哲學寓言，而是我們今天這個時代的寓言；不，它是基督徒、印度教和佛教徒以及其他宗教信仰者，聖者和美麗靈魂令人羨慕的生活。不論影響他們理性的教條如何不同，但是，那唯一產生德行和神聖的內在、直接的直觀知識，以同樣方式在生活行爲中表現出來。在這裏，也顯示出直觀知識和抽象知識之間的巨大區別；這種區別在我們整個討論中佔有主要的地位，也普遍地應用到，可是向來都被人所忽視了。關於世界本質的知識方面，兩者之間有一條鴻溝，只能藉哲學之助才能跨越這條鴻溝。從直覺上或具體上看，每個人都意識到一切哲學眞理，但是，要把這些眞理帶到抽象知識和思想之前，則是哲學的工作，除了這一點以外，哲學不應做旁的事。

因此，我們可以說，神聖、自我犧牲、自身意志的苦修、禁慾主義等的內在本質，在這裡開始不受神話因素束縛而以抽象方式表現爲生活意志的否定，這生活意志的否定是在它本質的純粹知識成爲一切意欲作用之寂滅者以後出現的。另一方面，聖者和苦行主義者直接認識它，也在現實生活中實現它，雖然他們根據自己理性所接受的教條，運用各種不相同的語言來表示它，因此，印度教徒、基督教徒、或喇嘛聖者對于他們的行爲必定給予不同的理由（不過，在事實方面，這沒有什麼重要性），然而，他們都有同樣的內在認識。一位聖者可能滿懷可笑的迷信，或者，相反的，也可能是位哲學家，但這都是一樣的。只有他的行爲證明他是聖者，因爲，從道德方面看，聖者的產生是由于對這世界及其本質的知識，這種知識不是用抽象方式了解的，而是用直觀方式直接了解的，同時，也只是他以滿足自己理性的教條來表達的。所以，聖者不必是哲學家，正如哲學家不必是聖者一樣；正如一個完美的人不必是個偉大雕刻家，或偉大雕刻家不必是個完美的人一樣。一般說來，如果我們說，道德家除了宣揚自己所具有的德行以外不應宣揚其他德行，那麼，這對道德家便是一種奇怪的要求。以抽象、普遍概念來描述世界的整個本質，因此以永遠服從理性命令的永久性概念來蓄積這本質反映出來的意像觀念；這就是哲學，除此哲學沒有別的了。

但是，前面我對生活意志的否定，美麗靈魂的行爲，忍受順從而自願贖罪的聖者等所作的描述只是抽象和一般的，也是冷漠的。因爲產生意志否定之知識是直觀的不是抽象的，所以，它的最完全表現，不是藉抽象概念而是藉行動和行爲。所以，爲要充分了解我們在哲學上表現爲生活意志之否定者，就要從經驗和實際生活中去認識實際的例子。當然，我們不應在日常經驗中發現這種實例：斯賓諾莎說得好，「所有優秀卓絕的，不易得到，又極爲希罕。」。所以，除非碰到特殊的幸運，否則，我們便要接受對這種人的生活所作的描述。印度文學（像我們從少數譯本中所了解的）中充滿了對聖者、悔罪苦修者、沙門或苦行主義者、托鉢僧以及其他名稱的描述。有一種人的行爲是這方面最好的和唯一適當的說明，世界史對這種人將一無所述，也必定一無所述，因爲世界史的材料是完全不同的，實際上與此相反。它不是生活意志的否定，而是生活意志的肯定，及其在無數個體的具體表現，而在這些個體中，生活意志客觀化最高階段中的自我矛盾非常明顯地表現出來，它所帶到我們眼前的，有時候是個體因智慮而獲得的超昇，有時候是多數人因其數量衆多而產生的力量，有時候則是人格化爲命運的偶然機遇的力量，總之是整個努力（effort）的虛幻和空洞。可是，這裏，我們並不跟着時間中的現象過程跑，就作爲哲學家來說，我們要研究行動的倫理意義，並且拿這一點作爲我們的唯一標準來判斷那些東西是有意義和重要的。我們不會因爲恐懼那粗鄙和無知的優越而不承認這世界所能顯示的最偉大事物，最重要和最有意義的現象並非這世界的征服者，而是這世界的壓制者；只是某個人默默沒有注意到的生命，而這個人由于獲得了某種知識而揚棄和否定那充滿在一切東西中，在一切東西中奮發努力並且只有在他身上才開始得到自由的生活意志，因而使他的行爲和他人行爲恰恰相反。所以，在這方面，對哲學家來說，對於神聖、自我捨棄者的這些生活記載，儘管一般看來都寫得不好，儘管把它們和迷信及無意義相混，然而，由于它們所含資料的意義，却比蒲魯塔克❺和李維❻的作品重要而有益得多。

如果我們考慮那種帶有這個目的，且爲那些充滿這種精神的人所告訴我們的道德教訓，那麼，在我們以抽象和普遍方式根據自己的解釋方法所表現爲生活意志之否定者，以獲得更確定和澈底的知識方面，它對我們將更大有幫助；而這一點也會顯示出我們的看法多麼陳舊，雖然它的純粹哲學表現方式可能是很新的。我們最熟悉的這種教訓是基督教，基督教倫理學完全是上述精神，不但使我們達到最高程度的人類愛，而且也使我們能夠克己自制。這最後一方面的根源顯然在使徒書中，只是以後才獲得充分的發展和表達。我們發現使徒們要我們像愛自己一樣愛我們的鄰人，要我們仁慈、以德報怨、忍耐、謙和、忍受一切可能的屈辱而不加抵抗，節制食物以壓制欲望，抗拒感情上的欲望，如果可能的話，要把這些通通做到。這裏，我們早已看到了最初的禁慾主義或意志的否定。最後一句話表示福音書中所謂的捨己和背起十字架（馬太福音十六章二四——二五節；馬可福音八章三四——三五節；路加福音九章二三——二四節，十四章二六——二七節，三三節）。很快地，這種趨勢愈來發展愈快，並且成爲隱遁和修道生活的來源——這個來源本身是純潔的和神聖的，但是正因爲這個緣故，也是不適于大多數人的；所以，從這個來源發展出來的東西只能成爲虛僞和邪惡，因爲「最壞者就是最好者的濫用」。在經過更進一步發展的

❺ 蒲魯塔克（Plutarch，四六？——一二〇？），爲希臘傳記作家。

❻ 李維（livy），爲羅馬歷史家。

這些著作除了宣揚純粹的愛以外，還宣揚澈底的忍遁、自願而絕對的貧乏、眞正的內心平靜，對世俗事物的澈底不關心，熄滅自己意志之火而重新活在上帝心中，完全忘我以及潛心于對上帝的沉思默想。基督教中，我們看到那禁慾主義的種子在基督教聖者和神秘主義的著作中盛開花朶。但是，基督教關於這方面的充分解釋將在芬乃龍（Fénélon）的「聖徒靈修講話訓解」中看到。莫過于艾克哈這種發展的精神表現得最澈底和最有力量的，莫過于在德國神秘主義者的著作中，特和他有名的作品「「德國神學」cologie」之中，關於後者，馬丁路德在爲該書所作的序言中說，關於上帝，基督和人到底是什麼的問題，除了聖經和聖奧古斯丁的著作以外，沒有一本書比這本書給他更多的認識。其中確立的教訓和教義是最完全的解釋，產生于對我所謂意志之否定的內心深刻信念。泰勒（Tauler）的「基督徒靈的延續」和他的「心靈深處的呼吸」都是在這種可佩的精神下寫成的，雖然這兩本書的價值不能完全和前面所說的那一本相比。我認爲，這些眞正基督教神秘主義者的教義，和新約中的教義比起來，好像酒精和酒相比，或者說，新約中明顯可見的教義，在神秘主義者的著作中，會使我們覺得好像是一層沒有掩飾或僞裝得明白清楚的面幕和迷霧。最後，新約可以視爲原版，神秘主義者可以視爲二版。

可是，我們發現，我所謂的生活意志之否定，在古代梵文作品中比在基督教會和西方世界中，有更充分的發展，表現得更爲多彩多姿，也描寫得更爲生動。生命的倫理觀點，在這裡可能獲得更完全的發展以及更明白的表現，也許主要是由于下述事實，即這個觀點不受與此毫無關係的因素所限制，像基督教受猶太神學之限制，基督教神學的創造者要適應猶太神學，一部份是有意的，一部份則可能是無意的。因此，基督教是由兩個不相同的部份構成的，我要特別稱純粹倫理的一部份爲基督教的，並將這一部份與猶太教條主義加以區別。像我們時常所害怕的，尤其是現代這個時代所害怕的一樣，如果那最好的和有益的宗教竟然沒落的話，那麼，我只會在下述事實中找理由，即這個宗教所包含的不是一個因素而是兩個根本不同的因素，這兩個因素只由于歷史上偶然原因合在一起的。在這種情形下，這個宗教之瓦解必定是由于這兩個因素的分裂，而這兩個因素的分裂則是由于它們對這個時代進步精神的不同關係和反應。但是，即使這樣瓦解以後，純粹倫理的那一部份一定永遠保持原狀，因爲它是不能破壞的。我們對印度文學的知識仍然不很完備。然而正如我們發現他們的道德教訓以各種不同方式有力地表現于吠陀經典，印度古史傳、詩歌、神話、聖者的傳統，格言和箴言中一樣，我們知道，這道德教訓諄諄告誡要我們愛鄰人而完全克制自愛；這是一種普遍的愛，不只是愛人類，還愛一切有生命的東西。仁慈到甚至施捨出終日勞苦得來的薪資，無限的忍受力，要忍受所有侮辱自己的人。無論多麼卑鄙的邪惡，都要以德報怨，自願而欣然忍受一切惡行；禁食肉類，澈底的貞潔，以及追求眞正的神聖，棄絕一切感官上的快樂。拋棄一切財富，放棄所有住所和親戚；深深的連續不斷的孤獨，把時光消磨在沉思默想上，爲了意志的絕對苦修而自己懲罰自己，慢慢地折磨自己，甚至自願餓死，或者自己投身鱷魚口中，或懸身喜瑪拉雅山的斷崖，或者活埋掉，或者懸身于巨大車輪之下。甚至到現在，這些淵源于四千年以前的敎訓還在實際生活中實行着，在某些情形中，甚至還達到極點，儘管事實上印度民族已經四分五裂。如果一種宗敎需要付出極大的犧牲，在一個有億萬人口的國家中現在還在實行，那麼，這種宗敎不可能是隨意產生的迷信，一定是基於人性。除了這點以外，如果我們看看基督敎苦修者或聖者的生活和印度聖者的生活，便無法懷疑自己在兩者之間所發現的一致性。在這種根本不同的敎條，習慣和環境的情形下，兩者的內心生活和努力是一樣的。爲他們兩者所規定的行爲規範中也有着一致性。例如，泰勒便說過人應該追求絕對貧困，這種貧困是完全放棄和除去使人得到舒適或世俗快樂的一切東西，顯然是因爲這些東西不斷地給意志以新的刺激，而意志又是要澈底加以毀壞的。在印度也有和這相當的說法，我們在佛的敎訓中發現，和尙應當沒有住處也沒有財產的，最後還要他不要時常停在同一棵樹下，免得他總喜歡停在它的下面而不喜歡停在其他樹下。基督敎神秘主義者和吠檀多哲學論師在這方面也是一樣的，他們都認爲如果一個人達到了圓滿的境界，那麼一切外在工作和宗敎訓練都是多餘的。在如此不同的時代和民族中有這麼多一致性，這是一個實際的證明，證明我這裡所說的，並非如樂觀主義的無知者所喜歡斷言的，是一種心靈的古怪和固執，而是人性根本的一面，這一面如此的難于見到，只是因爲它的優越性。

現在，我們已經指出那可能使我們獲得一種關於表現生活意志之否定的現象的直接知識。從某幾方面看，這是我們整個工作中最重要的一點；然而，我只是對它作過完全一般性的解釋，因爲，我們最好注意那些基於自己經驗而表達的人，不要一味重覆他們所說的話來增加本書的篇幅。

我只想在一般地指出這種狀態的本質以外，稍微多說幾句話。透過前面的叙述，我們知道，那惡的人，由于他的强烈意欲作用，所以遭受不斷的，令人憔悴的內心痛苦，最後，如果意欲活動的一切對象都盡了，便以看到別人的痛苦來解除他的自我意志之渴望。相反的，如果一個人達到了生活意志的否定，不管從表面看來他的處境如何貧乏，沒有歡樂，以及充滿着貧困，然而，內心却充滿着喜悅和眞正天國的平靜。在那生命喜愛者的經驗中，前後都有劇烈痛苦的不是那生命的無休止奮力，不是那狂喜的快樂，而是，不能動搖的是一種心靈的平和，一種深刻的安靜和內心的安寧，一種狀態，如果沒有最大的渴望的話，當它呈現在我眼前或出現在想像中時，我們也無法看到它，因爲我們認爲它是唯一正確的東西，無限地超越所有別的東西，我們靈魂最好的部份對我們呼喚着，淸醒吧！因此，我們覺得，從這個世界所獲得的種種願望的滿足，只像是乞丐從今天生活中獲得的施捨物，也許明天又會挨餓；相反的，克己自制則像繼承的財產，使財產擁有者永遠無憂慮之虞。

我們從本書第三編中知道，欣賞美的東西時所得到的美感快樂，大半是由于下述事實，即在進入純粹觀想狀況中時，我們暫時超越一切意志活動之上，換句話說，超越一切願望一切憂慮之上：似乎解脫了自己。我們不再是一種本身知識爲意欲活動所役使的人，不再是特殊事物相關者（對這相關者來說，客體對象就是動機），而是消除了意志的永久認知主體，是柏拉圖理念的相關者。我們知道，這些時刻是我們所經驗的最快樂時刻，在這些時刻中，我們擺脫了意志激烈的緊張，似乎從大地沉悶的氣氛中跳出來了。基於這一點，我們可以了解，如果一個人的意志活動抑壓下來了，不只像欣賞藝術那樣暫時地壓抑下來，而是除了那保持身體存在並將和身體一起消滅的最後火花以外整個意志的永久澈底消滅的話，這個人一定是非常幸福。這種人，在和自己的本性苦鬪以後，最後完全勝利了，因此，他的繼續存在下去，只是當作純粹認知的主體，當作世界的顯明反映者。沒有東西能再使他煩惱，沒有東西再能改變他，因爲他已切斷了意志的一切線索，而這些線索則是使我們和世界緊緊繫在一起的，同時又是使我們陷入痛苦中的。現在，他安靜而含笑地回顧這世界的迷妄，這迷妄曾經影響和困惱過他的精神，可是，現在擺在他面前，却完全和他無關，像棋局結束以後的棋子一樣，或是像早晨所脫掉的昨夜狂歡大會中使他煩躁不安的化裝舞會衣服一樣。現在，生命和生命的種種形式像匆匆過眼的幻想，像半醒半睡時易醒的晨夢一樣，現實世界的光早已照破了它，因此，它再不能欺騙我們了；同時，像晨夢一樣，最後，它們完全消失而沒有任何劇烈的變化。

不過，我們不要以爲，當生活意志的否定，由于一種使意志活動停止的知識而一旦出現時，它決不會動搖或搖擺不定，我們也不要以爲自己能够像依靠可靠財富一樣的依靠它。相反的，它必定會藉不斷的爭鬪而永遠更新。因爲肉體卽是意志，只是客觀形式或表現於觀念世界而已，只要肉體存在，整個生活意志便可能存在，而且不斷地力求實現，重新燃起一切的熱情。所以，我們只發現聖者生命中的平和及幸福乃其對意志不斷勝利所開出的花朶，而這花朶生長的原因乃是與生活意志不斷的爭鬪，因爲沒有人可在土地之上享有永久的平和。所以，我們發現聖者的內心生活充滿了精神的衝突、誘惑，缺乏溫雅的德性，缺乏那種可以使一切動機失去力量，並像普遍寂滅論者消滅一切意欲那樣帶來最大平和而打開自由之門的知識。所以，我們也看到一些人一旦否定了生活意志以後，便用種種方法，如拋棄一切，嚴格苦行生活及選擇自己不喜歡的東西等，盡全力來保存這種方法以克服不斷更生的意志。最後，由于他們早已認識了解脫的價値，所以，他們切望小心謹愼地保全難得的幸福，顧慮一切天眞快樂的良心，人類一切傾向中最不可變動的，最有力的和最愚昧的傾向。我經常用到的苦行主義一詞，所指的是它的比較狹窄的意義，就是放棄一切令人愉快的事物，並選擇一切令人不愉快的事物而故意地破滅意志，這是爲了繼續制止意志而自願選擇的苦行和自我懲罰。

我們知道有人實行這種方法，他爲了使自己繼續停留在這種狀態之下而否定了意志；但是，由于一般的痛苦是爲命運所帶來的，所以是這種意志否定的次要方式。的確，我們可以假定，大多數人只用這種方式否定意志，我們也可以假定，最能產生完全棄絕現世生活的，是個人親身體驗的痛苦，不是僅只瞭解的痛苦。因爲，只有在很少情形下，純粹的知識因看透個體化原則而先產生完美的善良傾向，和普遍的對人類的愛，最後他們將世界所有的痛苦視爲自己的痛苦；只有在很少的情形下，這種知識才足以產生對意志的否定。卽使對那些達到這種地步的人來說，事情幾乎還是一樣，他的肉體的相當情況，希望的迷惑及意志的滿足（意志永遠不斷更新），永遠是意志否定的障礙，永遠是重新肯定意志的誘因。所以，在這方面，所有這些幻相都人格化而成爲惡魔了。在大多數情形下，在意志的自我征服出現以前，應以個人最大的痛苦來破滅意志。這樣，我們便發現他以最激烈的抵抗力經歷日益加劇的一切痛苦，最後到達絕望的邊緣，然後又突然間回到自己，認識自己和世界，改變自己的整個本性，超越自己和一切的痛苦，痛苦似乎使他淨化和神聖化，最後達到無法破壞的平和、幸福和高尙的境地，自願拋棄過去全力祈求的一切，而欣喜地面對死亡。這是從痛苦的煉獄火焰突然而來的否定生活意志的精華。這就是解脫。有時候，我們甚至看到那些本來非常邪惡的人，因愁苦而被淨化到這種境地，他們變成擁有了新的生命，澈底改變了。所以，他們以往的過錯不再齒噬着他們的良心，然而，他們仍然願意以死亡來補償他們的過錯，也樂見意志具體表現的終結，如今，意志和他們無關了，也被他們憎惡了。

意志愈强烈，意志具體表現的矛盾也愈明顯，因此，痛苦也愈大。如果一個世界是比這個世界所表現的更强烈的生活意志的具體表現，那麼，那個世界會產生更大的痛苦；因此，會成爲地獄。

因爲痛苦是慾望的抑制，是引起棄絕現實世界的原因，所以痛苦潛藏着神聖的力量。這可以解釋下面所說的事實：即所有的大不幸和深刻的痛苦都引起一種敬畏之情。但是，只有當受苦者因見自己的生活爲一連串的憂患或悲嘆，某種巨大而無可挽救的不幸，而眞正看不到那使其生活陷于痛苦的環境的特殊結合，也不停留在自己遭遇的大不幸時，才會眞正成爲敬重的對象。因爲，當他這樣做的時候，他的知識仍然是遵循充足理由原則，而不離特殊具體現象；他仍然欲求着生活，只是不在以往發生的情況下進行而已；只有當他的眼光從具體特殊現象轉到普遍共相時，只有當他視痛苦只是全體的例證，而由于天生的道德情操使其視個例代表千千萬萬現象時，他才眞正值得敬重，因此，被視爲痛苦的整個生命使他棄絕現實世界的生活。

我們時常想像一種非常高貴的性格，這種性格帶有一點不太顯目的憂傷，而這種憂傷決不是對日常煩惱的不斷焦急（這將是一種卑劣的特質，而使我們畏懼一種不好的傾向），而是一種自覺，認識一切財富的空幻，認識整個人生的痛苦，不僅自己的痛苦而已。但是，個人對痛苦的親身體驗，尤其是深深的愁苦，可以喚起這種認識，像那未曾實現的願望將佩脫拉克（Petrarch意大利文藝復興時代之詩人）帶入他一生中的低潮，使他對人生充滿了憂傷，他作品中描寫自己生命黯淡的情景，使我們感到非常的哀傷；他所追求的德爾芬（Daphne 希臘神話中一女神之名，相傳此神爲河神之女，爲阿波羅所變化，化身爲月桂樹而遁去）又不得不化身爲月桂樹而遁去。當我們藉這種命運的否定而在某種範圍以內破壞了意志的束縛時，幾乎毫無所求了，而我們的性格也顯示出溫和、正直、高貴和忍順的了。最後，當愁苦沒有固定的對象時，便擴及整個人生，於是，在某種程度以內，便回到本身了，這是意志的退却，是意志的漸漸消失，確在暗中摧毀那意志可見的具體表現卽身體，所以，這個時候，人便覺得覊絆自己的束縛物鬆弛了，淡淡地預嘗到一種在肉體和意志要同時消滅時可能帶來的死亡滋味。所以，暗地裡有種快樂的滋味伴着這愁苦而來，我相信，這就是世上所有最憂傷民族所謂的「愁苦的喜悅」(The joy of grief)。但是，這裡也有着傷感的危險，這種傷感表現在兩方面，一是人生本身，另一是詩歌中所表現的人生；這個時候，人總是在悲嘆而沒有勇氣達到棄絕現實世界的境地。我們這樣地失去一切，只得到無趣的感傷。只有當痛苦以純粹知識的形式出現並作爲意志的寂滅者而帶來捨棄的精神時，才是值得崇敬的。在這一方面，當我們看到偉大的受苦者時，便會產生一種敬意，這種敬意很像因性格高貴和德行所引起的感情，也像是對自己幸福處境的叱責。我們不禁以所有的憂傷，包括自己的和他人的，至少在暗中增進了人的德行和神聖，相反的，快樂和世俗的滿足則是使人離開德行和神聖的。這種情形甚至達到了下面所說的境地：每個在身體或精神上忍受痛苦的人，每個從事某種需要極大力量而滿臉汗水，却極力忍受不出怨言的勞力者，如果我仔細地看看他們，覺得每一個這樣的人都像是力求痛苦痊癒的病人，他們自願甚至於帶着滿足的心情忍受着侵襲他們的痛苦，因爲，他們知道，自己感受的痛苦愈多，致病原因所受的影響也愈大，所以，眼前的痛苦乃是痊癒的尺度。

根據以上所說的，生活意志的否定（卽所謂絕對而完全的捨棄或神聖）往往來自於意志的寂滅者，而意志的寂滅者則是在一切生物痛苦中所表現的，關於內在矛盾和根本空虛的知識所變成的。我們所謂兩種途徑的不同，在於那種知識到底是因單純認識的痛苦所造成，並藉個體化原則的貫澈而自由運用的，還是因個人直接感受的痛苦所造成。眞正的解脫，眞正的擺脫生活和痛苦，如果沒有完全否定意志，甚至連想像也不可能，到此時爲止，每個人只是這個意志，它的具體表現是一種短暫的生存，一種不斷而徒勞無益的奮鬪，以及我們所說的充滿痛苦的世界。因爲我們從上面所說的已知道，生命永遠是對生活意志的保證，而它的唯一眞實形式是「現在」，他們永遠擺脫不了生活意志，因爲支配現象世界的是生生死死。印度神話中有句話表示這種情形：

「他們還會出生」。性格的倫理差別就是指這一點，壞人永遠得不到否定意志的知識，因此，仰要遭受人生一切的不幸；卽使他目前的處境不壞，也只是個體化原則所產生的現象，是魔耶的幻想，是乞兒的快樂幻夢。他在自己意志的熱情中把痛苦的尺度加在別人的身上，而他在自己身上所感到的痛苦不能使他的意志受挫，且顯然使其自我否定。另一方面，所有眞正而純潔的愛，甚至所有自由正義，都產生於個體化原則的貫通，如果這種情形表現出完全的力量，會產生澈底神聖化和解脫，上面所說的捨棄情形就是這種現象，隨着這種捨棄而來的平和，以及對死亡的極大歡悅都是這種現象的表現。

58

消滅個人意志表現的自殺行爲，與生活意志的否定完全不同，自殺顯然是一種具體表現的自由意志行爲，因此，正如阿斯瑪斯（Asmus）所說，也是一種超越的改變。後一點我們在本書中曾經澈底地討論過。自殺與意志的否定相去很遠，自殺是强烈地肯定意志，因爲，所謂「否定」的本質於在遠離生命的喜悅而不是遠離生命的憂患。自殺是生活意欲的表現，只是不滿意自己生活的情況而已。自殺的人根本不是捨棄生活意志，他所捨棄的只是生命，因此，他消滅了生活意志在個人身上的表現。他欲求生命——欲求肉體的無限存在和肯定，但是環境的複雜不容許他如此，這使他產生極大的痛苦。在此特殊的表現中，生活意志受到很大的阻力，使它無法發揮力量。因此，生活意志的決定與其本質相符，此一決定是在充足理由原則條件之外的，如果它本身不受一切生滅現象的影響而爲萬物生命的話，則一切特殊具體表現都和它不同，因爲，即使在自殺情形下，那種使我們擺脫死亡恐懼的內心堅定自信，那種使現象的存在永不能缺乏意志的信心，也支持我們的行動。因此，在自殺行爲（濕婆 siva 印度神話中之代表破壞者和再造者之神）中表現的生活意志，與在自保（維須那 vishnu 印度神話中代表保存者之神）的滿足中所表現及創造（婆羅門 Brahma 印度神話中代表創造者之神）的快樂中所表現的，是同樣的多。這就是印度神話中三位一體的內在意義，這完全表現在每個人身上，只是有時候表現在這方面，有時候又表現在那方面而已。

自殺與意志否定之間的關係，就像個別事物與「理念」之間的關係。自殺所否定的只是個人，不是種屬。我們早已瞭解，因爲生命永遠是生活意志的保證，因爲生命永遠離不開憂患，所以，那種自願毀滅現象本身的自殺，是一種徒勞無益而愚笨的行爲。但是，除此以外，它還是魔耶的傑作，是生活意志自我矛盾最顯明的例子。我們在意志最低等表現的情形中發現此一矛盾現象，在自然界所有勢力的永久爭鬪及所有有機物體爭取物質、空間和時間的情形中，也發現此一矛盾現象；並且，在意志客觀化的較高階段，這種對立的情形更形顯著，同樣，在意志客觀化的最高階段，在人的理念階段，不但表現同一理念的個人彼此對抗，甚至同一個人也對自己宣戰。意志欲求生命與對抗生命者的熱情，使它達到自我破壞的地步；因此，個人意志藉自已的行爲結束具體表現此意志的肉體，也不願讓痛苦來破壞意志。就是因爲自殺並不放棄欲求，只放棄生活。卽使結束那表現意志的身體時，意志也在自我肯定，因爲，它再也不能用其他方式來肯定自己。不過，能够使意志自我否定因而獲得自由的，正是它如此規避的痛苦，在這方面，自殺者像是一個病人，他在使他完全痊癒的痛苦手術開始以後，不讓它繼續完成，而寧願病況繼續下去。痛苦乃否定意志的可能性，但意志否定了它，於是，它破壞肉體，破壞那表現意志的肉體以便意志不受破壞。這就是所有宣揚倫理者（包括哲學和宗教的）雖然只能提出牽强附會的理由，却都叱責自殺行爲的緣故。但是，如果純以道德的理由教人不要自殺，那麼，這種自我征服的最深刻意義便如下面所說的：「我不會爲了結束那不幸的生活意志所加强對世界眞實本質的認識，而使它可以成爲意志的最後寂滅者，來獲取我永遠的自由。」

59

我們可以假設，對于我所謂意志之否定的整個解釋，與以前對必然性的解釋是互相矛盾的，必然性之屬於誘發動機（motivation）正如屬於充足理由原則之其他形式一樣，根據必然性，動機像原因一樣，只是偶發的原因，性格（character）是基於這必然性而展開它的本質，並以自然律的必然性將它顯示出來，由于這種必然性的關係，我們絕對否定自由是「不受任何限制的」。但是，我不會隱蔽這一點，我會記住。實際上，眞正的自由，亦卽不受充足理由原則之支配，只屬於那作爲物自體的意志，不屬於意志之表現者，因爲意志表現者的根本形式到處都是充足理由原則亦卽必然因素或其範圍。但是，能在具體表現中直接看到自由的唯一情形，是那種結束表現本身者的情形，同時，由于意志的單純表現亦卽存在于時間的身體繼續存在，那麼，透過這個現象而表現自已的意志便和它矛盾，因爲它否定了現象所表現的。在這種情形中，雖有健全的生殖器官（性衝動的可見表象）；然而，在最內在的意識中，並不希望得到肉體的滿足。同時，儘管整個身體只是生活意志看得見的表現，然而，與此意志相應的種種動機便不再有影響了，的確，這個時候，所期望的便是肉體的解脫，個人的消滅以及這種情形下自然意志的最大抑止。一方面，我們透過動機而肯定意志決定的必然性，另一方面，我們又肯定完全克服意志因而使動機毫無力量的可能性，這兩種肯定之間的矛盾，只是由于毫無必然性的意志本身自由且直接侵入意志具體表現之必然性範圍，因而產生的此一眞正矛盾哲學思想中的重覆。但是，解決這些矛盾的關鍵在于下述事實，卽那使性格從動機勢力退却的狀態並非直接產生于意志，而是產生于一種變型的知識。如果這種知識只是包含在個體化原則中的知識而且只遵循充足理由原則的話，動機的力量便無法阻擋。但是，當我們澈底了解個體化原則時，當我們直接認識理念（Ideas）即物自體的內在本質亦即萬有現象中之同一意志時，同時，由于此種知識而產生了意志的普遍寂滅者時，那麼，特殊動機便沒有力量了，因爲，和它們相應的那種知識被另一種知識所蒙蔽而消失不見了。所以，性格（character）決不能部份地改變，只會因自然法則的不變，而必然在特殊具體事物中實現它所整個表現的意志。但是，這個整體，這性格本身可能因上述知識的改變而澈底抑制或消滅了。前面提到的使阿斯瑪斯（Asmus）感到驚異而稱之爲「普遍和超越變化」的，就是這種抑制或消滅；在基督教教會中，這叫做「新生」，由此而產生的知識叫做「恩典的感動」。所以，這不是「改變」問題，而是性格的完全抑制，儘管經驗此種抑制的性格比以前如何不同，此後，它們在行爲方面將會表現極大的類似性，雖然每個人依據自己的觀念和教條而其所表達的仍然不同。

從這種意義看，以往哲學上關於意志自由的學說（不斷有提出新的學說，也不斷有人提反對的看法）不是沒有理由的，教會在「恩典的感動和新生」方面的教條也不是沒有意義的。現在，我們不期然地看到兩者結合在一起，我們也可以了解馬爾布蘭克（Malebranche）所謂的「自由是個神秘」是什麼意思，也知道馬爾布蘭克這句話是正確無誤的。因爲，基督教神秘主義者所謂的「恩典的感動」和「新生」，對我們而言，正是意志自由的直接表現。只有當意志認淸了自己的本性而從此種認識得到一寂滅者時，這種情形才會出現，因爲透過寂滅者，動機的力量便被剝奪了，寂滅者屬於另一種知識範圍，它的對象只是現象。如此表現的自由的可能性是人的最大特權，此種特權是動物永遠沒有的，因爲產生此種特權的條件是理性的思考，理性的思考使人能够不受眼前印象的影響而縱觀生命的全體。動物根本沒有自由的可能性，同樣，動物在種種動機（爲了這個目的起見，這裡所謂的動機，應當是抽象觀念）互相矛盾衝突時，也沒有適當選擇的可能性。所以，饑餓的狼嚼着犧牲品的肉時，就像石塊落地時那樣的必然而然，毫不知道自己就是被毁滅者和毁滅者。必然性是自然的王國，自由是天惠的王國。

我們知道，意志的自我抑制來自于知識，而所有知識都是無意的，意志的否定，自由的獲得，都不能藉意向或計劃而勉强得到的，而是來自人類內心知與意的內在關係，所以是突然而來的，好像是從外面自然產生的。這是爲什麼教會稱它爲「恩典的感動」的緣故；而且，它仍然視其與天惠的接受無關，這一點符合下面所說的事實，卽寂滅者的結果，最後是意志的自由行動。並且，由于這種「恩典的感動」的結果，人的整個本性都改變，而且根本變過來了，因此他不欲求過去强烈欲求的東西，他好像變成了另外一個人，教會稱「恩典的感動」的此一結果爲新生。因爲教會所謂的自然人（教會認爲自然人沒有爲善的能力）就是生活意志，如果我們要解脫這樣的人生，就應當看看在我們人生背後還有別的東西存在，只有當我們擺脫這個世界以後，才能得到它。

基督教神學所探討的不是依據充足理由原則的個體，而是所有人的理念，因此，基督教神學在亞當身上表現生活意志的肯定，我們繼承了亞當的罪，也就是說，我們在理念上與他的結合（這在時間上表現爲生殖的連鎖）使我們分享痛苦和永久的死亡。另一方面，基督教神學以神的化身象徵天惠（grace），象徵意志的否定，象徵解脫，神的化身擺脫了一切罪惡、擺脫了一切生活欲求，因此，神的化身不像我們一樣的來自於意志顯明的肯定，也不像我們一樣的具有一個完全爲具體意志的肉體，卽表現意志的肉體；神的化身爲純貞的處女所生，只有想像的肉體。後一點是多西特（Docetae）的主張，很多教會神父們在這方面看法都是一致的。阿柏萊斯（Apelles）的看法尤其如此，特都利安（Tertullian）曾著書反對阿柏萊斯及其信徒的主張。但是，甚至奧古斯丁也說：「神打發他的獨生子佯作有罪的肉體」。他在他的著作「不完整的事奉」中又告訴我們，原罪是罪惡，又是懲罰。早就存在新生的嬰兒身上。只是要在以後才表現出來。然而，此罪的根源應歸於犯罪者的意志。這犯罪者就是亞當，但是，我們都由他而生；亞當是不幸的，由于他的關係，我們都變得不幸。當然，原罪說（意志的肯定）與拯救說（意志的否定）是構成基督教本質的兩大眞理，剩下來的只是對此眞理的解釋，只是附屬品。所以，無論我們根據福音書上神蹟的記載或是根據眞實的歷史，都應當以普遍共相的觀點來看耶穌基督；應當把他視爲否定生活意志的象徵或化身，決不應當把他視爲人。因爲兩者都容易滿足我們。它只是那些永遠要求實際者表達這個觀念的工具。近來已忘記它的眞正意義而變爲愚昧的樂觀主義，這一點，這裏不擬討論。

奧古斯丁同意教會領袖們的看法，他反對英國皮拉吉斯派（Pelagians）的主張，他所維護的也是基督教的原罪說和福音說，同時，馬丁路德淸除錯誤和重建基督教的主要目的也是如此，他在他的著作「見證」中明顯地表示，意志是不自由的，根本離不開罪惡的傾向。根據這個說法，意志的種子永遠是有罪的和不完美的，而且，決不能滿足正義的要求；最後，這些工作決不能拯救我們，而信仰並非產生於決心和自由意志，信仰產生於「恩典的感動」，根本不需我們的合作，是自外而來的。

不但上面所說的教義屬於今天一種無知和愚昧的主張所斥爲荒謬的看法，而且，最後所提到的眞正福音說也是如此。因爲，儘管奧古斯丁和馬丁路德的看法如此，但是，却仍然堅持通俗的皮拉吉斯派的主張，卽今天所謂的理性主義，而且把那些嚴格意義下成爲基督教本質而爲基督教所特有的教義視爲陳腐落伍；另一方面，始終堅持產生於猶太教並從猶太教接受過來，而與基督教只有歷史關聯的教義，而且認爲只有這種教義才是基督教的主要內容。

這裏，我已經介紹了這些基督教神學的教條，這些教條本身和哲學沒有什麼關係，只是爲了表示，從我們整個研討中所產生的倫理學說（雖然表達的方式是前所未有的，但是，與它所有各部份都是一致的和有關聯的），在本質上，根本不是這樣，却與基督教的教義完全一致，事實上，從本質方面看，是包含在基督教教義之中的。也和印度聖書中的主張倫理觀完全相同，只是表達的方式不同而已。同時，記住基督教教會的教義可以幫助我們解脫於當動機出現時，人性（Character）所表現的一切必然性（自然王國）與自我否定，及動機必然態勢與其消滅人性的意志自由之間的明顯矛盾之中。

60

現在，我要結束對倫理學以及所要宣揚思想的一般說明；這裏，我不想隱藏別人對我最後一部份說明的反對看法，相反的，我要指出，這種反對之說于問題的本質，是根本無法消除的。這就是當我們的探討工作使我們面對神聖時，所有意欲的否定和捨棄，和從痛苦世界的解脫，對我們來說，這些好像都是進入空虛之境。

通常我們認為積極正面的，所謂實在的，只是表象世界，我以前說過，表象世界是意志的客觀存在和鏡子。而且，人類也就是此一意志的化身，這個世界也是此一意志的化身，一般表象都屬於它們而成為它們的一面。表象的形式是空間和時間，從這個觀點看，凡是實在的東西，一定佔住某一空間和時間。意志的否定，消滅和轉變也是這世界的消失。如果我們從這面鏡子（世界）中不再發覺它，問它到那裏去了也沒有用，因爲它不再在任何空間了，也不再在任何時間了，只好說它歸於無物。

如果可能的話，一種相反的觀點會把這種表示顚倒過來，而且顯示實者爲虛，虛者爲實。但是，如果我們自己就是生活意志的話，便只能從消極的立場來認識和了解這最後一點——虛者爲實，因爲恩辟多克里斯（Empedocles）所謂的「唯有同類者才識得同類者」，使我們失去一切的知識，相反地，我們所有實際知識的可能性卽表象世界，最後都是建築在它上面；因爲，世界是意志的自覺。

不過，如果我們堅持對哲學應當只能以消極方式表現爲意志否定者以獲得積極正面知識的話，便不得不指出所有完全否定了意志者所體驗的那種境界，我們用種種不同的名稱如醉狂、狂喜，與上帝合一等來表示這種境界；不過，這種境界是不能稱爲知識的，因爲它沒有主體和客體，而且，也只能在個人經驗中體會到，是不能傳給別人的。

因爲我們一貫採取哲學的觀點，所以，這裏，我們一定滿意于消極的知識，一定滿意于達到積極知識的最大限度。我們認識了意志世界的內在本質，也認識了世界的一切現象只是意志的客觀表現；從自然界一切無名勢力的無意識作用，到人類的完全意識活動，我們都能追尋這個客觀表現。所以，我們不應逃避下面所說的結果，卽由于意志的自由否定和捨棄，所有這些現象也隨着消滅，一切無休無止的勢力：形成世界的意志客觀化的各個階段，意志整個表現的普遍形式，空間和時間以及它最終的基本形式主體和客體，一切都跟着消滅。沒有意志，就沒有表象，也沒有世界。

擺在我們面前的只有空虛。但是，使其變爲空虛的，正是生活意志，我們自己的身體和生活所在的世界都是這生活意志的表現。我們憎惡毀滅，然而，這種憎惡只是强烈欲求生命的另一表現，也就是此一意志，而且，除了意志以外，沒有別的。如果我們抛開自己貧乏困擾的處境去看看那些征服了這個世界的人，在他們身上，由于意志已達到完全自覺境地因而能自由地自我否定，所以，意志及由意志而產生的肉體都消失了；那麼，我們就不再無休止地爭鬪奮發，不再不斷地追求希望的滿足，不再時喜時憂，不再追求那構成人生永遠無法滿足的希望，且將看到那超乎一切理性之上的平和境界，那精神的完全寂靜，那深深的平靜，那無法破壞的信心和沉靜；只有知識存在，意志則消失了。我們帶着深刻而迫切的企慕之情仰望這個境界，在與此境界比較之下，我們的一切不幸和痛苦都看得很明顯了。然而，當我們一方面發現那無法補救的痛苦和無限的不幸爲意志表現的本質卽這個世界的本質；另一方面又見到世界因意志的消滅而消逝，我們面前只留有空虛時，這是唯一能帶給我們最後安慰的思想。因此，我們以這種方式觀想人生及聖者的行爲（在我們自己的經驗中，不容易遇到這種聖者，但是，我們可以在有關他們的歷史中見到），我們必定可以驅除我們發現爲一切德行和神聖所追求，而自己却如孩童害怕黑暗那樣害怕的空虛；我們甚至不像印度人藉神話和無意義的文字如婆羅門或佛家所謂涅槃那樣地逃避它。相反地，我們要承認，意志完全消滅以後所留下來的，對那些仍然充滿意志的人來說，當然是空無一物；然而相反的，對那些否定了意志或意志已經轉變了的人來說，這個世界，這個如此實在的世界及其所有的太陽系和銀河系——都是空無一物的。

性愛形上學

「你們這些高尚淵博的人們，
誰知道
萬物如何、何時、何處匹配？
為何要接吻和相愛？
你們這些智慧聰穎的人們，請告訴我
我所遇到的事情；
請告訴我此事在何處、如何、何時及
為何這樣發生。」

——Burger

本章是四章中的最後一章，由于四章間相互的關係，使這四章在某個範圍內構成一個相屬的整體，如果讀者留心的話，便會發現，要是沒有這一章，會使我討論這些相互關係的解釋中斷。

我們常看到許多詩人，他們所描寫的主要是兩性之間的愛情。所有的作品，無論悲劇或喜劇、浪漫派的或古典派的、印度的或歐洲的，其主要題材，通常都是愛情故事。極大部份的抒情詩及史詩，尤其是多少世紀以來每年在歐洲文明國家產生的大量小說，它們的題材也不外這些。至於它們的主要內容，都是從多方面簡要或詳細地描寫我們所說的熱情。並且，這方面最成功的作品——如羅蜜歐與朱麗葉、（盧騷描寫愛的作品）（La Nouvelle Héloise）、維特——都已獲得不朽的聲名。可是，當羅徹福柯特（Rochegoucaued）認爲熱烈的愛情和鬼怪一樣，人們只在口裏說到，但沒人實際看到時；以及利騰堡（Lichenberg）在他的論文「論愛情的力量」中駁斥那種愛情的實在性和自然性時，他們都大大地錯了。因爲，如果某種東西與人性無關並違反人性的話，如果某種東西只是想像出來的話，各時代的偉大詩人就不會不厭其煩地一再描寫它，而人類也不會永遠有興趣去接受它；因爲，凡是藝術上美的東西，不可能是沒有眞實性的。

雖然我們日常經驗中沒有此種證實，但是，一般經驗卻向我們證實那種愛情。通常，那種僅僅表現强烈而仍然可以控制的意欲，在某些情形之下，可以變爲其强烈程度超過所有一切，甚而不顧一切，以無比力量和毅力克服一切阻礙的愛情。所以，爲了滿足這種情感，卽使冒著犧牲生命的危險也在所不惜；甚至，如果那種滿足仍然受阻的話，就會以生命作代價來追求它。維特和奧提斯（Jacob Ortis）不只是愛情故事中的人物。在歐洲，雖然每年只有少數這樣的人，他們的悲傷除了透過官方記錄者和新聞記者以外沒有其他辦法可以表露出來。然而，讀過英國和法國警事報導的人都可以證明我的看法的正確性。不過，因爲同一原因而被送進瘋人院的人數更大。最後，每年都有幾件一對戀人因受外界環境壓迫不能結合而雙雙自殺的故事。不過，在這些事件中，我覺得不可解的是，這些相信彼此互愛的人，怎麼會喜歡用這種手段去尋求最大的幸福？怎麼不採取極端手段脫離一切關係，忍受一切困阻，卻寧願犧牲生命，卻寧願放棄一種比他所能想像的任何其他快樂更大的快樂？至於這種感情的較低程度以及只和這種感情相近似的感情，每天將都可以看到，同時，如果他不疏忽的話，大多是自己內心就有這種感情。

在我們心中起了這些感情以後，沒有一個人能够懷疑這件事的眞實性和重要性。所以，當哲學竟然也把詩人們經常的題材當作自身的題材時，人們不僅不會感到驚奇，反而會覺得，在整個人生之中如此重要的一件事，到現在爲止，哲學家們竟然完全忽略了。竟然還是未經發掘的原始材料，那才是一件奇怪的事。過去，最關心這件事的人是柏拉圖，尤其是在他的「筵席篇」（Symposium）和「非獨篇」（Phaedrus）中。然而，在這個問題上，他們所說的只限于神話、寓言和笑話範圍，大部份也只是關於希臘青年人的愛。盧騷在「Discours sur L'inegalite」中關於這問題所說的少許話是錯誤而不够的。康德在論文「論美感與高尚」（P. 435 seq. of Rosenkranz' edition）第三部份中對這個問題的解釋，也是非常膚淺和缺乏實際認識的，所以，有一部份也是不正確的。最後，柏拉特勒（Platner）在其「人類學」中對這問題的討論，我們都會發現它無知而膚淺。因此，關於這個問題，沒有前人可資利用，也沒有可以駁斥的前人。我是客觀地感到這問題的存在，它是自動進入我對世界所作考察的體系中的。而且，我根本不敢希望從那些本身受這種感情支配，而想用最優美、最空靈的觀念來表達自己過多感情的人處獲得讚許。對他們來說，我的看法似乎太形而下，太物質性；儘管根本上是如何的形而上甚至超越的。因此，只好讓他們想一想，如果使他們寫出情歌和十四行詩的原因早產生十八年的話，也許會得不到他們一顧的。

因爲，一切愛情，不管本身如何空靈，都是源于性的衝動，只是一種更確定的、特殊化的以及最嚴格意義下個別化的性衝動。如果一個人考慮一下性衝動在舞臺、小說及現實世界中所扮演的角色，那麼，他會發現，在現實世界中，除了對生命之愛以外，性衝動是最强烈和最有力的刺激，不斷地抓住年青人的力量和思想，幾乎是一切人類努力的最後目標；它對最重要的事情發揮出相反的影響力，時時刻刻打斷最重要的工作，有時候甚至也使那最偉大的人感到困惱，它侵擾政治家的談判和學問家的研究工作，甚至還會把情書和表示情意的髮絲擺進大臣的公事皮包和哲學家的原稿之中。同樣，每天想出最混亂和最壞的行動，破壞最有價值的關係，破壞最穩固的連繫，有時要求犧牲生命或健康，有時又要求犧牲財富、地位和幸福，使那些原本誠實的人完全失去良心，使那些一向忠實的人變成叛徒。整個看來，它像是一個力圖敗壞、混淆和推翻一切東西的惡魔：——我們遂不得不大聲疾呼，爲什麼會有這種喧囂？爲什麼會有這種緊張和騷亂？爲什麼會有這種焦急和窘迫？這只是每個少男尋找少女的問題。爲什麼這樣一件小事扮演如此重要的角色而不斷將騷亂帶進有規律的人生呢？眞理的精神慢慢會將此一問題的答案顯示給熱心的探究者。這裏所討論的並不是小事，相反的，這問題的重要性相當嚴肅。所有愛情的最後目的，無論是喜劇中表現的或悲劇中表現的，實際上都比人生其他目的更爲重要；也因此，是値得每個追求愛情者重視的。它所決定的等於下一代的完成（產生）。當我們從人生舞臺上退下來後，那些將要出現的主要人物的生存和未來，都是這些微不足道的愛情決定的。正如這些未來人物的存在完全決定於我們的性衝動一樣，他們的本性也是決定於個人爲求滿足而採取的選擇，亦即決定於性愛，且無論從那一方面看，都是無可避免地決定於性愛。以下是這問題的關鍵：如果我們經歷種種程度的愛，從一時的性愛到熱烈的情懷，便會對它有更正確的認識；那時，我們也會明瞭，這些階段之不同乃由於選擇的個體化程度。

整個人類的愛情，是一件嚴肅的事情。這件事情的重要性，不像其他事情，不是個人的禍福問題，而是未來整個種族的存在和特質問題，因此，個人意志相當有力，像是種族的意志——愛情中感情和高尚的因素就是依靠這個，幾千年來詩人們不斷以種種方式描寫的也是這個；沒有一件事情可以和這件事相比。這件事與其他只涉及個人幸福事情的關係，就像固體與表面的關係；因為它所牽涉的是種族的禍福。正因為這個緣故，如果戲劇中不加進愛的因素，便不易使人發生興趣；另一方面，甚至我們日常生活中也永遠不會對這件事情感到厭倦。

個人意識中的普遍一般性衝動，還沒有指向一固定異性對象時，離開現象不談，它本身只是生活意志。可是，當意識中的性衝動已指向一固定對象時，便是一固定個體的生活意志。在這個情形中，性衝動本身雖然只是一主觀的需求，却知道如何巧妙地戴上一個客觀而令人嘆賞的面具，以欺騙自己的意識。因為，自然需要這種方法來達到它的目的。然而，在所有戀愛的情形中，不管這令人嘆賞的對象如何客觀而高尚，在產生一個具有一定本性的個體時唯一注意的到底是什麼，主要是由下述事實所證明，即戀愛中的主要事實不是愛的互換而是佔有，即肉體的享受。所以，前者的確定根本不能安慰我們對後者的缺乏；相反的，在這種情況下，很多男人甚至走上自殺之路。另一方面，深深陷入情網而無法獲得對方愛情的人，只要能够佔有對方肉體，即只要能够從對方身上得到肉體的享受就滿足了。强迫的婚姻，儘管女人厭惡，而經常獻殷懃以討取女人歡心，大送禮物或其他奉獻，甚至强姦等等事實却可以證明這一點。整個愛情故事的眞正目的是要把孩子生下來，雖然雙方都不知道孩子到底怎麼樣；生孩子的方式則是次要的考慮。現在，不管那些高尚多情的人尤其是陷入情網的人如何大聲疾呼說我的看法完全是現實主義，可是他們錯了。因爲，下一代的產生難道不是比他們豐富的感情和超感官的幻影更重要和更有價值嗎？在現世的許多目標之中，有比這更大和更重要的目標嗎？只有這個目標能與熱烈的愛情所感到的奧妙相符合，能與它所表現的眞切相符合，能與它重視愛情時間和空間內一切細微末節的現象相符合。只有假定這個目標爲眞正的目標，才會遇到愛的眞正困難，爲獲取愛的對象所付出的心力與遭受的苦惱才與這件事相稱。因爲這些心力和苦惱的目標就是促使下一代的產生。在愼重、明確和隨意選擇性衝動的滿足時，也就是在所謂戀愛時，早就有了這種目標存在。兩個相愛者彼此間不斷增長的傾向力，事實上就是他們所能和所希望產生的新個體的生活意志；甚至在他們企慕的目光相遇時，這個體的新生命便開始了。他們覺得自已渴望兩人眞正地結合起來變成一體，這個期望在他們所生的孩子身上實現了，因爲他們的孩子將他們兩人身上的特質合在一起變成另一個人繼續活下去。相反地，一個男人和女子之間相互而持久的嫌惡乃是一種象徵，表示他們所能生下的孩子只會是個身體不健全和不幸的生命。因此，在下面所說的這件事情中含有更深刻的意義，卽卡爾得郞（Calderon 1600—1681 西班牙詩人及作家）雖稱那兇狠的色米拉米斯（Semiramis西利亞亞之著名公主，稗史上說她美麗多智而好逸樂）爲天上的女郞，却說她是姦殺親夫之女。

但是，最後，以如此力量把兩性拉在一起的是生活意志，生活意志表現于整個種族之中，這裡，生活意志在這兩人所能產生的個體身上預示那符合其目的之本質的客觀化。這個個體將從父親處獲得意志或性格，從母親處獲得智慧，而兼容兩者的體質；然而，大體而言，孩子的身裁比較像父親，孩子體型的大小則比較像母親——這是根據動物間生育混血種而產生的法則，這個法則主要是由于下述事實，即胎的大小應符合子宮的大小。正如各人特有的個性無法解釋一樣，兩位相愛者的特殊熱情，也是無法解釋的；確實，兩個人根本是一而二、二而一的合為一體了：只是前者比較露骨後者較為含蓄而已。實際上，父母親開始相愛之時，應視為新個體的初現及其生命中的眞正要素，並且，我們以前說過，父母親憧憬的眼神彼此相遇而互相凝視時，便出現了這新個體的最初種子，像所有的種子一樣，這最初的種子當然也是脆弱的。在某種程度以內，這新個體乃是新的（柏拉圖式的）理念（Idea）；所有的理念都以最大的奮發競向現象世界，同樣，此一特殊的人類個體性理念也以最大的熱心和奮發實現于現象界。這種熱心與奮發就是這兩位未來為人父母者彼此相待的熱情。熱情的大小，有許多不同的程度，其兩極端則可稱為平凡的愛情和天上的愛情；不過，從它的本質上看，到處都是一樣的。可是，另一方面，也有程度上的不同，力量愈大，個體化的程度也愈大；這就是說，由于他或她身體各部份及特質的關係，被愛的個體更適于滿足愛者的欲望以及他或她個性所帶來的需要。這裡尚有疑問的，在我們以後的解釋過程中會漸漸明瞭。愛的傾向主要在健康，力量和美，最後還在年青；因為意志最主要的是希望展示那作爲一切個性基礎的人類特殊性格：一般的戀愛並沒有達到更深遠的地步。因此，更多的特殊要求使他們繼續和這些連在一起，而當他們對它們感到滿足時，由于這些特殊要求的關係，熱情也增加了。但是，這種熱情的最高程度來自于相愛兩人彼此間的相適，由于這種相適，父親的意志或性格與母親的智慧便共同構成那個個體，而表現于整個種族中的一般生活意志也不是人類內心所能把握的，同樣，生活意志的動機則在個體智慧的範圍之外。這是一種眞正而偉大熱情的靈魂。至此，我們還須進一步加以考慮許多方面，兩個人彼此之間相互適應的情形愈完美，他們間相互的熱情也愈强烈。由于世上沒有兩個完全相似的人，因此，世上每一特定的人都應配一特定的女人——往往關係到所希望產生的結果。眞正熱烈的愛像這兩個偶然相合的情形一樣的少。但是，由于每個人都有這種愛的可能，因此，我們可以體會詩人作品中描寫這種愛的情形。正因爲愛情的目的實際上只是生孩子，更因爲愛情的重點在此，所以，在兩個年青俊美的異性之間，由于氣質、性格及心理傾向的一致，有不夾雜着性愛的純粹友誼存在；至於性愛方面，他們之間可能還有着憎惡的情形。我們應當從下述事實中發現這種情形的原因，即他們所生的孩子在身心方面可能都不健全；總之，孩子的生存和本性將不能符合表現於種族中生活意志的目的。相反的，在氣質、性格和心理傾向不同的情況下，甚至因這些原因而相互敵對的情形下，却可能產生性愛；如果我們不明瞭這些情形而導至婚姻的結果，那麼，這種結合將是非常不愉快的。

現在，讓我們來仔細探討這個問題。自我中心主義是所有人類根深蒂固的傾向，所以，要想引起某人的活動，自私的目的是唯一可靠的目的。當然，人類所屬的族類對一個人的要求，比那可能消滅的個人更早、更密切、也更大。然而，當個人必須活動甚至爲種族的延續和特質而自我犧牲時，他的理智便無法體會這問題的重要而獲得相當的結果。在這種情形下，自然只能在個人身上產生某種幻想才能達到目的，因此，本來只對種族有利的東西，對個人似乎也一樣的有利，所以，當個人爲種族盡力時，便會以爲在爲自已盡力；在這個過程中，個人面前浮現的，只是卽將消失的幻象，而且此幻象代替了實物的地位。這個幻想就是本能。在大多數情形下，這種本能應當視爲種族感，而種族感將那有益于本能的東西帶給意志。不過，由于意志在這裡已成爲個體，所以，應當蒙蔽意志使它透過個體感而把握種族感所帶來的東西，由此，自以爲遵循個體的目的，其實却是追求一般目的（從最嚴格的意義上看這個辭語）。我們在動物身上可以充分發現本能的外在現象，這裡，本能的作用最重要；但是，我們只在自已的內心認識它的內在過程。現在，我們可以假設，人類幾乎沒有本能；無論如何，只有一種本能，卽新生嬰兒抓住母親胸脯的本能。事實上，人類有一個非常明確而複雜的本能，就是選擇另一人來滿足性衝動的本能，這種選擇非常完美，非常嚴格，也非常專橫。有了這種滿足，也就是說，只要滿足了個人迫切需要的性的快樂，對象的美醜則無關重要。對這方面的重視（這方面仍然被熱烈追求着）與由此而來愼重的選擇，顯然不是和選擇者本人有關——雖然他自己認爲如此——而是與眞正目的有關，所謂眞正目的就是生孩子，就是儘其可能地純粹而正確地獲得與種族同型的個體。由于肉體上無數的變故及道德上的越軌行爲，引起了人類形態方面許多的惡化；然而，在它所有各部份，它的眞正形態永遠重新確立：這種情形發生在美感的指引之下，美感的指引永遠導引着性的衝動，如果沒有美感的指引，這種情形更會陷入令人厭惡的境地。所以，第一，每個人都會喜歡且希望得到最美的人，也就是最能表現種族性格的人；但是，第二，每個人都會以爲自己沒有而別人具備的那些優點是美的，甚至會以爲和自己缺點相反的那些缺點是美的。例如，矮小的男人喜歡高大的女人，白晳的喜歡黝黑的等等。當一個男子見到一個女子的美麗而以爲與此女子結合可以達到至善境界時所得到的迷惑的狂喜，就是這種種族感，因爲這種種族感希望藉此個體而永遠存續下去。種族型態的保存依賴這種對美的決定性的傾向：它的影響力量很大。因此，指引人類的，確是一種本能，一種盡力爲種族謀福利的本能，而個人自己還以爲只在追求自己的最大快樂呢。事實上，在這裡，我們了解了所有本能的內在本質，就是永遠使個人爲種族利益而活動。因爲，很顯明的，昆蟲尋找花果、糞肥、肉食所付出的勞苦，或姬蜂，另一昆蟲的幼蟲，爲產卵而不避危難的情形與人類爲了追求性的滿足而付出的代價完全一樣，人類爲了性的滿足，小心謹愼地選擇一個具有吸引他的種種特質的女人，熱烈地追求她，爲了達到這個目的，往往犧牲自己的幸福，他會不顧理性的忠告，從事愚不可及的婚姻行爲，追求那使他喪失財富、榮譽和生命的愛情，甚至從事通姦一類的犯罪行爲，所有這些只是用最有效的方式爲種族盡力，縱使犧牲個人，也遵循那無所不在而支配一切的自然意志活動。事實上，本能永遠是一種似乎按照某種目的觀念而進行的活動，可是，却全然沒有自覺到這種觀念。凡是個人不能了解這目的或不願追求這目的的地方，自然就培植它。通常，本能只是動物具有的，尤其是最沒有理解能力的最低等動物所具有的；但是，只有在我們所討論的情況下，人類才具有本能，當然，人類是可以了解本能的目的，但人類不會熱烈追求這個目的，就是說，人類不會犧牲個人的幸福來追求這個目的。因此，這裡像所有本能情形下一樣，眞理以幻相形式出現以求影響意志。這裡所謂的幻相是使人以爲在吸引着自己的美女懷中比在別的女人懷中可以得到更大快樂，或是以爲只傾向于某個女人而堅信若能掌握她的意志就能使自己得到極大快樂。所以，當他自以爲因追求自己的快樂而遭遇困難和犧牲時，其實只是爲了保持種族的繼續存在，或是爲了另一個體的產生。這裡，本能的特性表露無遺，看來遵循某種目的某種觀念的行動，却將會完全缺乏這種觀念的意識，而受那幻相吸引的人却反憎惡那實際唯一所指引着他的目的且將阻撓此一目的實現；這是一種陷在幾乎完全不正當的愛情之中。根據我們曾經解釋過的問題的特性，我們可以知道，每個愛人者在獲得最後的滿足以後，都會感到無比的失望並會感到詫異，如此渴望的東西，竟然只是性的滿足而已；因此，他由此而得的益處不多。那個願望與他所有的其他願望相關，正如種族與個人相關一樣，也像無限與有限相關一樣。另一方面，這種滿足的確只是爲了種族的利益，不在個人自覺範圍之內，這裡，個人受種族意志的激發，不惜各種犧牲，爲完成種族的目的而盡力。因此，每個愛人者，在費盡力量之後，發現自已受騙了；因爲那幻相消失了，在這裡，個人遂成爲種族的受騙者。

但是，以上所說的只解釋了動物的本能和機械的傾向。毫無疑問地，動物也陷入一種幻相之中，這種幻相欺騙着它們，使它們對自己的快樂，抱着無窮的希望，而實際上，它們的辛勤工作，它們的自我否定，只是爲了種族而已，例如，鳥兒作巢，昆蟲尋找唯一適當地點產卵，甚至找尋不爲本身享用只擺在卵旁以備未來幼蟲食用的食物，蜜蜂、黃蜂、螞蟻等專心一志於建造它們的居處以及謀求非常複雜的經濟生活，它們都是受一種幻相所指引，在追求個體自私目的的面具之下，暗中在爲種族盡力。也許這是了解「本能表現」基礎上內在或主觀過程的唯一方法。不過，表面看起來，或客觀地看起來，我們在這些大都受本能支配的動物身上，尤其是昆蟲身上發現，神經系統卽主觀的神經系統超過客觀或大腦系統；基於這一點，我們應當說，影響它們的，與其說是客觀的認識，不如說是激起欲望的主觀的觀念，因此，也是受幻相所影響，這將是所有本能情況下的生理過程。爲了說明起見，我要指出人類的一種本能作爲另一例子，即孕婦反覆不定的食慾，不過，這個例子比較不太顯目而已。這好像是由于下面所說的事實，即胚胎的營養有時需要特殊或固定變換流入其中的血液，產生這種變化的血液遂成爲孕婦熱烈期求的東西，因此，這裏也產生了一種幻相。所以，女人比男人多一個本能；女人的神經系統也比男人發達。人的本能比動物少，即使這些少數本能也可能迷失方向，這一點我們可以從人類大腦的發展加以解釋。當美感墮落爲傾向于男色鷄姦時，那本能上引導我們選擇滿足性慾對象的美感也就迷失方向了；這就像下面所說的事實：青蠅不依據自己的本能把卵產生在腐肉上面，却受 Arum dracunculus（一種植物的名稱）腐屍氣味的欺騙，把卵產在 Arum dracunculus 的花間。

如果我們加以更進一步的分析，（這一點是無法避免的），就可以完全證實，所有性愛的基礎，都是希望生孩子的本能。第一，這裏我們要告訴大家，從本性上看，男人的愛是不持久的，女人的愛是持久的。男人的愛在得到滿足的時候便下降了；男人總喜歡換換胃口，差不多所有別的女人都比他曾經佔有過的女人有吸引力。相反的，女人獲得愛的滿足時，她的愛有增無已。這是自然界爲完成其目的的結果，因爲自然界要保持種族的存在並使種族的份子增到最大可能的限度。男人一年可以生一百多個小孩，女人却不同，不論女人和多少個男人發生性的關係，一年只能生一個小孩（雙生子例外）。所以男人任性追求別的女人，而女人却始終忠於一個男人；因爲自然使她本能而不加思索地繼續爲下一代的養育者和保護者。因此，婚姻上所謂的忠貞問題，對男人來說是人爲的，對女人來說却是自然而然的，因此，女人通姦比男人通姦更不能原諒，這可以從兩方面解釋，從客觀方面看，女人通姦的結果不堪想像，從主觀方面看，女人通姦是一種違反自然的現象。

但是，爲了澈底明白並不完全相信從異性身上得到的快樂，不管我們覺得如何客觀確實，却只是僞裝的本能，卽種族感，（這種本能或種族感盡力維護種族的生存），我們應當更仔細地探討那些在這種快樂方面所引起我們的種種考慮，更應當研究這方面的一切細微末節。這些考慮分爲好幾部份，一是直接關係到種類的型態，卽美，一是關係到身體的特質，最後一部份只是相對性的，這一部份是由於兩性單方面的特質和畸形相互間必須的調整。

指引我們選擇和傾向的第一個考慮是年齡。一般而言，我們所接受的年齡是從開始排經到月經終止這一段時期，可是實際上，我們所喜歡的却是從十八歲到二十八歲這一段時期。在這個年紀之外，沒有女人能够吸引我們：老女人卽不再排經的女人則使人討厭。不美的少女仍然有吸引力，美而不年青的女人却沒有。這裏，我們可以看出，指引着我們的不自覺目的是生育的可能性：所以，無論男人或女人，如果過了生育和懷孕時期，對異性便失去了吸引力。第二個考慮是健康問題。急病只是暫時地使人感到困擾，可是，慢性病或虛弱病却令人憎惡，因爲慢性病會遺傳到小孩身上。第三個考慮是骨格問題，因爲骨格是類型的基礎。除年齡和疾病之外，沒有東西能像畸形那樣的令人憎惡，卽使最美麗的面孔也無法補償這一點；相反的，卽使最醜陋的面孔，如果身材苗條，也是令人喜愛的。再者，我們非常强烈地感到骨格的不相稱，例如，發育不全、矮胖的身材以及其他許多類似的情形，還有非因外來意外事件造成的跛行步態。另一方面，非常美麗的身材可以遮蓋一切缺點：美麗身材令人着迷。還有大家都認爲足小很美！這是由于下面所說的事實，卽雙足是人類最主要的特質，因爲沒有任何動物有着人類那樣小的踝和蹠骨，小踝和蹠骨適合人類直立行走的情形；人類是蹠行動物。所以，西拉克（Jesus Sirach）說：「身材苗條足部美麗的女人有如銀軸中的黃金柱。」牙齒也是重要的！因爲牙齒是營養尤其是遺傳所必需的。第四個考慮是某種程度的肌肉豐滿問題，是生殖能力的旺盛問題，是富于彈性的問題；因爲肌肉的豐滿可以供給胎藏豐富的營養，因此，我們非常討厭瘦弱。女性豐滿的胸脯對男性產生無比的魅力，因爲這和女人的生殖作用有直接關係，豐滿的胸脯可對新生的嬰兒供給豐富的養料。相反的，過分肥胖的女人使人討厭：因爲過分肥胖表示子宮萎縮，因此，便沒有生育能力；我們的頭腦並不知道這一點，只有本能才知道。最後的考慮是美貌問題。這裏，最重要的還是輪廓；我們所重視的主要是鼻子，短而上仰的鼻子破壞了一切。鼻子的微向上下傾斜決定了無數少女一生的幸福，因爲，這關係着類的型態。由于小顎骨而造成的小嘴，和動物的口鼻不同，是人類容貌主要的特色。後傾或尖削的頦骨特別使人不舒服，因爲 mentum prominurlum 是人類獨有的特色。最後，我們重視美麗的眼睛和前額，這和心理的特質有關，尤其和從母親傳來的智慧有關。

另一方面，女人傾向自然所產生不自覺的考慮，却不能如此確切地確定上述所說的。一般而言，可以這樣說：女人所喜歡的年齡是從三十到三十五，尤其是過了青年時期但人體美達到最高峯的時期。因爲，她們不受趣味所指引却爲本能所指引：而本能發現這個年齡是生殖能力最大的年齡。一般說來，她們看起來都不太美麗，尤其是面部不太美麗。她們大都爲男性的力量以及和力量有關的勇氣所征服，這些表示將來可以生下較强的孩子，也使孩子有個勇敢的保護者。雖然事實上男人肉體上的缺點及畸型方面，女人無罪過，甚至在相反的方向有所超越，然而，關於孩子方面，女人在生育時可以除去男性肉體上的缺點及畸形，只有男性特有而女人無法給予小孩的那些男性特質除外：這些特質包括男性骨架的結構，寬濶的肩膀，纖細的臀股、筆直的骨骼，肌肉的力量、勇敢、鬍子等。因此，女人常常愛醜陋的男人，但決不會愛沒有男子氣的男人，因爲沒有男子氣的男人不能沖淡他們的缺點。

性愛次要的根本考慮是關於肉體特質方面的。這裏，我們將會發現，女人完全受男人性格的特質所吸引，這些特質是從父親傳來的。男人意志的堅定、決心和勇氣最能獲取女人的歡心，誠實和心地良善有時也能獲取女人的歡心。相反的，理智上的禀賦對女人不會發生直接的力量，因為這些禀賦不是從父親傳來的。男人缺乏理解力，對女人沒有多大損害；其實，男人心理上的特殊禀賦甚至天才可能對女人有不好的影響。因此，我們常常看到一個醜陋、愚昧的粗漢因受女人的影響而變成一個有教養、能幹且和善的人。兩個心理上完全不同的人，有時候也因戀愛而結合：例如，男人粗魯、有力而愚昧；女人性情柔和，多愁善感、有教養、有審美氣質等；或是男人是天才而有學問，女人却是傻子。

這些原因都是由於本能。在婚姻中，所重視的不是理智上的禀賦而是生育孩子：這是心和心的連繫，不是頭腦和頭腦的連繫。當女人說她們與男人的心相愛時，這只是一種不合理的藉口罷了。相反的，在男人的本能中，他們的愛不是決定于女人性格的特質；所以，有許多像蘇格拉底的男人，却娶了像蘇格拉底太太那樣的女人：例如莎士比亞、都勒（Albrecht Dürer）、拜倫等都是如此。不過，理智上的特質當然也有影響，因為這些特質是從母親傳下來的。然而，這些特質的影響力很容易為肉體美所壓倒，因為肉體美的影響力是直接的。不過，由于對這種影響力的感覺或經驗的緣故，做母親的往往教女兒美術、語言等以便使女兒對男性有吸引力，她們希望用人為的方法促進理智能力，就像必要時用人為方法隆乳和隆臀一樣。不過，我們要知道，這裏所說的完全是唯一能使愛情增進的直接的本能吸引。有教養和理解力的女人讚揚男人的理解力和智慧，男人在經過理性的反省以後，也測驗新婦的性格，這些都和我們現在所討論的問題無關。這種事情是婚姻中合理選擇的基礎，但不是熱烈愛情的基礎，我們現在所討論的題目却是後者。

一直到現在爲止，我們只說明了「絕對的」考慮，即對每個人都有效的考慮。現在，我要說明相對的考慮，相對的考慮是關於個人的，因爲，在這種的情况下，所重視的是早已表現出來的類型的矯正，因此，也是重新回到類型的純粹表現。於是，每個人所愛的是他自己所缺乏的。從個人的體格出發，最後又回到個人的體格，基於這種相對考慮的選擇比那只根據絕對考慮的選擇更爲確定和富排他性；所以，眞正熱愛的基礎通常都在這些相對的考慮，只有普通輕微愛的傾向的基礎才在絕對的考慮。燃起熱烈愛火的，通常不是完美的優點。因爲，產生某些結果的眞正熱情的傾向確是必要的，這只能用化學上的比喻來說明：兩人應當彼此抵消，像酸性和鹼性中和爲鹽一樣。這方面所需要的基本條件如下：第一，兩性都是偏頗的。這種偏頗在一個人身上比另一人身上表現得更明顯；所以，每個人身上的缺陷，異性中的某個人比另一個人更能補充和沖淡，因爲每個人都需要一種和自己偏頗性相反的偏頗性來完成即將產生的新個體的型態；這種人類型態的體質往往是所有人類追求的目標。生理學家知道，男子氣概和女人氣質有無數不同的程度，透過這些不同的程度，前者變爲令人討厭的雌雄合體，而後者却形成爲令人愉快的兼有男女之性；兩者合起來，可以達到陰陽合體的地步。這時，便出現居兩性中間的個體，既不屬於男，也不屬於女，結果便不適于繁殖人類。我們所說的兩個體的彼此中和必需某種程度的男子氣概與某種程度的女子氣質相應，使得每一方的偏頗性互相抵消。因此，最有男子氣的男人會找尋最有女子氣質的女人，反過來也是如此。同樣，每個人在性的程度方面都會找尋另一個適應于他或她的人。現在，我們知道，他們本能地感覺兩人間所需的關係應到什麼程度，同時，加上其他相對的考慮，兩人間所需的關係如何乃是高度愛的基礎。所以，當相愛的兩人傾訴心靈的和諧時，問題的重點大多是這裏所指出的有關未來小孩及其完美性的適意或投合，這一點比兩人間心靈的和諧更重要。現在，產生了更進一步的相對考慮，這全在下述事實，即每個人都盡力藉他人來沖淡自已的缺點、弱點及畸型。因此，這些缺點或弱點不會永久存在，甚至不會演變爲未來所生小孩身上的畸形現象。一個在肌肉力量方面愈是弱小的人，愈要找尋强壯的女人；反之亦然。但是，女人天生就肌肉力量不强，所以，女人通常都喜歡强壯的男人。再者，體型大小也是要考慮的一個重要因素。矮小的男人很喜歡高大的女人，反之亦然；如果矮小者的父親高大，只因母親的緣故才變得矮小，那麼，這種喜歡高大女人的情形就更加厲害；因爲，他從父親處得來脈管系統和力量，這可以對一高大身體供給血液的。相反的，如果他的父親或祖父都矮小，那麼，這種傾向便不會那麼厲害。高大女人不喜歡高大男人，是由于避免造成過份高大種族的傾向，如果因這女人所可能給予他們的力量，他們將會太過脆弱而活不長久。不過，如果這種女人選擇一高大丈夫，也許是爲了在社會炫耀丈夫的高大，但是，他的子孫會爲他的愚蠢付出代價。再者，膚色也是相當重要的。金髮女人喜歡膚色黝黑的男人；但後者却很少喜歡前者。因爲，金髮藍眼本身就是變種，幾乎是一種不正常的畸形，很像白老鼠或灰馬。在世界任何地方，甚至在北極圈內，這種情形都不是自然的，只有歐洲例外，而在歐洲也顯然是斯堪的那維亞種。這裏，我可以說出我的看法，我認爲白皮膚不是人類的自然膚色，人的皮膚本來是黑色或黃色的，像我們的祖先印度人一樣；因此，白人決不是自然懷抱中產生出來的，世上根本沒有所謂白種人，每個白人都是褪色的人種。勉强進入一生疏世界，這裏，他只能像外地植物一樣的生存，由於冬天長期的需要溫室，經過幾千年的變化後，逐漸變成白色的了。大約四百年前從印度移來的吉普賽人，顯示了從印度人膚色變爲我們膚色的經過情形。所以，在性愛中，自然盡力回復黑髮和黃眼的原始型態；但白色皮膚已變爲第二性質。最後，每個人還想從身體特殊部份找尋改正自己缺陷和變態的良方，愈是決心這樣做，身體的部份愈是重要。所以，有扁短向上的鼻子，特別喜歡鷹鈎鼻子和鸚鵡臉；其他各部份的情形也是一樣。身體和四肢過分細長的人，認爲粗短的身體好看，甚至粗短得不成比例也是如此。關於性情方面的考慮也是如此。每個人都喜歡性情和自己相反的人，只要他自己的性情固定。凡是在某方面非常完美的人，雖不會追求和喜愛這方面的不完美，但是比別人更容易適應它；因爲他自己能保證孩子在這方面不會有太大的缺陷。例如：凡是自己皮膚很白的人不會討厭黃色的皮膚；但是，凡有黃皮膚的人却會覺得白皮膚很美。在上面所說明的性的和諧程度以外，當一個女人所有不正常的地方正和男人相反因而成爲他的矯正良方時，則男人很少會愛上一個非常醜陋的女人。即使愛上了，他們愛情的熱度也不會很高。

我們嚴格地考慮女人身體的每一部份，女人也考慮我們身體的每一部份，我們審愼地觀察自己開始感到興趣的女人，我們多方面選擇，新郎仔細地注意許配給他的對象，新郎小心翼翼的考察各部份免得受騙，他給予主要部份每種過度或缺陷地方的評價，所有這些完全符合目的重要性。因爲，未來生下的小孩一生都會擁有同樣的部份。例如，如果女人稍微有點屈曲，很可能使她的孩子變成駝背，其他方面莫不如此，我們當然不會自覺到這些方面。相反的，每個人都以爲他作這種仔細的選擇只是爲了享樂；但是，他作這種選擇，正符合種族的利益，他暗中的工作正是儘可能地保持種族的純粹性。這裡，個人的行爲是不自覺地爲了完成比自己更高者的利益，即爲了種族的利益；因此，個人所重視的，可能和自己無關，實際上也確實與自己無關。在兩個年青異性第一次見面時不自覺地用嚴厲的目光互相注視的情形中，他們以探尋和銳利目光互相看望的情形中，他們仔細觀察對方所有特點和部份的情形中，實含有非常特別的意義。這種考察和探索是個人方面「種族天性的思考」（meditation of the genius of the species）。根據思考的結果是他們彼此在對方身上得到快樂的程度及對彼此的慕戀。甚至達到相當程度以後，這種慕戀還是可以因發現以往未曾發現的東西而突然消失。種族天性思考以這種方式思考未來可能生下的一切人種。這個種族的本性是邱比特不斷思慮的偉大工作。與他的偉大工作的重要性（關係着種族和未來的人種）比起來，個人周圍的小事情是無足輕重的；所以，他永遠毫不顧惜地犧牲這些微不足道的小事。因爲他和他們的關係就像不朽和短暫的關係，而他的興味和他們的興味之間的關係就像無限對有限的關係。在認識了一種比那些只涉及個人禍福更重要的事情以後，他以壯烈的姿態進行這些事情，卽使在戰亂中或生活的忙亂或瘟疫的流行中也不中止，甚至追跡到僻處的修道院中。

前面我們已經知道，愛的强度隨着個體化而增加，因爲我們曾說過，兩人身體上的特質可能如此，爲了儘快恢復種屬的典型（type），一人成爲另一人的完成或補充。在這個情形中，早已產生了相當激烈的感情，由于這種感情是對個別對象而發，而且只對此個別對象而發，所以立刻獲得更高貴的表現；因此，似乎是由于種屬的特殊規則而產生的。由于相反的理由，單純性衝動是卑下的，因爲，如果沒有個體化，那麼，這種感情便是對所有人而發，只希望在量方面保存種屬，不重視質的方面。但是，個體化及其强烈的愛可以達到相當高的程度，因此，如果得不到滿足的話，世上一切美好的東西，甚至包括生命在內，都會失去價值。這是一種熱烈的期望，其他一切期望都沒有這麼熱烈，所以，它能使人犧牲一切，如果這期望實現不了，會使人發瘋或自殺。除了我們已經說過的種種考慮之外，在這種熱烈感情的基礎上，還有其他尚未看到的感情。因此，我們必須假定，這裡，不但人的體質，即使男人的意志和女人的理智，彼此之間也可以特別相適，結果，只有他們才能生出一完全確定的個體，這裡由于我們無法知道的緣由，種屬的天性已預見它的存在。或者，說得更確切一點，我們可以說，這裡，生活意志希望在一完全確定的個體身上客觀地表現出來，而此一個體只能爲這位父親和母親生下來。除了未來做父母親的人的內心以外，意志的此一形而上的期望，在存在的事物之中，沒有其他的活動範圍，未來做父母親者內心完全爲這種熱烈的期望所佔住，他們自以爲是爲了自己的緣在追求，其實只是爲了形而上的目的，這目的是在現實存在的事物之外的。因此，這是（現已可能的）未來個體產生的一種熱烈的期望，這是從萬物最初根源所產生的一種期望，表現于現象世界則是未來做父母親者彼此的高尚感情，這種感情毫不注意本身以外的一切東西；事實上是一種無比的幻夢，爲了此一幻夢，愛人者願意放棄世上一切美好的東西而佔有此一女人，然而，這個女人並不能比別的女人給他更多的東西。即使此高尚的感情，也像所有其他感情一樣，一旦享有以後便消失無踪，從這個事實，我們知道，他心中所想的，就是這種佔有。如果碰巧這個女人不能生育，那麼，這形而上的實際目的沒有實現，這感情也會消滅；正如我們足下踐踏千千萬萬種子這種日常發生的事情一樣，這同一形而上的生命原則在其中奮求存在；對于這些事象，除了生活意志面對着無限的空間，物質和無窮的回復機會之外，沒有其他的慰藉。

各時代詩人以無數方式不斷描寫而且永遠描寫不盡的愛的希望，都不能盡道其詳，這個希望以爲佔有某個女人就是無上的幸福，而不能佔有女人卽是無法忍受的痛苦，——此一希望和此一痛苦不能從短暫生命的個人欲求得到具體的內容；但是，却是種屬精神的象徵，不論得失如何，在這裡吾人將發現完成此種無法代替之目的所用的手段，乃是爲了繼續只有種屬才有的永恒生命，所以，能有無限的欲望，無限的滿足和無限的痛苦。但是，這些都禁錮在一個人的狹窄胸懷中。那麼由看來此，如果此一胸懷因而似要爆裂而無法表現它所充滿着的無限喜悅或不幸的話，吾人也就不必驚奇了，這遂替所有高尚情詩提供了題材。這是佩脫拉克的主題，是普里斯（St. Preuxs）、懷特（Werthers）、奧提斯（Jacopo Ortis）的題材，如果沒有它，便無法了解和解釋這些人的作品。我們不能依據某些精神上的優點或任何客觀而實在的特質來說明這種對被愛者的無限重視；因爲，像佩脫拉克的情形一樣，愛人者往往不了解被愛者。只有種屬的精神才能一眼看到她對它的價値，以及對其目的的價値。通常，偉大的感情也是在最初一瞥之下產生的：

「凡是愛過的人，不是初見之下就愛的嗎？」

——莎士比亞「當你喜歡時」iii 5。

關於這一點，享譽二百五十年的阿里曼（Mateas Aleman）在其小說"Guzman de Alfarache"中的一段話是相當有名的：對愛人者而言，不必費很多時間，也不必反覆思慮以作選擇；只要初次見面而且偶爾一瞥，就會在雙方產生某種心靈的信息和共鳴，或常人所云的「熱烈的同情」（sympathy blood）（P. ii. Lib. iii. C. 5）。因此，爲情敵奪走或因死亡而失去所愛的，對熱愛者來說，是超過所有其他痛苦的痛苦，因爲這是一種超越的痛苦，對愛人者的影響，不僅是個人的，也將有損于他的永恆的本質，也將有損于種屬的生命，因爲，他的特殊意志是爲種屬役使的。因此妒羨是非常痛苦和殘忍的，而被愛者的讓與是所有犧牲中最大的犧牲。除了愛的悲嘆以外，英雄有淚不輕彈，因爲，在愛的悲嘆中，所悲嘆的不只是個人，而且是種屬。在卡爾得郎（Calderon 見前）芝諾比大帝 Zenobia the Great 中，第一場有一幕描寫芝諾比和狄西絲（Decius）的情形，後者說：

天呀！你愛我嗎？爲了這，我將失去無數次的勝利，我將轉變方向。

這裡，性愛（即爲種屬的利益）一旦發生，向來重於一切的榮譽也不被重視了：因爲性愛優于個人的一切其他事情，不管這些事情多麼重要。所以榮譽、責任、忠貞在克服了一切其他誘惑甚至死亡的威脅以後，只屈服于性愛。同樣，在私生活中，「忠實」的成份在任何地方都沒有這裡少：甚至本來忠實正直的人，有時也會棄而不顧，當熱烈的愛（即爲種屬的利益）支配着他們時，卽使通姦之事也會冒險而爲。在這方面，他們似乎認爲自己自覺到一種比個人利益所能給予的更大的權利；所有這些，只是因爲他們的行動是爲種屬的利益。凡看重這一點的人應當看看救主在福音書中所說通姦女子的放縱，這裡，救主在所有這種情形中擔負同樣的罪過。從這個觀點看，「十日談」似乎只是爲個人權益而嘲笑種屬的天性。當他們反對熱烈愛情的結合時，種屬的天性對身分地位以及環境的不同很容易棄置不顧而視若無物，因爲種屬所追求的目的涉及無數世代，對人類社會上這種法規習慣是不會重視的。基於同樣的緣由，說到熱愛的目的時，相愛者願意冒任何危險，而那些本來儒怯的人，此時也變得勇敢了。在小說和戲劇中，我們也看到那些爲愛情而奮鬪的年靑人，最後戰勝了只爲個人幸福着想的長輩。因爲，我們覺得愛的奮鬪比任何反對的理由更重要、更高尙，也更合理，就像種屬比個人重要一樣。因此所有喜劇的主題就是表現種屬的天性及目的，種屬的天性及目的是和所表現的個人利益相反的，因此，也有摧毀個人幸福之勢。通常，它總會達到目的，這滿足了觀賞者的心理，因爲，觀賞者覺得種屬的目的比個人的目的更重要。所以，最後，觀賞者非常自信地聽任獲勝的相愛者，因爲他和相愛者兩人都有同樣的幻想，以爲他們建立了自己的幸福，其實，是犧牲自己的幸福以求完成種屬的選擇而違背長輩的意志和用心。只有反常的喜劇才本末倒置，犧牲種屬的目的而帶來個人的幸福；但是，這時候，觀賞者感覺到種屬天性所感到的痛苦，而個人因此得到的利益也不曾使他得到安慰。在描寫愛情故事的悲劇中，由于種屬的目的沒有達到，通常相愛者（完成種屬目的的手段）也歸於死亡；例如，「羅密歐與朱麗葉」、「坦卡萊德」（Tancred）、「唐・卡洛斯」（Don Carlos）、「華倫斯坦」（Wallenstein）、「墨西拿的新娘」（The Bride of Messina），以及其他許多作品。

男人的愛往往產生喜劇現象，有時也產生悲劇現象，因爲兩種現象都爲種屬精神所佔有，現在，他受種屬精神所支配，不再屬於自已了；因此，他的行爲不適于個人了。從根本上看，在高度愛的情況下，使他思想帶有這種高尚詩意的，甚至使他思想帶有超越和超自然意味的，就是這種精神，他好像看不到自已眞正實際的目的，他受種屬精神的鼓舞，種屬精神方面的事情比所有僅涉及個人的事情重要得多，希望在這種精神的特殊指引之下，藉這個別與確定的本質，貧定無數後代的存在，這個本質只能從作爲父親的男人及作爲母親的女人而來，如果不是如此，便永遠無法存在，而生活意志的客觀化顯然需要此一存在。他在這種重要事務上所付出的感情，使愛人者超乎一切世俗事物之上，甚至超乎自已之上，而使他肉體的慾望獲得超自然的滿足，因此，即使在最平凡者的生活中，愛也是一種詩意的揷曲；在最後一種情形下，有時候則表現出喜劇的一面。在種屬中客觀化的意志命令，出現于愛人者的意識之中，表面上是預期兩性結合以後的無限幸福。在愛情達到最熱烈的境地時，這種幻想非常明顯，這個時候，如果得不到愛的話，生命便沒有意義了，便顯得沒有樂趣、空虛，甚至於對生命的憎惡壓倒了對死亡的恐懼，在這個時候，人有時會自願結束生命。此人的意志已陷入種屬意志的旋渦中。這裡，個人太脆弱，不能維續種屬意志（集中于一固定目標）的無限希望。所以，在此情形之下，除非自然要保障生命而讓人發瘋使人感覺不到這種無助的情況，否則，便會出現自殺事件，甚至相愛的雙方都會自殺。

不過，不但未滿足的愛情有時會有悲劇的結果，甚至美滿的愛情往往也帶來不幸，而且不幸的結果往往比幸福的結果多。因爲，愛的要求往往和有關者個人的幸福相衝突，以致使這些要求摧毀了愛情，因此，這些要求與他別的環境不合而阻撓了建築在此環境上的生活計劃。不但愛情常與外在環境矛盾，甚至還與愛人者個人的性格矛盾，因爲愛情完全在人，而除了性的關係以外，被愛的人可能憎恨，輕視甚至厭惡愛人者。但是，種屬意志的力量比個人意志的力量大得多，愛人者遂看不到自己感到可厭的一切特質，忽略一切可厭的特質，把自己和愛的對象永遠連在一起——他完全爲幻相所蒙蔽，而一旦種屬意志得到了滿足，這幻相便消失不見了，爲人生留下使人憎惡的伴侶。只有從這個事實才能解釋爲什麼我們常常看到一些非常卓越的人會和潑婦或女魔在一起，而且他們自己也不知道何以會選擇這樣一個女人。因此，古人說愛是盲目的。的確，愛者對新娘脾氣和性格方面的缺點可能看得很清楚，而這種缺點可能使他們終生不幸，可是，並沒嚇退他：

「如果你心中有罪過，
我也不問，我也不管，
只知道我愛你
不管你是什麼樣的人。」

所幸，他所追求的不是自己的事，而是尚未來到的第三者的事，雖然他誤以爲所求的是自己的事。但是，正是這種不爲自己所求，才是偉大的表徵，這使熱烈的愛情也帶有高尚的意味，也使它成爲詩歌歌頌的對象。最後，性愛與極端的恨也不矛盾：所以，柏拉圖把愛比之於狼對羊的愛。當一個熱情的愛人者用盡了力量和祈求以後還得不到一句中聽的話時，便發生這種情形：

「我愛她，也恨她。」

——莎士比亞

有時候，這樣燃起的對被愛者的恨甚至使愛者想去殺死她，然後自殺。我們在報紙上可以看到每年都有一兩件這樣的事情發生。

如果愛人者描寫他所愛者的冷漠是一種殘忍，也非過甚其辭；因爲他受一種衝動所支配，這種衝動好似昆蟲的本能，使他不顧一切追求他的目的，而認爲其他一切都不如這目的重要：他無法放棄這個目的。世上像佩脫拉克這樣的人很多，他們一生都受那未曾滿足的愛的熱情拖着向前，像脚上的桎梏一樣，而且孤寂的言詞發出內心的嘆息，但是，只有一個佩脫拉克有着詩人的稟賦；所以，歌德美麗的詩句可以用到他身上：

「當男人處在不幸中時，他是沉默的

神賜給他訴說憂傷的能力。」

事實上，種屬的天性永遠對抗着個人守護者的天性，種屬天性是它們的追逐者和敵人，總是無情地破壞個人的幸福以實現它的目的；所有各民族的幸福因它的喜好而犧牲。我們可以在莎士比亞「亨利第六」中發現這方面的實例。這一點完全建築在下述事實上面，即種屬比個人對我們具有更密切和更早的權利；因此，種屬的事務先於一切。由于感覺到這一點，古人拿邱比特來代表種屬的天性，邱比特雖有童稚的外表，却是一個邪惡，殘忍和聲名狼藉的神，是個放縱專橫的惡魔，却是人神的主宰者。

愛神啊！你是統制精神和人類的暴君。

善射，盲目和生有翅膀是他的特性。後者象徵無常，通常只有由於滿足而產生的幻覺才會出現。

因爲熱情建築在幻相上面，表示只有對種屬有價值的對個人才有價值，因此，在種屬的目的達到以後，這種欺人的現象就煙消雲散了。支持個人的種屬精神重新使其自由。個人爲這種精神所棄，重新回到原來狹窄的有限世界，而且，驚奇地發現，在這種勇敢而無限的奮鬪以後，對他的快樂而言，除了性的滿足以外，一無所有。和他的期望相反，他發現並不比過去更幸福。所以，通常，像那已經得到快樂的息索斯（Theseus 希臘神話中雅典王 Ageus 之子，俘克里特 Grete 王 Minos 之女 Ariadne）會放棄他的 Ariadne。如果佩脫拉克的愛情得到滿足，從滿足的時候起，便不會再寫出他的詩章了，就像小鳥產卵以後不再鳴叫一樣。

這裡，可以說，儘管我的性愛形上學使那些陷于感情糾葛中的人如何感到不快，可是，如果合理的考慮可以運用任何反對理由的話，那麼，我所揭露的基本眞理必定比其他任何理由更能勝過它。

由戀愛而產生的結合是爲種屬的利益，不是爲個人利益。當然，相愛的雙方都以爲自己在謀求自己的幸福；但是，他們眞正的目的却與自己無關，因爲他們眞正目的是生小孩，也只有藉他們的結合，小孩才能生得下來。這個目的把他們拉在一起，此後，他們應當盡量保持在一起。但是，爲那本能的幻相（此爲愛情的本質）拉在一起的一對，在其他方面會很不相同。最後當幻相無法避免的終將消失時，就會表現出這種情形。因此，由戀愛而產生的結合最後會變得不幸福；因爲，透過他們這一代的犧牲而保證了下一代。「凡由戀愛而結合的人必定生活在憂愁之中」，這是西班牙的諺語。因父母之命而結合的人，情形與此相反。這裡的任何一種考慮，至少都是實際的，也不會自動消失的。不過，由于這種考慮，一定會顧慮到這一代而不利於下一代，儘管如此，還是有問題的。在婚姻中重視金錢而不重視情愛滿足的人，他的生活是個人重於種屬，這是和眞理相反的；因此，也似乎不自然，還將引起別人的輕視。不顧父母勸告，拒絕富有而不太年老者的求婚以便照自己本能意向選擇伴侶的女孩，是爲種屬而犧牲自己的幸福。但是，正因爲如此，我們不得不稱讚她；因爲她選擇了最重要的，而她的做法是依據自然精神的（說得更正確一點，是依據種屬精神的），而她父母親的勸告則是出于自私心。按照這種情形，在兩性結合時，似乎個人和種屬的利益都有損失。實際上，一般的情形也是如此；因爲，能同時兼顧事實上的便利和熱烈的愛情，那是少之又少的幸運。在某種程度以內，大多數男人在身體、道德和智慧方面的缺陷都是由于下述事實，卽婚姻之形成大都不是由于純粹的選擇和意向，而是由於外來因素的考慮及偶然的環境。但是，如果除了事實上的便利以外，更在某種範圍以內注意人的意向，這便符合種屬的天性了。大家都知道，幸福的婚姻少之又少；正因爲從婚姻的本質上看，婚姻的基本目的不是爲這一代而是爲下一代。不過，爲了安慰那柔情的相愛者，我還可以說，有時候，熱情的性愛還引起一種完全不同的感情——建築在相同質氣上的眞實友誼，不過，這種友誼大都只出現于性愛因滿足而消失之時。這種友誼通常總是產生於下述事實，卽關於未來所生小孩方面，引起性愛的雙方互相增補的身體、道德和智慧上的特質，是以互相增補的方式彼此相關的，一方的性情和心理稟賦是他方的相反特質，因而形成氣質和諧的基礎。

這裡所討論的整個性愛形上學，與我的一般形上學有着密切的關係，性愛形上學給予一般形上學的解釋可以總括如下：

我們知道，對于滿足性衝動的仔細選擇（這種選擇經過無數的中間階段，最後達到情愛的方式）依賴男人對下一代身體結構方面所的愼重考慮。此一非常明顯的考慮證實兩個眞理，我們已在前面幾章中提出來了。⑴人的眞正本性是無法消滅的，繼續存在于下一代身上。因爲，如果人是可以消滅的，如果在時間內繼他而來的是和他完全不同的一種人，那麼，這種熱切的不從反省思想和意向產生而從我們本性內在特徵和傾向產生的利益，便不會那麼具體，也不會產生那麼大的力量。⑵人的眞正本性存于種屬的多于存于個人的。因爲，種屬特殊天性中一切愛情根源的利益，從短暫的愛的傾向到熱烈的愛情，確是每個人最關心的，它的成敗對人的影響也最銳敏。並且，當此一利益强烈地表現出來時，任何只涉及個人的事情都被延擱下來了，也必然因它而被犧牲了。由于這個緣故，人與種屬的關係比與個人的關係要密切，而他的生活依靠前者的地方比依靠後者的地方多。爲什麼愛人者準備爲自己所愛者作任何犧牲呢？因爲他不朽的部份企慕著她；惟有短暫部份才期求別的東西。對某一女人的此種熱烈或强烈的企慕，是我們生命中心不可毁滅性的保證，也是它在種屬中繼續存在的保證。但是，把這種繼續存在看作無足輕重的事乃是一大錯誤，而此種錯誤則由於下述事實，卽在種屬繼續生命的觀念下，我們所想的，只是和我們相似而不與我們相同的未來生命的存在；而由于此種觀念係從對外的知識出發，因此，這一點也是因爲我們只考慮到從知覺中了解的種屬外在形式，而非種屬內在本質。但是，奠定我們意識基礎而成爲意識中心的正是此內在本質，同時，作爲不受個體化原則支配的物自體而論，在所有人身上都是一樣的，不管他們同時存在，還是彼此相繼地存在。這就是生活意志，如此熱烈地欲求生命和繼續存在的正是此生活意志。因此，這不受死亡的影響。除了目下的狀況以外，無法達到更好的狀況；爲了它，個人不斷的痛苦和奮鬪乃是必然的。使它擺脫這個束縛的，乃是爲生活意志所否定但却爲個人保留，以作爲個人意志突破種屬支脈而拋棄其中那種存在的工具。我們缺乏有關於它目下情況的觀念，事實上，這種觀念方面的一切資料都是缺乏的。我們只能說它可以成爲生活意志，也可以不成爲生活意志。佛家以涅槃兩字表示後一種情形，這是人類知識永遠無法達到的境界。

現在，如果我們基於上面所述的觀點來看此熙攘的人生，便會發現到處都充滿着匱乏和不幸，用盡一切力量來滿足人生無窮的需求而除去種種的憂患，除了僅僅希望保持這短暫而痛苦的生存以外，還不敢多所希求。不過，在騷動的人生中，我們發現兩個相愛者的目光帶着企慕的情態合在一起：然而，爲什麼如此隱秘恐懼呢？因爲，這些相愛者是希望延續這種匱乏和苦役的背叛者，如果沒有他們的話，這種情形很快就會結束；他們希望阻止它結束，就像過去許多人所做的一樣。

叔本華年譜

一七八八年　二月二十二日誕生於波蘭但澤。

一七九三年　普魯士軍隊進襲但澤，舉家遷往漢堡。

一七九七年　叔本華的父母，旅行途經巴黎，將叔本華寄居友人古列格瓦爾家中。其妹亞麗蕾誕生。

一七九九年　返漢堡，接受正規學校教育。奠定法國語文基礎。

一八〇二年　確立哲學研究傾向。

一八〇三年　與其父約法，放棄學術的研習，參加他父母的長期長途旅行，此次旅行，從春天啓程，歷時近兩年，足跡遍歷比、法、瑞士、英等國。（旅行期間曾滯留英國教會學校三個月。）

一八〇四年　秋天，旅畢，回但澤。接受基督教堅信禮。

一八〇五年　春季，投身商界。父親去逝。

一八〇六年　其母遷居威瑪。

一八〇七年　經其母同意，放棄商業生涯。七月赴科塔，延聘費爾勞指導普通功課，並請私人補習希臘拉丁文兼習德語和研究文學。秋季，寫詩嘲笑某教授，被迫離開科塔，同歸威瑪。此後，專心埋首書本，研究希臘拉丁數學、歷史爲時計二年。

一八〇九年　九月進葛廷恩大學醫學院。第一年習醫學、歷史、物理、植物學。第二年轉入哲學院專研柏拉圖、康德及亞里斯多德、斯賓諾莎，兼旁聽天文學、生理學、法律學。

一八一一年　夏末轉至柏林大學，除哲學外，繼續研究自然科學。

一八一三年　完成博士論文「論因果律的四種根源」，獲耶納大學哲學博士頭銜。十一月回威瑪與歌德訂交，受歌德寵邀爲座上客，並受重託研究色采學理論。

一八一四年　夏季，離開威瑪。赴德勒斯登，結識浪漫詩人梯克。確立哲學系統。

一八一六年　出版「論視覺與顏色」。

一八一八年　春季，出版「意志與表象的世界」。九月赴意大利旅行，搜集哲學資料凡兩年。

一八一九年　主著寄贈歌德。歌德致信其妹，盛讚叔本華的天才和文章風格。

一八二〇年　三月赴柏林任教。

一八二一年　八月，與女房客起訟案。

一八二二年　五月離開柏林，重遊意大利。
一八二三年　因病，右耳失聰。
一八二四年　冋德勒斯登。準備翻譯休謨作品，未果。
一八二五年　重冋柏林，爲訟案奔走。
一八二六年　五月，訟案判定，叔本華被判供養女房客一生。
一八二六年　七月，重冋柏林大學講課，再度失敗。閉門讀書，翻譯西班牙作家格瑞顯之著作。
一八三一年　霍亂疫襲柏林，叔本華逃離柏林。
一八三二年　定居法蘭克福。
一八三六年　發表「論自然的意志」。
一八三八年　參加挪威皇家學會徵文比賽入選，題目爲：「意志自由與哲學必要的理論」。
一八四〇年　報名丹麥皇家學會「道德責任的根據」論文比賽，落選。
一八四一年　出版「倫理學的兩個基本問題」。
一八四三年　增補「主著」完成「意志與表象的世界」全部哲學系統。
一八四四年　「意志與表象的世界」增訂版發行。
一八四六年　與佛勞因斯特訂交，彼此或面談或通信，交往頻仍。

一八五一年　出版「論文集」。

一八五四年　華格納贈他一部歌劇「尼布龍根的指環」，並稱讚他的音樂哲學。

一八五五年　聲譽大著，法蘭克福舉辦「叔本華油畫像展覽會」。

一八六〇年　九月二十一日猝然逝世。

新潮文庫

⊙小說欣賞系列

新潮文庫

227	沒有女人的男人（14個短篇）	海明威著
228	老人與海	海明威著
237	魔　沼	喬治桑著
238	二重奏	葛蕾德著
239	颱風（4個中長篇）	康拉德著
240	美國短篇小說欣賞（20個短篇）	霍桑等著
241	蝴蝶與坦克（14個短篇）	海明威著
242	尼克的故事（海明威由少年至壯年的故事）	海明威著
243	莫里哀故事集（9篇戲劇）	莫里哀著
252	三個故事及十一月（4個中長篇）	福樓貝著
253	馬克吐溫短篇精選（25個短篇）	馬克吐溫著
257	密西西比河上的生活	馬克吐溫著
264	枯葉的故事（17個短篇）	愛羅先珂著
265	異鄉人	卡　繆著
267	伊爾的美神（8個短篇）	梅里美著
269	莫泊桑短篇全集之一（20個短篇）	莫泊桑著
272	餓	克努特・哈姆孫著
273	拉曼邱的戀愛	畢爾・邏遜著
275	史坦貝克小說傑作選（14個短篇）	史坦貝克著
276	莫泊桑短篇全集之二（40個短篇）	莫泊桑著
282	索忍尼辛短篇傑作集	索忍尼辛著
283	荷馬史詩的故事（伊利亞特、奧德賽的故事）	荷　馬著
294	莫泊桑短篇全集之三（38個短篇）	莫泊桑著
297	百年孤寂	馬奎斯著
302	流浪者之歌（悉達求道記）	赫　塞著
309	三島由紀夫短篇傑作集	三島由紀夫著
310	伊豆的舞孃（15個短篇）	川端康成著
311	契訶夫短篇小說選（23個短篇）	契訶夫著
312	莫泊桑短篇全集之四（34個短篇）	莫泊桑著
315	最後理想國（烏托邦小說）	石川達三著
316	印度現代小說選（15個短篇）	泰戈爾等14位著
322	豪華大旅館	克羅德・西蒙著
323	五號街夕霧樓	水上勉著
326	安妮的日記	安妮・法蘭克著
328	雪　鄉	川端康成著
239	千羽鶴	川端康成著
330	古　都	川端康成著
338	歐亨利短篇傑作選（18個短篇）	歐亨利著

⊙名人、偉人傳記

219 如果麥子不死（紀德自傳） 紀　德著
256 西蒙・波娃回憶錄 波　娃著
270 愛迪生傳 約瑟夫遜著
314 孤獨者之歌（赫塞自傳） 赫　塞著
352 西蒙・波娃傳 弗蘭西斯等著
355 史懷哲自傳（我的生活和思想） 史懷哲著

⊙心理學系列

25 愛的藝術 佛洛姆著
37 逃避自由 佛洛姆著
38 自我的追尋 佛洛姆著
39 日常生活的心理分析 佛洛伊德著
48 性學三論・愛情心理學 佛洛伊德著
54 夢的精神分析 佛洛姆著
55 自卑與超越 阿德勒著
57 少女杜拉的故事 佛洛伊德著
63 尋求靈魂的現代人 楊　格著
79 夢的解析（改變歷史的書） 佛洛伊德著
86 生之掙扎 梅寧哲著
94 精神分析術 梅寧哲著

105 自卑與生活 阿德勒著
113 理性的掙扎（健全社會之路） 佛洛姆著
114 圖騰與禁忌 佛洛伊德著
125 焦慮的現代人 荷　妮著
138 自我的掙扎 荷　妮著
189 心靈的夢魘 蕾妮等著

⊙哲學、思想系列

6 廿世紀智慧人物的信念 愛因斯坦等著
14 上帝之死（反基督） 尼　采著
15 與當代智慧人物一夕談 林衡哲譯
17 智慧之路（存在哲學入門） 雅斯培著
28 叔本華論文集 叔本華著
31 非理性的人（存在主義入門） 白瑞德著
40 教育的藝術 柏拉圖等著
41 懷海德對話錄 懷海德著
45 悲劇的誕生 尼　采著
59 廿世紀命運與展望 羅素等著
67 叔本華選集 叔本華著
71 人生的智慧 叔本華著

84 生活之藝術 莫洛亞著
213 苦悶的象徵 廚川白村著
214 卡繆雜文集（抵抗、反抗與死亡） 卡　繆著
224 走向十字街頭 廚川白村著
231 沙特隨筆 沙　特著
266 人生論 武者小路實篤著
271 論戰與譯述 徐復觀著

⊙戲劇系列

218 魔鬼奏鳴曲（九篇小說、三篇戲劇） 史特林堡著
229 夢幻劇（九篇小說、三篇戲劇） 史特林堡著
世界戲劇藝術的欣賞（世界戲劇史） 胡耀恆譯

⊙散文、詩、隨筆

22 鄭愁予詩選集 鄭愁予著
85 巴黎的憂鬱（散文詩） 波特萊爾著
103 先知的花園（散文詩） 紀伯倫著
145 勞倫斯散文選 勞倫斯著
178 海涅抒情詩選 海　涅著
200 浮士德 歌　德著

222 法國十九世紀詩選 莫渝編著
254 磨坊文札（散文詩） 都　德著
255 地糧・新糧（散文詩） 紀　德著
296 比利提斯之歌 彼埃・魯易著
340 四季隨筆 吉　辛著
362 伊利亞隨筆 蘭　姆著

⊙美術系列

184 浪漫時期的藝術 布里翁著
216 文藝復興的奇葩（三位藝術家傳記） 瓦沙利著
262 50位偉大藝術家 梅　爾著

⊙社會學系列

235 現代潮流與現代人 索羅金著
287 改變歷史的經濟學家 海爾布魯諾著
356 第二性：形成期（第一卷） 西蒙・波娃著
357 第二性：處境（第二卷） 西蒙・波娃著
358 第二性：正當的主張與邁向解放（第三卷） 西蒙・波娃著

◉讀書系列

◉禪學系列

◉史懷哲系列

◉音樂系列

⊙新潮世界名著全集(精裝本)

3 草葉集(詩) 惠特曼著
4 查拉圖斯特拉如是說(哲學) 尼采著
5 卡拉馬助夫兄弟們(小說) 杜思妥也夫斯基著
6 十日譚(100篇小說) 薄伽邱著
7 傲慢與偏見(小說) 珍・奧斯汀著
8 咆哮山莊(小說) 愛彌麗・勃朗特著
9 歐琴妮・葛蘭德(小說) 巴爾札克著
10 培根論文集(論說) 培根著
11 蒼蠅王(小說) 威廉・高汀著
12 方法導論・沉思錄(哲學) 笛卡兒著
13 野性的呼喚(小說) 傑克・倫敦著
14 魯賓遜飄流記(小說) 狄福著
15 湖濱散記(散文) 梭羅著
16 雙城記(小說) 狄更斯著
17 懺悔錄(自傳) 盧騷著
18 失樂園(詩) 米爾頓著
19 人性枷鎖(小說) 毛姆著

20 白鯨記(小說) 梅爾維爾著
21 百年孤寂(小說) 馬奎斯著
22 女人的一生(小說) 莫泊桑著
23 巴斯噶冥想錄(宗教哲學) 巴斯噶著
24 奧古斯丁懺悔錄(宗教哲學) 奧古斯丁著
25 精神分析引論・新論(心理學) 佛洛伊德著
26 荒原・四首四重奏(詩) 艾略特著
27 惡之華(詩) 波特萊爾著
28 天使望鄉(小說) 湯瑪士・伍爾夫著
29 撒克遜英雄傳(小說) 司各特著
30 夢的解析(心理學) 佛洛伊德著
31 伊索寓言(寓言) 伊索著
32 黛絲姑娘(小說) 哈代著
33 塊肉餘生錄(大衛・高柏菲爾傳) 狄更斯著
34 罪與罰(小說) 杜思妥也夫斯基著
35 戰爭與和平(上下二冊)(小說) 托爾斯泰著
36 理智與情感(小說) 珍・奧斯汀著
37 都柏林人、青年藝術家的畫像(小說) 喬依思著
38 玻璃珠遊戲(小說) 赫塞著
39 復活(小說) 托爾斯泰著